MÉMOIRES
SECRETS

POUR SERVIR A L'HISTOIRE DE LA RÉPUBLIQUE DES LETTRES EN FRANCE, DEPUIS MDCCLXII, JUSQU'A NOS JOURS.

ANNÉE M. DCC. LXXXII.

1 Juillet 1782. LA péroraison vigoureuse de la feuille de Geneve est remarquable, & commence en ces termes :

« Telles sont les sinceres dispositions de nos cœurs. Le bien de la patrie vouloit que nous en fissions une profession authentique ; mais il nous presse aussi de déclarer unanimement à vos seigneuries, qu'après avoir rempli cette offre de paix envers elle, si les négatifs persistent à ne compter pour rien la nation dont ils ne forment que la plus petite partie, il ne nous reste plus qu'à nous humilier devant l'Etre suprême, à implorer son appui, & à faire tout ce qui est en nous pour repousser le sort dont nous sommes menacés; il ne nous reste plus qu'à protester, comme nous le faisons à la face de l'Europe, que nous n'avons à nous reprocher aucune des calamités auxquelles notre patrie pourra être exposée; que ce sont nos adversaires qui, malgré le système de prudence & de modération que nous avions constamment suivi, ont forcé, par leurs intrigues, ces deux prises d'armes, dont ils se servent pour nous peindre comme des oppresseurs; que notre état n'ayant jamais cessé d'être libre, indépendant & souverain, le droit des nations doit nous mettre à l'abri de toute crainte de la part de nos augustes voisins; que plus ces puissances veulent le bien de la république, plus elles doivent considérer sa foiblesse; que si, trompées par d'infideles exposés, elles paroissent en ce moment ne penser qu'à leur force, nous ne nous en confions pas moins à leur justice; que nous ne cesserons de la réclamer qu'à notre dernier soupir; & que si la providence veut que nous périssions, ce sera en hommes libres & en citoyens vertueux. »

2 *Juillet*. On a parlé en 1779 de la bienfaisance magnifique avec laquelle l'impératrice de Russie avoit acheté les porte-feuilles d'estampes du sieur Clérisseau, peintre célèbre pour la partie de l'architecture. Il a depuis obtenu le titre de premier architecte de sa majesté impériale de toutes les Russies, & a été reçu associé libre & honoraire de l'académie impériale de Saint-Pétersbourg. Tant de faveurs ont mis cet artiste dans le cas de venir faire sa cour au comte du Nord. Mais ce personnage, très-vain vraisemblablement, n'a pas

trouvé qu'il ait été assez bien accueilli dans sa premiere visite, & en a gardé un profond ressentiment.

M. le comte & Mad. la comtesse du Nord ayant désiré voir la maison de M. de la Reyniere, un des riches financiers de cette capitale, celui-ci a engagé le sieur Clérisseau, son architecte, à s'y trouver, & l'artiste a profité de l'occasion pour reprocher au prince son défaut d'égards. On ajoute qu'il a eu l'insolence de lui dire qu'il avoit déjà écrit à l'impératrice sa mere, & de lui rendre compte du peu de soin qu'il avoit eu de lui témoigner les bontés qu'il avoit droit d'en attendre. En vain le comte a fait tout ce qu'il a pu pour le rendre à lui-même par les propos les plus honnêtes, ce furieux a continué de se répandre en discours très-indécents; & cette scene qui s'est passée devant M. de la Reyniere & sa compagnie, a donné beaucoup de chagrin au comte & à la comtesse.

2 *Juillet.* Derniérement le roi demandoit au maréchal de Noailles ce qu'il pensoit des répétitions du nouvel opéra qu'on doit donner aujourd'hui, & dont il en avoit vu quelques-unes ? Sire, lui répondit-il, quant au poëme, il ne vaut pas le diable, & pour la musique, elle est d'un éleve de Gluck, & conséquemment doit ne pas être meilleure. La reine qui étoit présente & qu'on sait aimer beaucoup le chevalier Gluck, son maître de chant, ainsi que ses œuvres, lui dit en riant : M. le maréchal, je vous entends très-bien ; mais continuez : vous avez ici votre franc-parler, comme sous le feu roi.

Le jugement du maréchal est trop sévere. Le poëme, autant qu'on en a pu juger aux mêmes répétitions, n'eſt point mauvais. La marche en eſt dans la ſimplicité grecque ; à l'égard de la muſique, elle eſt forte, expreſſive ; il y a des morceaux qui ont cauſé une vive ſenſation ; on y trouve ſeulement trop de criaillerie & de monotonie : mais cet ouvrage fera toujours beaucoup d'honneur à un débutant comme monſieur le Moine.

3 Juillet. Diſſertation ſur l'hiſtoire univerſelle, depuis le commencement du monde juſqu'à préſent, compoſée, d'après les auteurs originaux, par une ſociété de gens de lettres d'Angleterre, & ſur les diverſes éditions & traductions qu'on en a faites, avec ce qui reſte à faire pour en avoir une édition complete en françois. Tel eſt le titre d'un ouvrage critique de M. l'abbé Mann, dont le réſultat eſt que les nations étrangeres ne connoiſſent qu'imparfaitement l'hiſtoire dont il s'agit, puiſqu'elles ne la connoiſſent tout au plus que comme elle étoit dans la premiere édition de 1736, & nullement comme elle a été perfectionnée dans celle de 1747 ; que les François ſur-tout n'en ont encore aucune traduction proprement dite, puiſqu'ils n'ont que la compilation de Hollande.

Cette diſſertation eſt rare & recherchée des ſavants de cette capitale, parce que, quoiqu'imprimée à Bruxelles avec approbation depuis 1780, les traducteurs & imprimeurs de l'hiſtoire univerſelle ont interpoſé l'autorité des chefs de la librairie pour en empêcher l'introduction en France, dans la crainte que le public, en s'éclairant, ne rejetât leur travail, & que quelques gens de lettres, mieux inſtruits, ne fiſſent tomber leur édition en en annonçant une autre ſur le plan de l'abbé

Mann, qui, fans contredit, la rendroit infiniment meilleure.

3 *Juillet*. L'*Electre*, jouée hier, n'a pas été applaudie avec l'enthoufiafme qu'occafionnoient les chef-d'œuvres du chevalier Gluck. Il y a cependant eu quelques morceaux qui ont produit cet effet. Mais il faut convenir que cette tragédie n'a pas encore été exécutée dans toute fa perfection; il y a à efpérer qu'aux repréfentations fuivantes on goûtera mieux la mufique favante & difficile de M. le Moine.

Le commencement du premier acte a paru d'un caractere neuf & vraiment dramatique. Il a excité merveilleufement la curiofité. On a trouvé beaucoup de langueur dans le refte, aux airs d'Electre près.

Au fecond acte, l'auteur a eu l'adreffe d'y amener une fête qui n'eft point étrangere à l'action & fert à adoucir le ton lugubre fur lequel tout le refte de la tragédie eft monté. On trouve encore du vuide & du froid dans la plupart des fcenes de cet acte.

Le troifieme, où il y a plus de chaleur & de fpectacle, a auffi été mieux reçu, & le parricide commis fur le théâtre & aux yeux du fpectateur, ne l'a point révolté comme il auroit fait il y a vingt ans; le François s'eft familiarifé avec toutes ces horreurs.

On doute que Mlle. le Vaffeur puiffe foutenir long-temps fon rôle d'Electre, qui ne confifte guere que dans des cris continuels & qui fatiguent à la fin jufqu'aux auditeurs. C'eft proprement le feul qu'il y ait dans la piece; tous les autres lui font fubordonnés & réduits à peu de chofe. *Orefte* même n'a que deux fcenes, dont le

A 4

sieur Larrivée se tire supérieurement comme de coutume.

4 Juillet. Une dame, marquise de Valory, a envoyé lundi premier de ce mois à une douzaine d'avocats des plus célèbres, une consultation diffamante contre M. Courtin avocat, qu'elle avoit menacé d'envoyer à tous. Le but en semble moins d'instruire les juges que de le décrier dans l'esprit de ses confreres. En conséquence, il a cru ne pas devoir perdre de temps, & s'est hâté de rédiger un *mémoire à consulter* pour lui, qu'il a également adressé circulairement à tous les membres de l'ordre. Il a mis une telle diligence à cet envoi, qu'il n'a pu y joindre la consultation qu'il annonce. Suivant l'historique des faits, bien loin d'être coupable des coquineries que lui reproche cette dame, elle seroit elle-même convaincue de l'ingratitude la plus énorme.

4 Juillet. Le comité de boulangerie établi depuis quelque temps à Paris, est composé de M. le lieutenant-général de police, de M. le baron d'Espagnac, du prévôt des marchands, de l'intendant de Paris, de plusieurs membres de l'académie des sciences & autres amateurs.

C'est à M. le Noir qu'on est redevable de son institution, salutaire au point qu'on ne connoît plus à Paris de mauvais pain que par la friponnerie des artisans, & que les substances en ce genre regardées comme médiocres, ou même mauvaises, sont converties & panifiées de la façon la plus saine & la plus agréable.

L'administration des hôpitaux n'avoit jamais obtenu des bleds les plus beaux qu'un pain de la plus médiocre qualité. L'adoption des principes modernes a opéré les plus heureux effets ; & aujourd'hui le pain des hôpitaux ainsi que des prisons est excellent; & ce qui est à remarquer, c'est que l'amélioration, au lieu d'avoir augmenté la dépense, a donné des bénéfices considérables, parce qu'en boulangerie l'économie marche de front avec la perfection. Si donc il est encore des plaintes dans ces lieux publics, il faut les attribuer à l'avarice des agents subalternes & à la négligence des supérieurs.

La réputation du comité s'est étendue rapidement, & il a été consulté par l'étranger. Plusieurs souverains de l'Europe ont eu recours à ses lumieres sur des objets économiques de la premiere importance.

Comme rien n'est plus capable de concourir aux progrès d'un art que la réunion de la pratique & de la théorie, ce comité vient d'établir sous son inspection des cours publics & gratuits de meunerie & de boulangerie.

Ces cours embrasseront l'analyse des bleds, leur conservation, leurs maladies, & les moyens d'y remédier, enfin la maniere de fabriquer le meilleur pain; avantages qu'on n'obtient pas avec d'excellente farine, si la manutention est vicieuse, tandis qu'on parvient à faire un très-bon pain avec des bleds inférieurs, par des procédés éclairés, & qu'ont imaginé & réduit en pratique les maîtres de l'art. Il paroît que la mouture économique, la moins connue & la moins usitée, malgré les documents de la secte des économistes, est le principe de toutes les améliorations en ce genre.

Le nouveau cours doit commencer le 17 de ce mois. On espere par ces instructions propager

A 5

bientôt dans les provinces l'art de la fabrication du pain.

5 *Juillet. Les Joueurs & M. Dufaulx.* Tel est le vrai titre d'une brochure imprimée sur la fin de 1780, & dont on a parlé il y a près de dix-huit mois sur parole seulement. C'est un dialogue entre M. Dufaulx & quelques joueurs ruinés. Ceux-ci parfaitement au fait des tripots de Paris, lui en rendent un compte détaillé. Ils chargent malheureusement le tableau de tant d'horreurs qu'on ne peut les croire, & que les calomnies dont ce récit est mêlé, détruisent l'impression salutaire qu'il devoit faire naturellement. D'ailleurs l'auteur s'ôte toute créance par son impudence d'associer aux brigandages qu'il décrit le lieutenant-général de police & le ministre de Paris : sans doute ils peuvent être trompés par leurs subalternes ; mais s'ils ont toléré les coupe-gorges qu'on peint, s'ils tolerent encore des maisons de jeu, c'est qu'ils sont nécessaires dans une capitale immense, & que de plusieurs maux il faut choisir le moindre ; c'est que la police concentre ainsi dans des réceptacles communs cette foule de crocs, d'escrocs, de mauvais sujets de toute espece qu'elle a sous ses yeux, & dont elle s'assure facilement dès qu'ils méritent correction ; c'est qu'elle les fait tous se surveiller réciproquement, & les contient par-là ; c'est qu'elle les tourne à des fonctions utiles & nécessaires, mais que d'honnêtes gens ne voudroient pas remplir ; c'est qu'enfin, par les sommes qu'on préleve sur ces maisons & sur ceux qui les fréquentent, elle forme & entretient des établissements sages qui ne pourroient subsister faute de fonds ; c'est qu'en un mot, elle rend par-là la

crapule, la scélératesse, le vice, tributaires de l'honnêteté, de l'humanité, de la vertu.

Il est fâcheux que l'auteur n'ait pas tiré le parti qu'il pouvoit de son cadre, pour rendre sa brochure piquante & véridique. On sent, par ce qu'on en a dit, pourquoi elle est toujours rarissime.

6 Juillet. Par les dernieres lettres de Geneve, un chef des représentants, M. de Claviere, écrivoit à son banquier, correspondant à Paris, une très-longue lettre, qui annonçoit le plus grand sang-froid. Il ajoutoit : J'entre dans tous ces détails, parce que vraisemblablement vous n'aurez de long-temps de mes nouvelles, toute communication allant être interrompue.

On voit ici des copies de leur lettre au roi, très noble & très-ferme ; cependant le bruit court qu'effrayés du sort qui les menaçoit, ils ont apporté leurs clefs à la France, en la personne du marquis de *Jaucourt*.

6 Juillet. Dans le pamphlet sur les tripots, leurs héroïnes principales, bonnes à connoître pour les éviter, sont :

Mad. *la Cour*, fille d'un laquais de M. d'Aligre, & mere de deux filles nées de ce premier président.

Les *Duffaillant*, la tante & les deux nieces.

La Demare, d'abord servante de cabaret.

La Cardonne, née à Versailles d'une blanchisseuse, ayant fait un enfant à treize ans, & s'étant dès quinze ans associée à des escrocs.

La Dufresne de Lyon. Son nom est *Picard*. Sa mere a eu quatre filles appellées *les Licanettes*.

Mlle. *la Forêt*, ancienne courtisane, qui se vante de connoître les diverses manieres de prostitution de toutes les nations. Lors de la conquête de la Grenade, on disoit d'elle que cette iſle avoit coûté moins de ſoldats à la Grande-Bretagne, qu'il ne s'étoit empoiſonné d'Anglois dans ſes bras.

Mad. *Saint-Firmin*, ſurnommée la *Baronne*, la *Deſmahis*, la *Druot*, la *Montaigne*, la *Dupré*, la *Morelle*, la *Bonnelle*, la *Bigot*, la *Gérard*, Mlle. *Sarou* de l'opéra, ſurnommée l'impudique & la voleuſe.

Lolotte, *Saint-Hilaire*, la belle *Dupernon*, la *Renard* ſervent de figurantes.

Quant aux filoux, eſcamoteurs, fripons de toute eſpece, le nombre en eſt immenſe, & l'on voit avec peine des noms connus mêlés parmi eux, un duc *de Berwick*, un duc *de Duras*, un duc *de Mazarin*, un marquis *de Fleury*, un marquis, un comte *de Genlis*, un ambaſſadeur de Veniſe, &c.

6. Juillet. Il paroît que M. Courtin eſt blâmé même par ſes confreres. Il eſt ſi généralement reconnu avoir les plus grandes obligations à madame de Valory, ſa bienfaitrice depuis le moment qu'il eſt ſorti de l'oratoire, juſqu'à ce qu'il ait acquis quelque fortune, qu'ils eſtiment que rien ne pouvoit l'autoriſer à plaider contre elle.

7 Juillet. Le mémoire adverſe contre M. Courtin, ou plutôt la conſultation, eſt ſigné de Més. *Maultrot* & *Riviere*, deux vigoureux janſéniſtes, qui, ſcandaliſés de la défection du premier, un des travailleurs ſous le parlement Maupeou, ont regardé l'affaire qu'on lui ſuſcitoit comme une punition de Dieu, comme une occaſion que la providence leur offroit de venger les magiſtrats, & de purger l'ordre d'un confrere qui l'avoit déshonoré. En conſéquence, ils n'ont point fait difficulté de prêter leur miniſtere à la dame de Valory, mais sans prévenir M. Courtin.

Ce Courtin, au reste, est très-estimé encore dans l'oratoire, qui se glorifie de l'avoir eu dans son sein ; il l'est en général des avocats qui lui reconnoissent une tête bien organisée, beaucoup de logique & une excellente méthode ; mais il passe pour être d'une causticité rare en société, au point que peu de gens vivent avec lui sans se brouiller promptement. Il paroît cependant que sa liaison avec Mad. de Valory a duré vingt-sept ans, & que l'aigreur n'a commencé à se mettre entre eux que depuis le mariage de M. Courtin, ce qui sembleroit annoncer quelque dépit amoureux de la part de la douairière délaissée.

8 *Juillet.* M. Guillard, bien éloigné du genre de nos anciens compositeurs d'opéra, qui affadissoient leurs sujets les plus tragiques par l'amour, a absolument évité d'en mettre dans son *Electre*. Il a préféré au plan de Crébillon celui de Voltaire, ou plutôt le plan de Sophocle, imité par ce dernier ; il s'est ainsi ôté des moyens de variété & les contrastes qui, au gré de certaines gens, auroient sauvé la monotonie du sujet ; mais il a cru devoir sans doute s'assujettir à la premiere des regles, qui est le bons sens, & a regardé comme absurde de mettre dans le cœur de son héroïne une passion incompatible avec son caractere connu & sa situation. Il s'est flatté de fournir assez d'occasions au musicien de se ménager des moments de douceur, d'alégresse & de repos, en amenant une fête que comporte la circonstance du renouvellement de l'aniversaire de l'hymen de *Clytemnestre* & *d'Egysthe*, en jetant dans le cœur du tyran une joie soudaine par la fausse nouvelle de la mort d'*Oreste*, par celle au con-

traire que goûte *Electre* lorsqu'elle voit les offrandes religieuses qui attestent l'arrivée de son frere & sa vengeance prochaine, enfin par le rôle tout entier de Chrysothémis, dont la résignation fait une merveilleuse opposition avec celui de sa sœur. On ne peut qu'applaudir à la conduite sage, simple & austere du poëme de M. Guillard, & les reproches, s'il y en avoit à faire, devroient s'adresser au musicien, qui n'auroit pas assez profité des motifs du poëte, ou enfin au sujet peu fait sans doute pour le théâtre lyrique.

9 Juillet. On sait aujourd'hui que l'extrait de l'histoire de Russie par M. l'Evêque, est de monsieur *Gudin*, & cet auteur s'est vanté de l'avoir arrangé, comme il l'a fait, exprès pour tendre un piege à M. de Sancy, & l'embarrasser, s'il étoit possible; car en général toute cette clique de philosophes à laquelle est initié M. Gudin, le trouve trop difficile, trop sévere, trop minutieux, trop religieux; en un mot, M. l'abbé Remi, le bras droit du sieur Pankouke, ne détestoit pas moins ce censeur, & vraisemblablement s'étoit entendu avec M. Gudin sur le choix de la circonstance pour frapper le coup; car il s'est aussi glorifié d'avoir contribué à la chûte de leur ennemi commun. Heureusement toute cette noirceur ne sera pas aussi funeste qu'on le craignoit: beaucoup d'illustres personnages s'intéressent à M. de Sancy, & l'on espere qu'il ne tardera pas à être rétabli dans ses diverses fonctions.

10 Juillet. Au premier acte d'*Electre*, le théâtre représente l'entrée de la ville de Mycenes; on voit d'un côté un avancement, la porte du palais des Pélopides; de l'autre côté, une partie du tombeau d'Agamemnon, entouré de cyprès; dans le milieu du fond les édifices de la ville, & dans l'éloignement le portique en saillie du temple d'Apollon : la nuit est obscure, mais l'aurore est prête à paroître.

Oreste ouvre la premiere scene. Il est accompagné de *Pilade*, son ami, & d'*Arcas*, autre Grec; un esclave porte une urne sépulcrale; six furies avec des flambeaux marchent les premieres. Il apprend qu'il vient pour venger son pere; il invoque les Euménides & donne ordre à *Arcas* d'aller annoncer à *Egyste* la mort supposée d'*Oreste*. Cependant il entend les cris d'*Electre*, qui, lorsque les premiers acteurs se retirent pour remplir leur mission, vient les mains enchaînées, remplir la scene de ses douleurs, & fait la partie de l'exposition qui la concerne : le chœur arrive & mêle ses gémissements aux siens. Sa sœur *Chrysothémis* au contraire, qui survient, cherche à la calmer en l'exhortant à ne point aigrir davantage le tyran. Elles sont interrompues par *Clytemnestre* allant au temple, elle a eu un songe, présage de son trépas : le remords entre dans son cœur; elle veut appaiser les dieux; un coup de tonnerre terrible lui apprend qu'ils rejettent sa priere, & tout fuit dans l'épouvante.

L'ouverture du second acte se fait dans un vestibule du palais des Pélopides entre Clytemnestre & Egyste. Celui-ci cherche à rassurer la reine, à ramener le calme dans son cœur, à la disposer à la fête annuelle qui, pour la dixieme fois, va se célébrer en faveur de leur union. Clytemnestre voudroit qu'elle n'eût pas lieu; elle raconte le songe affreux qu'elle a eu : elle a cru voir *Oreste* porter ses mains parricides sur elle après avoir assassiné *Egyste*. Celui-ci apprend que *Strophius*, le pere de *Pilade*, chez lequel s'est réfugié *Oreste*, est dans leurs intérêts, & que tout est disposé de façon que cet illustre proscrit ne peut leur échapper. La fête commence. Sur la fin on annonce à *Egyste* qu'un vieillard, chargé d'un message important par Strophius, demande à parler au roi. On le fait entrer. C'est *Arcas*, qui se dit apporter les cendres d'*Oreste*. Egyste les demande pour les déposer dans le tombeau d'Agamemnon ; tout le monde se retire. Chrysothémis reste seule en proie à sa douleur. Cependant Electre lui vient apprendre qu'elle a vu sur le tombeau de son pere les offrandes & le fer, signal de la vengeance; qu'*Oreste* seul peut les avoir placés en ce lieu, & qu'il vit sûrement ; qu'il va paroître. Chrysothémis veut la dissuader de cette erreur en lui racontant la nouvelle qu'elle a entendue; Electre ne veut point en sortir, & prétend que c'est un bruit faux répandu avec affectation, lorsque le peuple qui entre en foule lui confirme le récit de façon à ne plus en douter, puisqu'il vient de Strophius même, le pere de Pilade, le seul appui d'Oreste. Electre succombe à cette révolution & s'évanouit : on l'emporte.

Le tombeau d'Agamemnon est le lieu de la scene du troisieme acte. Electre & le peuple se répandent en regrets sur la mort d'Oreste, & en imprécations contre Egyste. Oreste & Pilade entrent dans cet intervalle pour se disposer à l'exécution de leur projet; reconnoissance qui se file & se fait enfin entre Electre & son frere. Au milieu de ces tendres épanchements, auxquels se mêlent de violents mouvements de vengeance, Arcas vient leur apprendre qu'Egyste attend après l'urne, qu'il la demande & désire la porter lui-même dans le tombeau d'Agamemnon ; ce qui ménage à Oreste le moyen d'exécuter sur le champ son dessein. Tout l'y raffermit ; sa sœur & le chœur invoquent les Euménides qui paroissent & se précipitent avec Oreste dans le tombeau. La reine, le roi, leur suite, les femmes sont voilées. Le grand-prêtre commence par un capostrophe religieuse aux manes d'Agamemnon ; Egyste prend l'urne & l'approche du tombeau. Oreste le saisit & le frappe ; Clytemnestre vole au secours de son époux, & est frappée à son tour. Le parricide se félicite d'avoir vengé son pere ; les lamentations du chœur lui apprennent son forfait ; il leve le voile, il reconnoît sa mere : les furies s'emparent de lui, & & il tombe.

11 *Juillet*. Toujours quelque nouvel objet attire ici l'attention du public. Aujourd'hui c'est la maison de M. d'Etienne, chevalier de Saint-Louis, où les amateurs & les curieux se portent en foule. Cette maison, au lieu de toit, se termine par une surface plate, carrelée & recouverte d'un mastic si mince, qu'il laisse presque appercevoir le carreau : il y regne une balustrade à hauteur d'appui ; sur ce plan est une terrasse ornée de berceaux couverts de vignes ; il y a des fleurs, un potager, des arbres fruitiers, pommiers, pêchers, abricotiers, une voliere, deux belveders, une piece d'eau, enfin un jardin complet, à l'agrément duquel contribue son élévation qui lui procure la plus belle vue possible.

Outre le charme de cette imagination, on ajoute qu'elle est peu dispendieuse & infiniment plus utile que la toiture ordinaire. Il y a deux ans que la terrasse dont il s'agit existe sans aucun inconvénient. Il y a eu l'hiver dernier onze pouces de glace d'épaisseur dans le baſſin & nul dommage. L'eau ne pénetre jamais le maſtic, ce qui ôte toute crainte d'humidité.

M. d'Étienne calcule qu'il auroit dépenſé au moins 12,000 liv. pour terminer ſa maiſon dans la forme ordinaire, & que celle-ci ne lui coûte pas cent louis. Son maſtic eſt à très-bon marché; il ne revient qu'à trente ſous la toiſe. Il faut attendre du temps & de l'expérience ce que les artiſtes & les connoiſſeurs décideront de cette invention, qui à la longue pourroit renouveller les prodiges des jardins de Sémiramis.

11 *Juillet*. La belle Mlle. *Duthé* eſt revenue depuis quelque temps d'Angleterre; il paroît qu'elle a fait plus de conquêtes ſur nos ennemis que les généraux de la marine Françoiſe; mais, modeſte dans ſa gloire, elle ſe montre peu juſqu'à préſent, n'affiche plus le luxe inſolent qu'elle étaloit autrefois, & vit dans une ſorte de retraite philoſophique.

11 *Juillet*. Les circonſtances ont fait éclore une nouvelle brochure, ayant pour titre, l'*A-propos du moment*.

12 *Juillet*. C'eſt le mercredi 5 juin, que le comte & la comteſſe du Nord ont viſité l'académie des ſciences: outre ce qu'on a dit, ils ont entendu pluſieurs diſcours. 1°. M. Macquer a lu un *Mémoire ſur la nature du principe odorant, & ſur la maniere de détruire les odeurs fétides*. 2°. M. Lavoiſier a fait des *expériences ſur une nouvelle méthode d'augmenter la force du feu par le moyen de l'air déphlogiſtiqué*, & il a fait détonner le fer & fondu la platine en très peu temps. 3°. M. Portal a diſſerté *ſur les changements que la maladie produit dans l'organe de*

la voix, & sur la cause de ces changements. 4°. M. Daubenton, sur les herborisations qui se rencontrent dans différentes espèces de pierres. 5°. M. Rochou, sur la différence de chaleur des rayons différemment réfrangibles. M. de Fontanieu a exécuté, sur un tour à portrait de son invention, le médaillon du roi. On a présenté à cette occasion au comte & à la comtesse du Nord un morceau d'ivoire travaillé au tour en 1717 par le czar Pierre I, durant son voyage en France, & qui est dans le cabinet de l'académie. Après la séance, le comte & la comtesse du Nord ont visité les salles de l'académie; ils ont vu avec intérêt & attendrissement la chambre de Henri IV, qui en fait partie, & se sont arrêtés à examiner plusieurs des modeles de vaisseaux ou de machines, dont la salle de marine offre la collection.

12 Juillet. L'*A-propos du moment* paroît en effet avoir été composé à l'occasion du désastre *sans exemple dans nos annales*, dit son auteur, qu'a éprouvé la France dans sa marine aux Antilles sous les ordres du comte de Grasse, à l'occasion des différentes offres faites au roi, pour réparer cet échec, par les villes, corps & communautés, même par une assemblée libre de citoyens, admettant avec acclamation, sans autre examen, pour membre de son association, toute personne qui se présentoit pour s'unir à son zele; ce qui désigne assez sensiblement *le Club politique*, institué l'hiver dernier, & dont on a parlé. Il y a toute apparence que l'écrivain en est membre. Quoi qu'il en soit, il s'annonce pour un enthousiaste du bien public. Dans son effervescence bouillante, il garantit sur sa tête d'augmenter d'un

quart les revenus de l'état, ses ressources, son crédit; de diminuer, dans la même proportion au moins, les dépenses remplissant tous ses engagements légitimes, & en soulageant le peuple de cette multitude de frais, d'exactions qui le surchargent & l'avilissent. Il n'est point homme à systêmes, ni à projets; mais son patriotisme le guide & l'inspire. Comme il ne développe point ses vues, on ne peut en rien dire, & il faut l'en croire sur sa parole.

13 Juillet. M. l'abbé Remi, avocat au parlement, dont le début dans la littérature en 1777 avoit été remarquable par son discours qui étoit *l'éloge de l'Hôpital*, couronné à l'académie Françoise, & censuré en Sorbonne, vient de mourir. Il étoit devenu le bras droit du sieur Pankouke, & rédigeoit le Mercure sous ce libraire, fonction peu glorieuse, mais utile; fonction qui d'ailleurs lui faisoit beaucoup d'ennemis. On lui attribuoit en partie la disgrace de M. de Sancy, dont il redoutoit la censure trop religieuse, & celui-ci s'est trouvé ainsi vengé en peu de temps.

13 Juillet. On ne peut regarder *l'A-propos du moment* que comme un bavardage patriotique. Point de faits; la seule anecdote qu'on y trouve, c'est au sujet du comte de Grasse, dont toute la France improuvoit déjà le choix, lorsqu'il fut nommé pour commander l'armée navale. L'on y rapporte que les assurances augmenterent à cette nouvelle de près de dix pour cent dans tous les ports de mer.

Le surplus est une déclamation violente contre les traitants, contre le luxe de la cour, contre les auteurs de la disgrace de M. Necker. On voit que l'écrivain est un de ses enthousiastes, & regarde l'expulsion de ce directeur-général des finances comme un grand malheur pour le royaume. Il regrette sur-tout que le projet des administrations provinciales ait été abandonné: il convient qu'il avoit besoin d'être changé dans sa forme. Les prêtres & les moines ne sont pas mieux traités que les financiers par l'auteur, qui, sans être parfaitement correct, n'écrit point mal; il y a du nerf & du feu dans sa composition.

14 Juillet. Ces jours-ci est mort M. Flipart, très-habile graveur de l'académie royale de peinture, & de celle des beaux-arts de Vienne.

15 Juillet. Le génie fiscal a poussé ses recherches jusque contre cet animal symbole de la fidélité, ami de l'homme & renommé pour son adresse & sa docilité; on parloit depuis long-temps de chiens élevés à faire la contrebande, & d'un merveilleux secours pour ceux qui l'exercent. Cette industrie ingénieuse, révoquée encore en doute par beaucoup de gens, se trouve aujourd'hui confirmée par un acte de législation expresse. Le 12 juin dernier, la cour des aides a enrégistré des lettres patentes données à Versailles le 7 mai, portant défense de nourrir & de vendre des chiens mâtins propres à la fraude du sel & du tabac.

16 Juillet. Dès qu'on a commencé à jouer sur le théâtre de la nouvelle salle d'opéra, on s'est apperçu qu'il étoit trop court. Mais c'est dans *Castor & Pollux* principalement, où il faut une grande profondeur pour ménager l'optique des Champs-Elysées, qu'on l'a remarqué plus sensiblement; & la *Reine de Golconde* remise aujourd'hui, a de nouveau fait éclater ce défaut. On s'occupe d'y apporter du remede, & la largeur de la rue de Bondy, dans la partie où donne le derriere du théâtre, laisse toute liberté de s'alonger sans inconvénient, ainsi qu'on se propose de le faire décidément, & le plutôt possible.

Cet opéra, assez bien remis en général, a été encore goûté par le retour de Mlle. Girardin, absente depuis deux ans du théâtre pour incommodité, & dont la voix très-agréable n'a point dégénéré. Elle a été très-applaudie dans l'ariette du troisieme acte.

16 Juillet. Il est quelquefois des vers d'un ridicule si rare, qu'ils méritent d'être conservés. Tel est ce quatrain du chevalier Ducoudray, très-renommé dans le genre. On sait qu'il composa dans le temps, *Anecdotes de l'illustre voyageur*, qui sont une espece de journal du séjour de l'empereur à Paris, brochure digne sinon du héros, au moins de son auteur. Il a voulu lui donner un pendant, en faisant imprimer *le Comte & la Comtesse du Nord*, anecdote Russe. C'est un recueil des traits de générosité & de bienfaisance de ces deux illustres personnages. Il est fâcheux que le compilateur décrédite sa brochure par des faits absolument faux, qui décelent la négligence de s'instruire, ou son ignorance invincible. Quoi qu'il en soit, il a en outre recueilli toutes les pieces de vers françois composés à leur sujet, & y a joint les siens. En sa qualité d'historiographe du grand-duc, il s'est cru digne de quelque récompense, & il lui a demandé la clef de chambellan. Il est étonnant que le prince ait résisté au calembour du poëte; il lui dit :

> Le dieu du Pinde & de la double cime
> Ne me fournit qu'un son rauque & raclé ;
> Mais après tout, peut m'importe la rime ;
> Si de mes vers tu ne me donnes *la clé*.

17 Juillet. On peut se rappeller les différends élevés depuis plusieurs années entre la chambre des comptes & la cour des aides, différends renouvellés plus vivement que jamais à l'occasion du sieur *Rolland*. Il a été rendu compte des divers mémoires composés par la premiere cour ; la seconde vient enfin de publier le sien. Il a pour titre : *Mémoire pour la cour des aides, sur les conflits élevés entr'elle & la chambre des comptes.* C'est un *in-*4°. de 466 pages. On assure qu'après l'avoir lu, on n'est plus surpris que les auteurs de ce *factum* aient été si long-temps à le digérer ; c'est un travail immense qui leur fait infiniment d'honneur.

18 Juillet. Depuis le mémoire de M. Linguet sur la correspondance secrete dont on a parlé, des physiciens de toute espece se sont évertués sur le même sujet. On parle aujourd'hui de dòm Ganthey, religieux de l'ordre de Cîteaux, qui a soumis au jugement de l'académie des sciences un moyen qu'il a imaginé pour donner un signal, & communiquer d'un lieu à un autre avec la plus grande promptitude, quoique très-éloignés, à toute heure & en tout temps, & d'un endroit caché à un autre semblable, sans qu'on puisse s'en appercevoir dans les intermédiaires.

Le marquis de Condorcet & le comte de Milly ont été nommés par l'académie pour vérifier l'invention du religieux, l'examiner, la discuter. Dans leur rapport du 15 juin, ces commissaires ont dit que ce secret leur paroissoit praticable, ingénieux & nouveau, & qu'il n'avoit aucun rapport aux moyens connus & destinés à remplir le même objet ; qu'il pouvoit s'étendre jusqu'à la distance de trente lieues, sans stations intermédiaires & fans des préparatifs très-considérables; quant à la célérité, qu'il n'y auroit que quelques secondes d'un signe à l'autre après le premier signe, qu'ils répondroient même du succès du cabinet d'un prince à celui de ses ministres, & que l'appareil ne seroit ni très-cher, ni très-incommode; enfin, qu'ils avoient mis au bas du mémoire de dom Ganthey, déposé cacheté au secrétariat de l'académie, les raisons de leur opinion sur la possibilité de ce moyen.

Dom Ganthey, au surplus, prétend qu'il n'emploie ni l'électricité, ni le magnétisme, & que la main la moins habile peut être appliquée à son méchanisme.

19 *Juillet.* On annonce pour demain les *Journalistes Anglois*, comédie nouvelle en trois actes & en prose, de M. Cailhava d'Estandoux. Il en a fait, il y a quelque temps, une lecture au *Musée littéraire*. Quoiqu'on ne puisse guere statuer sur les suffrages de société, il paroît qu'elle a plu généralement. Les censeurs les plus difficiles y ont trouvé de la gaieté, de l'esprit, des saillies, & deux ou trois scenes d'un excellent comique.

19 *Juillet*. Depuis peu un nouveau genre de spectacle attire la curiosité du public : ce sont des *exercices de manege & tours surprenants de force & de souplesse, tant sérieux que comiques*, que donne un sieur Astley de Londres. On connoissoit déjà la plupart de ces exercices; mais ce qui ne s'étoit point encore pratiqué & charme vraiment les connoisseurs, c'est l'agilité, la souplesse, la noblesse du sieur Astley fils, jeune homme de 17 ans, fait au tour, de la plus jolie figure du monde, & dansant avec des graces infinies sur des chevaux qui courent la poste. Il exécute

principalement

principalement le menuet de Devonshire, de la composition du sieur Vestris, pendant le séjour à Londres de ce grand chorégraphe en 1781, & l'on assure qu'il le fait avec autant de précision & de noblesse que le danseur françois sur la scene; qu'il a infiniment plus d'à-plomb. Le sieur Vestris a été curieux de le voir, & n'a pu s'empêcher de convenir qu'il n'auroit jamais cru pareil prodige, s'il ne l'avoit vu.

19 Juillet. On a parlé de la terrasse singuliere de la maison de M. d'Etienne. Il est question aujourd'hui d'y établir un observatoire au nord de Paris, correspondant à celui du midi : c'est M. de Cassini qui doit y résider. Il exécute enfin le projet du feu prince de Conti, qui aimoit les sciences, ceux qui les cultivent & particuliérement cet académicien. Il lui avoit proposé de lui faire construire à cet effet une tour aux environs du Temple. Il l'avoit logé dans son palais jusqu'à sa mort; mais les vapeurs & la fumée qui s'élevent continuellement au-dessus d'une ville aussi peuplée que Paris, avoient toujours paru un obstacle insurmontable à M. de Cassini. Il regarde le nouveau Belveder comme à l'abri de cet inconvénient.

20 Juillet. Deux conflits élevés entre la chambre des comptes & la cour des aides, ont donné lieu au grand procès qu'elles ont à présent pardevant le roi, & qu'elles instruisent par leurs défenses respectives.

Le premier est né à l'occasion des officiers des élections que la chambre des comptes prétend avoir sous ses ordres dans les provinces, qu'elle regarde comme forcés d'obtempérer aveuglément & sans distinction, non-seulement à ses commissions, mais à ses injonctions, sur lesquels elle s'arroge un pouvoir coactif; qu'elle veut avoir le droit de menacer & de punir.

La cour des aides demande, au contraire, qu'il soit défendu à l'avenir à la chambre d'envoyer aux officiers des élections, & autres juges du ressort de la cour, soit les loix qui lui sont adressées pour les publier & enrégistrer, soit les arrêts par elle rendus, contenant des défenses ou injonctions, des suspensions ou radiations de gages ni aucune autre peine quelconque; de prétendre sur eux aucune supériorité immédiate, comme s'ils ressortissoient en icelle, & de qualifier les procureurs de sa majesté en ces sieges, de substituts du procureur-général en la chambre.

Sauf à ladite chambre, en produisant à l'enrégistrement des loix qui lui sont adressées, d'en ordonner l'impression & *l'affiche par-tout où besoin sera*, & d'adresser ses commissions particulieres, en cas de nécessité, & pour des objets relatifs à sa compétence, à l'officier principal desdits sieges ou autre qu'elle voudra choisir, sans qu'en cas de résistance ou de refus, elle puisse procéder contre eux, mais seulement s'adresser à la cour, ou se pourvoir pardevers S. M.

Le second conflit concerne la jurisdiction prétendue de la chambre sur les receveurs des impositions en matiere contentieuse & criminelle, que la cour des aides déclare avoir exclusivement, la cour sa rivale étant restreinte par les ordonnances *à la ligne de compte* seule, c'est-à-dire, uniquement à la réception, vérification & apurement des comptes, & dans les cas où cette ligne de compte entraîneroit des procès criminels, étant obligée d'appeller un nombre au moins égal d'officiers du parlement pour en compoſer une cour mixte qui prononce les peines afflictives, s'il y a lieu.

En vain la chambre des comptes a fait un arrêté, par lequel elle veut que ſes officiers ne ſoient reçus dorénavant que ſur la loi. Elle a cru qu'en ſe procurant ainſi des gradués, elle ſe diſpenſeroit d'appeller des juges étrangers dans les procès qui pourroient ſe préſenter incidemment aux objets de ſa compétence; mais dépend-il d'elle d'étendre ſon autorité & de ſe donner une juriſdiction qu'elle n'avoit pas ? D'ailleurs, ce n'eſt point à cauſe de leur défaut de grades que les membres de la chambre ſont incompétents pour juger des objets contentieux & des procès-criminels ; mais c'eſt à cauſe de leur incompérence qu'on n'a point exigé d'eux de prendre des grades.

Tel eſt l'expoſé en bref des débats des deux cours, où ſi la premiere a l'avantage d'avoir vu juger la proviſion en ſa faveur dans la derniere conteſtation au ſujet de *Rolland*, dont on a parlé, la ſeconde a celui de titres formels, étayés d'une logique preſſante, à laquelle il eſt impoſſible de réſiſter.

20 *Juillet*. Mad. la ducheſſe de Fallary vient de mourir. On peut juger de ſon âge en ſe rappellant qu'elle avoit été maîtreſſe du régent, expiré dans ſes bras en 1723. C'eſt d'elle qu'une gazette de Hollande dit que ce prince étoit mort aſſiſté de ſon confeſſeur ordinaire.

21 *Juillet*. M. l'abbé *Coyer* vient de mourir. Cet ex-jéſuite avoit une réputation éphémere comme ſes ouvrages. On ne ſauroit exprimer la ſenſation extrême, le brouhaha exceſſif que pro-

duisit son *Année merveilleuse*, qui n'étoit pourtant qu'une traduction de l'Anglois.

' 21 *Juillet*. On vient d'imprimer les poésies latines de M. le Beau ; car dès qu'un homme de lettres, grand ou petit, meurt, on offre au public toute sa garderobe, or ou oripeau, habits brochés ou haillons ; ordinairement on ne lui fait grace de rien ; souvent même l'éditeur profite du silence du défunt pour glisser dans les œuvres de celui-ci ses propres impertinences. Quoi qu'il en soit, il paroît qu'on fait peu de cas en général de la latinité de cet ancien professeur d'éloquence aux Grassins, & ensuite au College-Royal. Mais les artistes recherchent cette édition pour une singularité. C'est une gravure du portrait du poëte, qui n'a été faite qu'après sa mort par un peintre qui ne l'avoit jamais connu, & qui néanmoins a été jugée ressemblante. Elle a été entreprise, dit l'éditeur, en présence de M. Chupin, de sa famille, d'un ami d'excellente mémoire & de moi. L'artiste conçut d'abord une idée assez juste de son modele, puis il se mit à retoucher, effacer, corriger ; l'amitié & la reconnoissance guiderent son crayon, & le dessin fut ressemblant.

22 *Juillet*. Il faut convenir que le fonds de la comédie de M. Cailhava est peu de chose, que l'intrigue ne tient à rien, & que c'est plutôt un assemblage d'épisodes qu'un tout régulier ; que le poëte attaque moins les journalistes que le journaliste. Ce journaliste est M. de la Harpe, auquel il en veut vraisemblablement beaucoup, & dont il rappelle non-seulement les divers ouvrages, mais les époques les plus humiliantes de sa vie. Il le nomme *Discord*.

Ce Discord s'est impatronisé chez un M. Sterling, dont il recherche la fille, jeune veuve très-riche, qui ne peut le supporter. Celle-ci a pour amant un colonel qui, par une de ces métamorphoses peu rares en amour, s'est fait secretaire du journaliste, pour mieux l'épier & voir plus facilement sa maîtresse.

M. Sterling est un dramatique de la premiere espece; il a composé une piece dans ce genre, & caresse plus que jamais Discord, afin qu'il prône son ouvrage. Le journaliste profite de l'occasion, & presse son protecteur pour conclure son hymen. Répugnance absolue de sa fille. Discord outré, qui, par précaution, a composé un autre extrait satirique du drame, se livre à toute sa vengeance, fait courir ce pamphlet anonyme comme une derniere ressource, pour que Sterling ait recours à lui, afin de défendre son drame contre le critique. La demoiselle qui, par le prétendu secretaire, connoît toute cette manœuvre, avec de l'argent se procure l'original de l'écriture de Discord, & s'en sert pour convaincre son pere, qui, furieux, dénonce aux journalistes assemblés à souper chez lui pour célébrer sa fête, ce confrere ingrat & méchant : tous le condamnent : & le pere prononce le jugement qui assigne à l'homme de lettres *un des premiers rangs dans la société s'il est honnête, & le dernier s'il ne l'est pas.*

Telle est l'analyse de l'ouvrage, qui ressemble, comme on le voit, à dix autres du même genre, & tout récemment aux *Philosophes* & au *Satirique*. Même marche, mêmes ressorts, même dénouement. Celui ci le premier jour étoit d'un grotesque détestable. Pour l'entendre mieux, il faut rendre compte avant de deux épisodes qui rajeuniffent & enrichiffent ce fonds trivial. Le premier eft une myftification, fuivant laquelle on doit inviter à dîner Difcord, au nom d'un feigneur étranger, & le berner enfuite d'importance. Le fecond fe paffe entre un bas-officier du régiment du colonel fecretaire, chanfonnier de fon métier, & qui a fur le cœur le mal que Difcord en dit dans fon journal, dans fes chanfons. Il vient chez le journalifte, qui, effrayé du ton brutal de cet homme, engage fon fecretaire à fe faire paffer pour le maître; ce qui amene une critique excellente des différentes œuvres de celui-ci, & qui fe trouve être des tragédies, des comédies, des pieces fugitives, des difcours & des traductions; ce qui caractérife parfaitement le recueil de celles de M. de la Harpe.

Le premier jour, ce quartier-maître, qui fe nomme Franck, avoit joint l'appareil d'un plaidoyer pour & contre les journaux devant les journaliftes affemblés; mais cette fcene ayant paru d'un burlefque miférable, & plutôt excité la pitié que le rire des fpectateurs, l'auteur l'a fupprimée.

Il faut ajouter encore que, pour ne pas manquer fon coup, Franck, l'auteur de la myftification, a fait inviter à dîner Difcord de deux manieres propres à flatter le journalifte, &, après avoir enflé fon orgueil par l'invitation de l'étranger qui veut le connoître fur fa renommée, il y ajoute celle d'une Cidalife, tenant bureau de bel efprit. L'amour-propre de Difcord embarraffé veut fuffire aux deux dîners pour le même jour, & à cet effet envoie à la virtuofe fon valet qui fe traveftit & doit le repréfenter; en forte que celui-ci eft auffi berné, ce qui amene une fcene assez comique entre le maître & le valet, qui se rendent compte chacun de leur aventure.

Le grand défaut de cette comédie est dans le sujet, qui ne comportoit point trois actes; mais un mérite du poëte est cependant d'avoir trouvé assez de ressource dans son esprit, & la gaieté nécessaire pour, malgré le vuide du fonds, amuser le spectateur & l'empêcher de s'ennuyer; ce qui n'est pas commun aux pieces modernes.

23 *Juillet.* M. *Palissot* profite de la faveur des comédiens, & va faire passer aussi sa comédie des *Courtisanes*, qui doit être jouée incessamment sous le titre de *l'Ecueil des Mœurs*.

23 *Juillet.* M. le comte de Buffon, intendant du jardin & du cabinet du roi, s'occupe sans relâche de l'agrandissement & de l'embellissement de cette résidence. Il a obtenu des fonds pour acheter les divers terrains jusqu'au bord de la riviere, ce qui, en étendant singuliérement le jardin, va le rendre superbe & d'un accès beaucoup plus facile. On parle aussi de transporter au même lieu la ménagerie de Versailles, & il est certain que cette partie d'histoire naturelle vivante sera beaucoup mieux jointe ainsi aux autres, & d'ailleurs plus soignée entre les mains d'un philosophe naturaliste, que sous la direction d'un Suisse grossier & sans aucune connoissance.

24 *Juillet.* On assure que le sieur *Grammont* est de nouveau renvoyé de la comédie françoise, & même expulsé du royaume.

24 *Juillet.* La défense de la cour des aides est divisée en cinq parties. Dans la premiere, relative au premier conflit, on examine jusqu'où

doit s'étendre le concours réclamé par la chambre de la part des officiers des élections & autres juges du ressort de la cour.

Le second conflit est la matiere de la seconde, troisieme & quatrieme parties.

Dans la seconde on traite de l'origine de la cour, née avec les impôts, & de l'attribution exclusive qui lui a été donnée & confirmée par une suite de loix générales & positives, de toutes matieres civiles & criminelles ayant trait aux impositions, notamment des délits commis par les receveurs.

La troisieme contient une discussion détaillée des prétentions de la chambre en matiere de jurisdiction contentieuse & criminelle en général, & sur les receveurs en particulier, en rappellant à cet égard, & son état primitif, & les attributions successives qui peuvent lui avoir été données par les loix antérieures à la déclaration de 1727.

La quatrieme a pour objet de prouver par l'examen même de cette déclaration, que la cour a de justes réclamations à former sur le droit nouveau établi tant par cette loi que par l'arrêt du conseil rendu le même jour ; qu'au surplus, ces deux titres, invoqués par la chambre, sont aujourd'hui sans application quant aux délits commis par les receveurs actuels des impositions dans les provinces ; & que si ce conflit étoit de nature à être jugé par des motifs de considération, ils ne seroient pas moins puissants en faveur de la cour que les moyens de droit.

Enfin, la cour des aides, après avoir établi sa compétence, & écarté les titres que la chambre lui oppose en ce qui concerne les deux conflits qui font l'objet de la contestation actuelle, est forcée de combattre encore les autres prétentions élevées dans les mémoires de la chambre, & de se défendre des attributions nouvelles à son préjudice qu'elle réclame ; ce qui est l'objet de la cinquieme & derniere partie.

Quoique cette contestation soit fort aride en général, le rédacteur a eu l'art d'y jeter quelque agrément, soit par des digressions historiques curieuses, soit par des sarcasmes adroits lancés contre la chambre, depuis long-temps le plastron des plaisanteries des autres cours. Mais on ne s'écarte jamais dans cet ouvrage de la modération, de la décence & de la noblesse qu'il exige.

25 *Juillet*. Il paroît que la faute du sieur *Grammont* est de s'être absenté sans congé, entraîné par un amour excessif pour Mlle. Thenard sa camarade, & d'avoir suivi cette comédienne qui en avoit un. Les gentilshommes de la chambre ont été furieux, & sur-tout le maréchal duc de Duras. Ce supérieur a fait arrêter le sieur Grammont à son retour, qui, ayant aggravé son insubordination par des propos insolents, a été mis à l'hôtel de la Force. Ensuite le maréchal a écrit au lieutenant de police pour le prier de ne l'en laisser sortir qu'à condition de disparoître du royaume. Il vouloit même qu'on le fît escorter avec éclat ; mais comme ce bannissement n'est que sur un ordre extrajudiciaire, M. le Noir a fait sentir au maréchal qu'il ne pouvoit se conformer à cet égard à ses intentions. Et sans doute c'est un exempt de police qui aura été chargé de la conduite.

26 *Juillet*. L'itinéraire du comte d'Artois, parti

B 5

pour Madrid, porte que ce prince avoit couché le 5 à Orléans chez M. de Cypierre, intendant; que le 6 il avoit dîné à Chanteloup & passé le reste de la journée; le 7 il avoit dîné aux Ormes chez M. de Voyer, & soupé à Poitiers chez l'évêque, &c.

Son altesse royale a ainsi voyagé de fêtes en fêtes. Son plus agréable séjour a été à Bordeaux, que ce prince a revu avec un nouveau plaisir, ainsi qu'il l'avoit promis aux jurats. Messieurs *Piis & Barré* sont venus y faire exécuter une piece nouvelle de leur façon, ayant pour titre *la Rose & le Bouton*. Elle a paru si libre qu'on l'a dénoncée à MM. les jurats, qui d'abord devoient en empêcher la continuation. Cependant elle n'a pas été défendue. Les prudes seulement se sont abstenues d'y aller. Le lendemain on a représenté l'opéra de *l'Iphigénie en Aulide*, où le sieur *le Gros* a joué le rôle d'Achille. Le comte d'Artois en est reparti le 11, & est arrivé à Bayonne le 12. On ne peut se faire une idée de l'empressement des Bayonnois & de la gaieté qui a sur-tout distingué leurs fêtes. La ville a donné au prince une superbe halte au Boucau, où l'on a dansé devant lui la basque, la sauvage & toutes les danses du pays. Les Lambourdins ont joué à la *pecotte* contre les Navarrois, & le prince a beaucoup ri.

27 Juillet. On a joué hier la comédie de *l'Ecueil des Mœurs*, dont le public n'avoit sans doute pas une grande idée; car il ne s'y est vu que très peu de monde. On connoissoit cette piece, imprimée depuis 1775. On n'y a trouvé aucun changement: les deux premiers actes sont extrêmement froids & vuides; le troisieme a fait plus de plaisir, & le dénouement sur-tout, quoique trop brusqué, a été fort applaudi ; il est vraiment moral. On remarque dans cet ouvrage la stérilité ordinaire de l'auteur, quant à la partie de l'invention, quant aux coups de théâtre & au développement des scenes ; mais un style toujours pur, correct, ferme, & plein d'élégance & de noblesse.

27 Juillet. On renouvelle le bruit que l'expérience des signaux de M. Linguet a été faite de Paris à Saint-Germain, & a complétement réussi, mais qu'on doute qu'elle puisse avoir le même succès à distances plus considérables, à raison de beaucoup de difficultés naissant de circonstances locales, que l'inventeur ne peut parer.

28 Juillet. Le sieur Gauchet, de l'académie royale des belles-lettres, sciences & arts de Rouen, de celle des arts de Londres, qui a gravé, d'après le dessin de M. Moreau le jeune, l'estampe représentant le couronnement de Voltaire, en a fait hommage à l'académie françoise par une lettre remarquable que voici :

MESSIEURS,

« Vous supplier de vouloir bien agréer un exemplaire de mon ouvrage, c'est avoir en même temps une grace à vous demander & une obligation à remplir. Si votre indulgence daigne m'accorder l'une, tout m'impose la loi de m'acquitter de l'autre, dans l'espérance que le sujet de mon estampe pourra faire excuser ma témérité. *Puisse la plus illustre compagnie de l'Europe* honorer de ses regards le tableau d'un des plus beaux moments de la vie de Voltaire ! Pour l'exécuter, *je n'ai pas eu seulement à vaincre la modestie de cet homme célebre..... Mais pourrois-je manquer de perſévérance ?* ..... Voltaire avoit daigné ſourire au projet de perpétuer cet événement, quelques jours avant que la mort vînt le ravir à l'admiration de ſon ſiecle : ſi je ſuis aſſez heureux pour mériter votre ſuffrage, Meſſieurs, rien ne manquera à ma félicité, que de vous en témoigner ma reconnoiſſance, &c.

L'académie a agréé l'hommage, & a chargé M. Dalembert, ſon ſecretaire perpétuel, de faire faire ſon remerciement à l'artiſte de l'eſtampe agréable, qu'elle acceptoit avec reconnoiſſance, & de la lettre qui l'accompagnoit.

28 *Juillet.* L'affaire du procureur Pernot, qu'on croyoit appaiſée, ſur le point de s'accommoder, va reprendre plus vivement. L'offenſé n'ayant pu obtenir au châtelet qu'un décret d'aſſigné pour être oui contre M. de Chabrillant, & par une ſentence définitive du lieutenant-criminel ayant été renvoyé à fins civiles, en a appellé au parlement. Il y aura plaidoirie mercredi prochain à la tournelle : c'eſt M. Blondel qui doit parler pour le procureur ; M. Gerbier, qui ſe charge toujours des cauſes odieuſes, prend le prétexte qu'il eſt du conſeil de *monſieur*, & n'a pu s'empêcher dans la préſente occaſion de défendre un ſeigneur attaché au même prince.

Ce ſera M. l'avocat-général *Fleury* qui portera la parole. Il paroît que le public ſe diſpoſe à ſe rendre en foule à l'audience de cette cauſe d'éclat, où les plébéiens vont de nouveau ſe trouver aux priſes avec les patriciens.

29 *Juillet.* Suivant un petit mémoire manuſcrit, le ſeul qui ait paru juſqu'à préſent dans l'affaire du procureur Pernot, & donné par lui aux premiers magiſtrats & à ſes amis, l'affaire

se seroit à-peu-près passée comme on a dit. M. de Chabrillant est venu au balcon, & a exigé qu'il lui cédât sa place; sur son refus, il a appellé la garde, &, en se nommant, lui a ordonné d'arrêter cet homme qui l'avoit voulu voler. Alors on a traîné par les cheveux le procureur jusqu'au corps-de-garde; où il s'est trouvé avec un autre homme en cheveux longs, arrêté effectivement durant le tumulte de cette bagarre comme un vrai filou. En vain M. Pernot a demandé d'abord un commissaire, on ne l'a point écouté qu'au moment où M. de Chabrillant a fait dire qu'on pouvoit relâcher ce malheureux. Il n'a point voulu sortir cependant, qu'il ne fût venu un commissaire pour constater par procès-verbal le délit.

Le lendemain matin M. Pernot, fort embarrassé, malgré la multitude des témoins de son aventure, d'en trouver pour déposer, a reçu une foule de lettres de gens qu'il ne connoissoit pas, mais qui, indignés du procédé infame de M. de Chabrillant, lui témoignoient la part qu'ils prenoient aux mauvais traitements qu'il avoit essuyés, & lui offroient leurs services; en sorte que bientôt il a eu plus de vingt témoins qui ont déposé en sa faveur & constaté les faits: c'est alors que les partisans du grand seigneur se sont mis en mouvement pour le garantir des suites d'une procédure criminelle.

M. le procureur du roi du châtelet, pressé par M. Pernot, est allé trouver M. le garde-des-sceaux, & lui a représenté que la justice ne se rendoit point, qu'on se plaignoit de son inaction. Le chef de la justice lui a répondu qu'il croyoit l'affaire accommodée. Il a écrit sur le champ au premier président pour le prier d'interposer sa médiation.

Le vrai est que M. de Chabrillant le pere étoit venu *incognito* chez M. Pernot lui offrir jusqu'à 40,000 livres d'argent, s'il vouloit s'accommoder; ce qu'il avoit refusé avec dédain, reprochant même à ce seigneur la maniere indécente dont il se présentoit chez lui, comme voulant pouvoir nier au besoin sa démarche, si elle ne réussissoit pas.

La négociation de M. d'Aligre n'a pas été plus heureuse, quoique reçue avec soumission par M. Pernot. Il a déclaré que si le roi lui ordonnoit de se désister, en sujet obéissant il le feroit; mais qu'il falloit que cet ordre lui fût signifié par une lettre ministérielle; qu'en outre, on ne pouvoit lui refuser la satisfaction que M. de Chabrillant donnât une somme quelconque au curé de Saint-Sulpice pour les pauvres de la paroisse, dont il tireroit quittance & qu'il enverroit à l'offensé avec une lettre d'excuse; & que du tout il seroit dressé copie pour être inférée dans les papiers publics, servir de monument de la satisfaction qu'auroit fait cet étourdi, & d'exemple à ses semblables, se prévalant de leur rang ou de leur qualité pour insulter un bourgeois.

Ces propositions, agréées de M. d'Aligre, de M. le président de Lamoignon qui s'en mêloit aussi, ayant paru trop humiliantes à M. de Chabrillant, on a laissé au procureur la faculté de poursuivre; & le châtelet, pour se débarrasser de l'affaire, a jugé comme on a vu.

29 *Juillet.* La *Destruction de la Ligue*, ou *la Réduction de Paris, piece nationale en quatre actes.* Tel est le vrai titre de l'ouvrage qu'on a annoncé

il y a plusieurs mois, & toujours rare. On assure qu'il est précédé d'une préface fortement pensée & écrite avec beaucoup de chaleur & d'énergie; qu'il s'y trouve des vérités philosophiques & hardies, qui l'empêchent de le laisser se répandre avec facilité.

30 *Juillet* La *Destruction de la Ligue* commence à faire bruit. Son but est vraiment grand : il est de faire voir aux hommes combien des idées religieuses mal entendues entraînent d'erreurs politiques & nuisent à la félicité nationale. C'est un tableau fidele des actions & des préjugés de nos ancêtres braves & trompés. Toutes nos coteries philosophiques la prônent avec enthousiasme, & les dévots la décrient.

31 *Juillet.* Le chevalier de Rutlidge réclame contre les nombreux larcins littéraires que M. Mercier a fait de son *Babillard*, qu'il a transportés dans le *Tableau de Paris*. Il prétend qu'il a également pillé ses autres ouvrages & ne l'a cité qu'une seule fois. En conséquence, par une lettre du 7 juillet, il dénonce le plagiaire au rédacteur du courier de l'Europe. Le *Babillard* malheureusement est un ouvrage périodique peu connu, & que le journaliste a été obligé d'abandonner faute de souscripteurs ; au moyen de quoi, le public absout facilement M. Mercier, & prend peu d'intérêt au réclamant.

31 *Juillet.* Mlle. *Théodore* ayant fini son congé, est revenue de Londres, & les amateurs attendoient avec impatience le moment de la voir reparoître sur le théâtre lyrique : ils ont appris avec la plus grande douleur qu'à son retour elle avoit été arrêtée, conduite à l'hôtel de la Force, & n'en étoit sortie qu'avec une lettre de cachet

qui, sans lui permettre de quitter le royaume, lui défend d'approcher de Paris de trente lieues.

Le sujet de sa punition est d'avoir écrit durant son séjour à Londres différentes lettres, où elle s'exprime avec une liberté vraiment angloise sur la nouvelle administration de l'opéra. Ses chefs ont fait entendre au ministre de Paris que c'étoit indirectement l'attaquer lui-même & avilir son autorité. On espere que cette danseuse s'étant rangée à son devoir, il se laissera fléchir : malheureusement pour elle, son honnêteté ne lui a procuré aucun protecteur, au contraire, lui a aliéné tous ces grands corrompus, qui ne favorisent que le vice & le libertinage. Son talent unique lui a procuré aussi beaucoup de jaloux dans le comité, & Mlle. Guimard passe pour être à la tête de la cabale qui la persécute.

Mademoiselle Théodore est toujours attachée au sieur Dauberval, & l'on prétend qu'elle va l'épouser, ou même qu'ils sont déjà mariés. Si elle ne peut rentrer, elle aura la consolation d'emporter non-seulement l'admiration, mais même l'estime publique.

Le sieur *Nivelon*, qui s'étoit absenté sans congé, à son retour, quoiqu'on lui ait pardonné cette escapade, ayant fait l'insolent & refusé de danser sous prétexte qu'il étoit libre, a été arrêté aussi & mis au même lieu que Mlle. Théodore. Cette correction a produit son effet. Il est sorti samedi 27, & doit remonter incessamment sur les planches.

1 *Août* 1781. *Flipart*, mort le 9 juillet dernier, étoit né en 1755, fils d'un graveur. Il suivoit la même carriere, & commença ses études sous le célebre Laurent Cars. Son génie avoit peine à se développer : le Maître n'en conçut

qu'une médiocre opinion ; & ce ne fut qu'à trente-trois ans que l'eleve commença de mériter ses suffrages. Cars avoua qu'il s'étoit trompé sur son compte à la vue d'un frontispice de la description des fêtes données en 1747 pour la célébration du second mariage du dauphin, dont cet artiste avoit été chargé. Cet habile homme découvrit le talent de *Flipart* ; il y reconnut ses leçons & sa maniere. *Je ne sais*, lui dit-il, *de quelle langue je me sers ; mais jusqu'à présent je n'ai été entendu que de vous seul.*

Depuis Flipart s'est distingué par de grands ouvrages. Il avoit le burin toujours difficile, & s'attachoit aux peintres d'un génie analogue au sien & aux ouvrages capables de mériter ses efforts. Il a cependant rendu avec succès plusieurs chef-d'œuvres de M. Greuse, & y a fait passer toute la sensibilité qui caractérise ce peintre.

1 *Août*. Le docteur Mesmer vient de partir de ce pays-ci sous prétexte d'aller à Spa, mais en effet pour ne pas revenir, faute d'avoir pu prendre consistance dans cette capitale. Il s'étoit d'abord adressé à l'académie des sciences pour son magnétisme animal, & demandoit son approbation. Les savans de cette compagnie lui ont ri au nez, & n'ont point voulu s'occuper de cette chimere.

Cet étranger a eu recours ensuite à la société royale ; mais quoique celle-ci depuis plusieurs années ait le docteur Mauduit, un de ses membres qui s'occupe d'appliquer l'électricité à la cure de certaines maladies, elle n'a pas tenu plus de compte des découvertes prétendues de Mesmer.

Alors il s'est retourné vers la faculté ; il s'est flatté qu'au moins par antipathie pour la société, elle l'accueilleroit mieux ; mais elle s'est montrée également jalouse de cet esculape à secrets, & l'on a vu le défi qu'il lui a porté, & son refus honteux de l'accepter.

Un seul docteur, M. Deslon, ayant été témoin des merveilles de Mesmer, n'a pu se refuser à lui donner son approbation & à les publier. Il a été mis *in reatu*, & déjà condamné par deux décrets à être rayé. Depuis peu il a sommé la faculté ou de terminer sa condamnation par le décret définitif, où d'annuller les deux premiers. Il lui a déclaré dans une longue lettre imprimée, ne pouvoir plus rester dans cet état d'incertitude, & qui entache toujours légérement son honneur. Il se réserve, au surplus, le droit de se pourvoir en justice réglée, s'il est condamné.

2 *Août*. Un anonyme, qui se dit marin, conteste à M. de Sornay, chevalier de Saint-Louis, major d'infanterie à l'Isle-de-France, la découverte importante d'une maniere certaine d'observer les longitudes en mer, problême non encore résolu tout-à-fait, & pour lequel il y a toujours de grandes récompenses promises.

Il y a près de sept à huit ans que les recherches de ce militaire ne sont plus un mystere à l'Isle-de-France. Dès 1779 il avoit adressé à un ami ses mémoires pour les communiquer, & au ministre de la marine, & à l'académie des sciences. On les trouva trop laconiques, & le fondé de procuration se contenta de prendre date & d'en parler à MM. Bori & Bailli, deux membres de la compagnie savante, dont l'inventeur requéroit le suffrage.

Cependant M. de Sornay manquant d'instruments pour observer, en avoit fait un lui-même: en 1781 il opéra avec ce secours, encore grossier,

& toute l'Isle-de-France fut témoin de son succès.

En conséquence, il a envoyé à Paris M. de Messy, porteur de nouveaux mémoires & de ses instruments. Celui-ci est déjà en France, & l'on n'attend que son arrivée à Paris pour soumettre de nouveau le tout au jugement des connoisseurs.

Il faut voir maintenant ce que fera l'anonyme, s'il se dévoile & étaie sa prétention.

2 *Août*. M. de Condorcet a fait imprimer le discours qu'il a prononcé à l'académie des sciences, lorsque M. le comte du Nord y vint prendre séance. Il ne soutient pas à la lecture les éloges qu'il obtint au débit. On ne peut dissimuler qu'il ne soit obscur & tirant beaucoup au galimatias; heureusement il est court, & quelques faits & anecdotes sauvent de l'ennui & de la fatigue qu'il causeroit s'il étoit plus long.

Le secretaire observe qu'après soixante-cinq ans l'arriere-petit-fils de Pierre I vient occuper à l'académie la même place de son bisaïeul. Il l'invite indirectement à se faire inscrire aussi dans la liste des savants ses confreres, par l'exemple de ce grand prince, qui ne dédaigna pas de recevoir le titre d'académicien. Il cite une phrase remarquable où il écrivoit : « *Il n'y a de rang dans les sciences que ceux qu'y donnent l'application & le génie.* » Au reste, il n'accepta ce titre qu'après l'avoir mérité : il envoya à l'académie un *Mémoire sur la géographie de la mer Caspienne*. L'auteur se jette ensuite dans une métaphysique fort embrouillée, dont le résultat est toujours d'assujettir tout à la philosophie.

3 *Août*. Quoiqu'on doive regarder comme un sacrilege le projet de traduire un chef-d'œuvre en ridicule, cependant si la parodie peut porter

quelqu'intérêt, c'est uniquement lorsqu'elle concerne un ouvrage connu & admiré. Comme il n'en est aucun qui ne puisse prêter à la critique, c'est à cette partie que le parodiste doit s'attacher. Le reproche qu'on ait donc à faire aujourd'hui à l'auteur de la *Parodie d'Agis*, en un acte & en vaudevilles, exécutée hier aux Italiens, c'est d'avoir choisi une tragédie qui n'a point eu assez de succès pour mériter ce genre de persécution littéraire; d'ailleurs c'étoit l'essai d'un jeune homme; & il semble qu'il a une espece de cruauté à tourmenter ainsi un talent naissant. L'excuse qu'on peut donner pour le parodiste, c'est qu'il est jeune lui-même, & n'a pas réfléchi aux conséquences de son projet. Son essai a été heureux; & si, en ce genre comme dans les autres, le succès peut absoudre, il doit se regarder comme justifié par les suffrages du public.

4 *Août*. Quoique le drame de la destruction de la ligue tienne beaucoup de la maniere de ceux de *Shakespear*, il y a cependant une régularité qu'on ne trouve point dans l'Anglois, surtout la regle des 24 heures est parfaitement observée, puisque l'action se passe à Paris les 21 & 22 mars 1594.

Le premier acte est consacré à l'exposition des horreurs où Paris étoit réduit en ce moment par la famine; de la division qui régnoit dans les familles; de l'excès du fanatisme qui étoignoit au fond du cœur tout autre sentiment, sur-tout de l'hypocrisie des chefs des ligueurs, des prêtres, des moines vivant dans l'abondance, lorsque les citoyens s'entr'égorgeoient pour quelques morceaux de pain.

Dans le second, où la scene se passe au camp

de Henri, l'auteur montre l'ame bienfaisante de ce généreux prince, qui fournissoit lui-même du pain à la ville qu'il assiégeoit. Il y dévoile les motifs qui l'ont déterminé à se rendre catholique, & l'espoir qu'il a du succès de son changement de religion; changement qui a coûté à sa franchise, auquel il ne s'est prêté que par le conseil de ses plus chers confidents, des protestants même, pour abréger la guerre & épargner le sang de ses sujets. On y trouve à la fin le germe du dénouement par l'arrivée d'un messager de Brissac, gouverneur de Paris, se disposant à ouvrir au roi les portes de sa capitale.

La bienfaisance de Henri IV forme un des principaux ressorts mis en œuvre par ce prince pour ramener ses sujets à son obéissance; c'est ce que l'auteur développe dans le troisieme acte, en montrant comment le fanatisme résistoit encore aux vertus de ce bon maître. Heureusement une conversation des chefs des ligueurs, se livrant à toute la liberté des scélérats qui croient pouvoir s'expliquer sans détour, est entendue par une femme octogénaire: avant de mourir elle en révele les détails, & la barbarie de ces prêtres qui, craignant que, par une telle révélation le bandeau ne tombe des yeux de leurs enthousiastes, font arrêter & mettre à la Bastille des citoyens qui leur étoient aveuglément dévoués, acheve de détromper les plus crédules.

Cette vengeance horrible & l'hypocrisie de ceux qui l'exercent, est le sujet du quatrieme acte. Les chefs de la ligue développent encore leur espoir d'ôter le trône à Henri, de l'en éloigner du moins le plus qu'ils pourront, malgré son abjuration, par les difficultés de la cour de Rome,

& les formalités qu'elle doit exiger avant d'absoudre solemnellement ce prince. Mais, tandis qu'ils épuisent tout l'art de leur politique infernale, Brissac, fidele à ses engagements, ouvre les portes à Henri qui entre dans la ville assiégée plutôt en pere qu'en vainqueur. Les chefs des ligueurs s'enfuient par un souterrain qu'ils s'étoient ménagé, & annoncent qu'il leur reste encore une ressource dans le poignard.

Tel est la division de la piece, pleine d'intérêt & de naturel, où l'époque la plus désastreuse & la plus extraordinaire de nos annales est peinte avec des couleurs vives, où sur-tout les caracteres principaux sont extrêmement bien conservés. C'est là le grand mérite du poëte, qui n'a prétendu tracer qu'un tableau plus animé de l'histoire, & s'attachant uniquement à ce fonds, s'est interdit toutes les ressources qu'il auroit pu tirer de son imagination.

Il annonce à la fin de sa piece dans une note, qu'il publiera *la Mort de Louis XI, roi de France*, piece historique en cinq actes, avec des notes; & *Philippe second, roi d'Espagne*, piece dramatique en cinq actes, précédée d'un discours sur son regne.

On sait aujourd'hui que M. Mercier est auteur de ce drame.

4 *Août.* On annonce que M. *Palissot*, s'acharnant sans relâche aux philosophes, profite de la liberté que le gouvernement lui laisse de les traduire en ridicule, & même de les rendre odieux pour les remettre en scene, sous le nom d'une autre secte. Ce sont les *économistes* qu'il va nous peindre.

5 *Août.* C'est M. *Goulart* qui est l'auteur de la parodie d'Agis, qu'on s'accorde assez générale-

ment à regarder comme une ingénieuse bagatelle, dont la plupart des couplets sont faits avec gaieté, & se retiennent facilement.

5 *Août*. Le sieur de *Beaumarchais* a fait assembler depuis peu sa famille ; il lui a demandé pardon de tous les chagrins qu'il lui avoit donnés ; il a gémi sur les scandaleuses scenes où il avoit été entraîné par les circonstances : il a déclaré que voulant faire une fin & se rapprocher d'une vie honnête & réglée, il alloit épouser Mlle. de Villers, sa maîtresse. Il est convenu que peut-être n'en seroit-il pas venu à cette extrêmité sans sa chere *Eugénie* : c'est une fille qu'il a de cette concubine, & qu'il a appellée du nom de son drame. Il leur a fait entendre, du reste, que ce mariage en les frustrant de sa succession, ne l'empêcheroit pas de leur donner à chacun des marques de son attachement, & que sa fortune pouvoit suffire à tout. Ils sont partis très édifiés des aveux & du repentir de ce fameux libertin.

6 *Août*. *Lettre de M. Deslon, docteur-régent de la faculté de médecine de Paris, premier médecin ordinaire de M. le comte d'Artois, &c. à Monsieur Philip, doyen en charge de la même faculté.* Tel est le titre de cet ouvrage annoncé, ayant 144 pages, & qui ne se vend point, mais envoyé par l'auteur à tous les membres de la faculté; écrit extrêmement précieux à tous ceux qui veulent connoître en France l'histoire du *magnétisme animal* ; celle des *contradictions qu'il a éprouvées* ; les raisons qui ont empêché les sociétés savantes de l'adopter, & les motifs puissants qui militent cependant en sa faveur.

Quoique l'ouvrage, vu le sujet qu'il traite,

semble ne devoir mériter l'attention que des gens de l'art, on est très-surpris en le lisant non-seulement d'y trouver la matiere extrêmement bien discutée, & d'une maniere aussi intéressante qu'agréable, mais encore d'y rencontrer des digressions littéraires, qui, sans être étrangeres tout-à-fait au sujet, le rendent encore propre aux gens du monde, contiennent des vues neuves, fines, profondes, piquant la sagacité du lecteur, des tournures ingénieuses, plaisantes & gaies qui le reposent & l'amusent sans nuire à la gravité du sujet. Le style d'ailleurs en est clair, nerveux & approche beaucoup de celui de Rousseau. En un mot, cet écrit polémique doit placer son auteur au rang des plus subtils dialecticiens & de nos meilleurs écrivains.

Du reste, quoique la lettre soit datée du 15 mai dernier, & que le docteur déclare au doyen que si dans la quinzaine après sa publication, l'assemblée qu'il sollicite n'a pas lieu, il le prendra à partie pour le forcer par les voies juridiques à la convoquer; on ne voit pas que M. Philip ait satisfait à sa réquisition, & les choses restent toujours *in statu quo*.

7 *Août*. Les comédiens Italiens ont donné hier la premiere représentation des *deux Jumaux de Bergame*, comédie en un acte & en prose. Le cadre de ce joli drame n'est pas neuf; mais par le talent du poëte, il en a résulté des situations charmantes, des effets piquants, & d'excellentes plaisanteries. Il avoit composé cet ouvrage dans le temps que la troupe italienne existoit encore. Les deux arlequins en font tout le sujet & l'exécutent à merveille. Quoique le nouveau ne soit pas aussi aimé du public que l'ancien, l'auteur a

eu

eu l'adresse de lui donner un rôle où il joue de la mandoline & chante des couplets très-gais qui le mettent aussi bien en scène que son rival. A la finesse, aux saillies du dialogue, les connoisseurs ont ●●●●ment reconnu la tournure d'esprit de M. ●●●●ian, & sa manière a bientôt trahi sa mod●●●●.

La musique des couplets est du sieur Desauguiers.

8 *Août*. Le docteur Deslon ayant examiné les procédés du sieur *Mesmer*, & le traitement de plusieurs malades, n'a pu s'empêcher de rendre justice à la vérité dans ses *observations sur le Magnétisme animal*. Il se proposoit d'exposer lui-même à la faculté le résultat de vingt-deux mois de réflexions, & d'une année d'expériences suivies avec constance. Il avoit demandé jour au doyen d'alors, *le Vacher de la Feutrie* ; & celui-ci éludoit toujours, lorsque le docteur *Vauzesme*, jeune, ardent, impatient de se signaler, fut plus heureux, obtint une assemblée pour le 18 septembre 1780, où il dénonce l'ouvrage annoncé ci-dessus ; &, malgré les défenses de l'auteur, il fut arrêté qu'il lui seroit ordonné d'être plus circonspect à l'avenir dans ses écrits à l'égard de la faculté ; qu'il resteroit suspendu pendant un an de voix délibérative dans les assemblées de la compagnie, & qu'à cette époque s'il n'avoit désavoué ses *observations sur le Magnétisme animal*, il seroit rayé du tableau : en un mot, qu'on rejetteroit les propositions de M. Mesmer, dont il avoit été l'organe. Celui-ci a rendu compte en détail du tout dans son ouvrage, intitulé : *Précis historique des faits relatifs au Magnétisme animal*.

Les griefs sur lesquels porte le décret sont :

1°. d'avoir insulté les compagnies savantes, & spécialement la faculté de médecine de Paris.

2o. D'avoir abjuré la doctrine des écoles, en annonçant des principes contraires à la saine médecine, & en donnant pour appuyer & confirmer ces nouveaux principes, des observations de cures impossibles & invraisemblables.

3°. De s'être comporté d'une maniere peu conforme à la dignité de son état, en favorisant & accueillant le charlatanisme.

Ce décret a été confirmé dans la seconde assemblée du 7 octobre 1780; mais la troisieme, pour consommer le décret, n'ayant pas eu lieu, M. Deslon reste dans un état indécis, & ne peut encore se pourvoir en justice réglée ; c'est pourquoi il a intérêt de presser sa compagnie, ou d'annuller son décret, ou de lui donner sa derniere sanction.

8 *Août*. Le *Mort marié* est une comédie en deux actes & en prose du sieur Sedaine, composé en 1771. Elle se joue depuis long-temps dans les provinces. Il a voulu la faire jouer à Paris, & pour éviter les lenteurs de la comédie Françoise, il a eu recours aux Italiens, qui la donnent vendredi 10 de ce mois.

8 *Août*. Il paroît un édit du roi donné à Versailles au mois de mai, & enrégistré en la chambre des comptes le 28 juin. La principale disposition de cet édit, qui a six articles, est celle du second. Sa majesté y annonce que la dépense, tant de sa musique que de ses concerts & ballets, monte actuellement à 499,848 livres 7 s. 6 d. y compris les vétérans, & qu'elle veut qu'elle soit réduite & irrévocablement fixée à la somme de 259,600 livres, non comprises les pensions des

vétérans, qui ne pourront en aucun cas excéder celle de 50,000 livres. Sa majesté défend que cette partie de sa maison soit augmentée pour quelque cause & sous quelque prétexte que ce soit.

A la suite est un réglement qui fait connoître la maniere dont le roi entend que les différentes classes de sa musique, concerts & ballets soient composés.

Août. M. Deslon répond très au long aux trois griefs qu'on lui impute. A l'égard du premier, il fait voir qu'en s'expliquant sur le compte des compagnies littéraires, & sur-tout des académies qu'il regarde en général comme plus nuisibles qu'utiles aux progrès des sciences, il en a spécialement excepté la faculté de médecine, dont il vante l'organisation & le régime, s'il étoit suivi dans l'esprit des premiers instituteurs. Il fait voir qu'il a sur-tout prouvé le danger de la formation de la société royale de médecine, rivale funeste qu'on a voulu opposer à la premiere. Tout ce qu'il dit sur cette matiere est très-judicieux.

Quant au second, il prouve qu'il n'a adopté nullement la doctrine de M. Mesmer, qu'il l'a simplement exposée sans rien plaider ou affirmer, n'ayant reçu aucune mission de cet étranger; il prouve que la médecine n'ayant aucun principe évident, il est impossible de fixer un corps de doctrine auquel on puisse ou doive s'attacher plus qu'à un autre, que tous les jours on soutient dans les theses des sentimens opposés & contradictoires; enfin que de cent soixante membres environ de la faculté, il n'y en a pas deux qui s'accordent.

Sur le troisieme point, il fait voir l'absurdité du statut soixante-dix-sept, qui défend qu'on consulte avec des empiriques, ou des médecins non approuvés de la faculté, statut auquel il montre en détail qu'il n'est pas peut-être un seul membre qui n'ait dérogé. Cette digression est remplie d'arguments *ad hominem* tout-à-fait plaisants, sans être trop bouffons, & malins sans méchanceté.

D'abondance, M. Deslon veut bien se disculper sur une quatrieme allégation qu'on a peu fait valoir, mais laquelle il se fait un devoir de réfuter encore. C'est d'avoir pris en tête de ses *Observations sur le Magnétisme animal*, le titre de docteur-régent de la faculté de médecine de Paris, quoiqu'il soit de principe parmi les docteurs, qu'on ne doit se qualifier, ainsi que dans les ouvrages dont la faculté a agréé l'hommage, ou autorisé la publication. Il affirme qu'il a consulté sur cette délicatesse, & le doyen le *Vacher de la Feutrie*, & l'ex-doyen *Desessarts*, & que tous deux ont regardé la chose comme sans conséquence.

Le surplus de la lettre consiste en des observations pour le public, qui servent comme de résumé, d'éclaircissement ou de complément à tout ce qu'il a dit.

10 *Août*. Par un arrêt du conseil du 25 juillet, deux mémoires imprimés en faveur d'un monsieur Serpand, signés de lui & de Me. Dangi, avocat au conseil, sont supprimés comme contraires au respect dû au tribunal, comme contenant des faits faux & des imputations calomnieuses contre des personnes qui ont eu la confiance de sa majesté dans l'administration, & auxquelles elle a donné des marques de sa satisfaction; défenses de récidiver & à Serpand & à Dangi; & celui-ci est interdit pour trois mois.

L'arrêt lui a été signifié le 29 juillet.

Ce mémoire est contre les créanciers de monsieur Haudry, ci-devant fermier-général en faillite. M. Serpand lui étoit adjoint en cette qualité; & d'ailleurs, comme ayant déjà blanchi dans les divers emplois de la ferme, il avoit lieu d'espérer d'avoir la place du sieur Haudry. Mais M. de Fleury lui a substitué un M. Couturier, un des premiers commis du contrôle-général, à l'instigation du sieur Hamelin. Tout cela a donné de l'humeur à M. Serpand, & elle se manifeste dans ses *factums*.

11 *Août*. Un comte Demetrius-Comnene, issu en ligne directe de David Comnene, dernier empereur de Trébisonde, a fait vérifier par M. Chevin, généalogiste du roi, les titres qui établissent sa descendance, qui ont passé au conseil; & il lui a été expédié des lettres-patentes, par lesquelles S. M. le reconnoît & le maintient lui & ses enfants, &c. dans les mêmes honneurs, distinctions, prééminences, privilèges, franchises, exemptions & immunités, que les nobles d'ancienne race. Il est capitaine de cavalerie au service de France par une commission du 16 décembre 1779.

11 *Août*. On a déjà dit que l'allusion du sénat factice de Sparte avec le parlement Maupeou, faisoit la base principale de la tragédie d'Agis. Cette allusion pouvant encore mieux avoir lieu dans la parodie, celle des Italiens en tire son grand mérite, & l'on croit sur-tout y reconnoître tout craché M. le chancelier dans l'un des acteurs qui le contrefait à merveille.

12 *Août*. M. le contrôleur-général revenant de Versailles, a été surpris de voir qu'on arrêtât son carrosse. Il a demandé aux commis s'ils ne

le connoissoient pas : ils lui ont répondu qu'ils le connoissoient très-bien ; qu'il étoit M. de Fleury, & que c'étoit une raison de plus pour faire leur devoir. Ils l'ont prié de descendre ; ils ont fouillé & ont trouvé son carrosse rempli de contrebande. Ce ministre, indigné en conséquence, a fait mettre au cachot son cocher & a déclaré qu'il y resteroit long-temps.

12 *Août*. Le premier mémoire pour le sieur Serpand, contre les créanciers du sieur Haudry, en présence du sieur Haudry & de Laurent David, ancien adjudicataire des fermes-générales, *tiers saisi*, fait infiniment d'honneur à M. Dangi, qui y défend avec zèle la propriété de son client attaquée, & développe à cet égard les grands principes de la législation. Il prouve clairement que S. M., en supprimant les croupes & pensions, graces accordées par l'autorité, & que l'autorité peut détruire, ne peut avoir eu en vue un contrat synallagmatique, suivant lequel le sieur Serpand, nommé par le roi adjoint du sieur Haudry, & ayant fait la moitié des fonds, a dû nécessairement toucher les intérêts de ses fonds. Or, c'est ce dont on veut le priver en les appliquant à la masse des créanciers, & c'est à des simples arrêts du conseil, rendus sous la cheminée, & rédigés par des commis du contrôle-général qu'on veut l'assujettir.

L'avocat cite souvent le compte rendu de M. Necker, pour mieux étayer la cause de son client, & rendre plus sensible la contradiction de la conduite qu'on fait tenir au roi en ce moment-ci, avec ce qu'on lui a fait dire alors. Et ces citations ne peuvent que déplaire aujourd'hui.

Le *Supplément* au mémoire, signifié le 21 juillet 1782 pour le sieur Serpand, contre les créanciers du sieur Haudry, le sieur Haudry & Nicolas Salzard, est celui qui sur-tout a le plus provoqué la vengeance des intéressés. Voici comme il s'exprime sur le sieur Couturier.

« Le premier de ces commis se disant mon
» juge, sans aucun caractere public, n'ayant
» prêté serment nulle part, profite de sa faveur
» du moment & de ce titre illusoire de juge
» qu'il s'est arrogé, pour s'approprier mon état;
» je le vois quatre jours après enrichi de mes
» dépouilles, revêtu de ma propriété, installé
» dans une place à laquelle j'avois un double
» droit, & par la nomination du roi, & par
» mon contrat d'acquisition....

» N'ayant jamais connu personnellement le
» second commis, (le sieur Hamelin) je sous-
» cris d'avance à tout ce qu'on dira de sa pro-
» bité, de sa bonhommie; mais il n'a certai-
« nement jamais eu le droit de s'ériger en juge;
» jamais il n'a eu aucune espece de caractere
» public; il n'est même pas susceptible d'en rece-
» voir aucun. Le seul grade qu'il puisse faire
» valoir est celui de clerc de notaire. Mécontent
» du parti pris autrefois à son égard par cette
» compagnie d'officiers de justice, si délicats par
» état sur l'honneur, il chercha fortune ailleurs.
» Et le voilà commis. »

Les amis de M. Hamelin assurent qu'il a obtenu de la compagnie des notaires un certificat qui dément l'assertion injurieuse avancée ici sans trop de nécessité, & que c'est ce qui lui a valu le soutien du ministre des finances, & l'arrêt de suppression contre les mémoires....

13 *Août*. Le *Mort marié*, retardé jusqu'aujourd'hui, est fondé sur une anecdote ancienne qui a couru il y a dix ou douze ans, peut-être plus, & insérée dans ces feuilles. Mais le sieur Sedaine, en voulant la rendre plus comique, l'a gâtée & l'a fait dégénérer en farce digne de la foire. Le premier acte, où il y a d'excellentes choses, avoit très-bien pris ; & si le second y eût répondu, la piece auroit eu un succès complet.

Le fonds de l'intrigue consiste dans un robin qui, forcé de se battre contre un militaire, imagine de lui présenter à choisir deux pistolets chargés à poudre, & durant le combat tombe comme s'il étoit tué réellement ; ce qui donne lieu à tout l'imbroglio & au dénouement. Mais dans l'histoire, ils étoient rivaux, & l'homme de robe profitoit de l'évasion de l'autre pour pousser sa pointe & conclure son hymen. Ici, au contraire, ils ne sont point amoureux de la même personne, & c'est déjà une méprise assez invraisemblable qui donne lieu au combat ; ensuite il en résulte un jugement burlesque, une sentence qu'on force l'accusé de signer, & qui se trouve être son contrat de mariage avec la belle dont il étoit épris. Sa propre mere qui concourt à cette parade & sert de témoin contre son fils, a sur-tout révolté.

14 *Août*. Extrait d'une lettre d'Amsterdam, du 9 août.... On distribue ici le *prospectus* d'un ouvrage nouveau qui s'imprime vraisemblablement à Londres. Il a pour titre : *les Fastes de Louis XV, de ses ministres, maîtresses, généraux & autres notables personnages de son regne* ; & au bas, à *Villefranche, chez la veuve Liberté*, 1782. Vous jugez par ces expressions allégoriques que l'envo

est mystérieux, & que ces prospectus ne viennent que d'une maniere détournée.

L'ouvrage aura deux volumes grand *in-12*, & doit paroître vers la mi-*juillet*; mais voilà ce terme passé, & peut-être quelque nouvel obstacle en aura retardé la distribution, qui devoit s'en faire il y a un an. Voici le début du livre qu'on cite pour en donner une idée.

« Osons tracer d'une main hardie les fastes
» du regne d'un prince dont les premiers lustres
» firent les délices de ses peuples, & dont les
» derniers n'exciterent que les cris de l'indigna-
» tion publique.... La mort a frappé l'idole, la
» vérité paroît, pourquoi craindrions-nous de la
» dire? »

14 *Août*. Le sieur Sédaine, qui attache beaucoup de prétention à tout ce qu'il fait, & ne se départ pas volontiers des ouvrages qu'il a mis en lumiere, avoit déjà donné le *Mort marié* en 1777, comme opéra comique. Il n'eut pas de succès sous cette forme, & il le reproduit sous une autre; il fera bien d'en chercher une troisieme, car le public n'a point été dupe de la nouvelle métamorphose.

15 *Août*. Le sieur Gardel le jeune, déjà regardé avant son départ pour Londres comme un éleve de la danse donnant les plus grandes espérances, a reparu mardi dans un ballet arrangé pour lui, & exécuté à la suite d'Electre, dont ce divertissement, étranger à la tragédie, tempere la noirceur. On a été surpris de voir qu'il eût fait autant de progrès à Londres, & fût devenu un danseur égal aux plus consommés. Il a exécuté la superbe chacone de le Berton avec un fini,

une netteté & une justesse qui ont ravi les amateurs.

Le sieur Nivelon, rendu docile au moyen de la petite correction dont on a parlé, en a été aussi dédommagé par de vifs & nombreux applaudissements. On a retrouvé à cet agréable danseur le moëlleux, la grace & l'aisance qui le caractérisent.

15 *Août*. M. de Mirbeck, autre avocat au conseil, est aussi interdit pour trois mois à l'occasion d'un mémoire où la marine militaire de France est, dit-on, fort maltraitée. C'est une satisfaction qu'a réclamé pour elle le marquis de Castries, & qu'on a cru devoir lui donner.

15 *Août*. Par des détails particuliers, on apprend que M. le comte d'Artois a été bien surpris de trouver par-tout en Espagne des spectacles, des fêtes & des danses qui ne se ressentoient point de la gravité Espagnole.

On ajoute qu'on a été un peu scandalisé à la cour de le voir dans un ajustement très-leste & trop peu conforme à son étiquette. On dit que ce prince a beaucoup ri de cette cour, & l'on prétend que dans ses lettres à la reine, il en plaisante on ne peut plus agréablement.

Tout est disposé sur la route d'Espagne de façon à ce que l'arrivée des nouvelles soient rapides & continues dès que le siege de Gibraltar sera commencé. Ce fameux siege occupe toute l'Europe aujourd'hui, & sera certainement l'événement de la guerre le plus intéressant. Il est bien essentiel qu'il se finisse, par les dépenses énormes qu'il entraîne, la quantité d'hommes & de forces navales qu'il occupe depuis trois ans.

16 *Août*. Le sieur *Astley* a donné hier ses

exercices de manege pour la derniere fois. On est très-fâché que ses engagements l'aient obligé de partir si-tôt. Son spectacle ne désemplissoit point ; & il avoit été contraint sur la fin de donner deux fois par jour. Les femmes sur-tout s'y plaisoient infiniment. Le pere Astley est le plus superbe homme de l'Europe, & son fils a des graces & une vigueur capable d'enchanter le beau sexe. En outre, le décore & les habillements étoient aussi galants que le comportoit le lieu & la nature du spectacle. Le sieur Astley, tous frais faits, emporte mille louis de bénéfice.

Les petits spectacles des boulevarts ne sont point fâchés de son départ; car ce dangereux voisin leur enlevoit quantité de monde qui va refluer vers eux.

17 *Août*. Quoique Me. Blondel, chargé de la cause de M. Pernot Duplessis, ait plaidé avec beaucoup d'éloquence, il n'a pas jugé à propos d'imprimer son plaidoyer. Il paroît seulement une feuille, intitulée, *Faits de la cause*. C'est un résumé de tous ceux qui sont constatés par les dépositions des témoins, divisés en trois scenes ou actes : 1°. dans la loge ; 2°. dans les corridors ; 3°. dans les corps-de-gardes : en voici le résultat.

Injures atroces. Voies de fait & traitement indignes. Violation du respect public. Supposition de pouvoir. Profanation du nom du souverain. Abus d'autorité. Oppression de liberté civile.

C'est lundi que doit parler le défenseur du comte de Chabrillant. C'est aujourd'hui Me. Martineau. Me. Gerbier a refusé de se charger de la cause.

Mercredi Me. Blondel aura la réplique, & l'avocat-général Joly de Fleury portera la parole. Il annonce d'avance qu'il ne prendra point de conclusions, qu'il craint de requérir un décret contre M. le comte de Moreton Chabrillant, capitaine des gardes de *Monsieur* en survivance. On ne croiroit point un tel aveu aussi indécent & aussi lâche, si l'on ne le tenoit de gens dignes de foi.

18 *Août.* Extrait d'une lettre de Geneve, du premier août..... Il ne faut pas croire que nos représentants aient quitté comme des lievres. Ils ont laissé une déclaration par écrit, où ils rendent compte de leur résolution de céder à la force, en protestant qu'ils renoncent à une patrie occupée, subjuguée par des troupes étrangeres, dont les meilleurs citoyens sont forcés de s'éloigner, dont les loix cesseront d'être l'effet de la volonté libre de la pluralité, & dont le gouvernement sera désormais composé d'hommes pour lesquels ils ne peuvent conserver ni estime ni confiance.

18 *Août.* On a fait percer aussi dans cette capitale des *prospectus* des Fastes de Louis XV, annoncés d'Amsterdam. Il est bien à craindre que ce ne soit qu'une rapsodie sous un beau titre, par l'annonce du prospectus même, d'une tournure impudente, &, malgré sa briéveté, désagréable par plusieurs incorrections de style : on en va juger.

« Tout dire & *rien céler*; ne dissimuler ni les
» vertus ni les vices du monarque, ni les crimes,
» ni les forfaits des esclaves, des roués, des
» courtisans, des ministres, des viles prostituées
» qui entourerent Louis XV pour son malheur &
» celui de ses peuples; voilà la tâche dont paroît
» s'être chargé l'auteur des Fastes, sans trop s'em-
» barrasser du courroux du ministere François,

» ainsi que de la Bastille, Vincennes, Pierre-
» scize, &c.

» Anecdotes, chansons, vaudevilles, épi-
» grammes, tout est rapporté indistinctement
» dans cet ouvrage. On y voit non-seulement
» le naturel, la conduite & le caractere du mo-
» narque; mais on y voit peints avec une égale
» liberté les portraits des princes & des princesses
» de sa maison, de ses différentes maîtresses, de
» ses ministres, de ses généraux. Il paroît que
» l'auteur *n'ait* pas jugé à propos d'attendre la
» mort de bien des personnages pour en dire li-
» brement sa pensée : cette liberté est d'autant
» plus louable qu'il l'exerce librement sur les per-
» sonnages dont la conduite a le plus influé sur les
» événements publics. »

18 *Août.* L'exil de Mlle. *Théodore* est fini; elle a eu sa liberté; mais l'on croit qu'elle persistera à retourner en Angleterre, où on lui fait un sort qui lui promet une fortune brillante, & en très-peu de temps.

18 *Août.* Les amis de M. de la Harpe font un procès à M. de Sancy, d'avoir approuvé la comédie des *Journalistes*; d'autant que cette fonction lui étoit étrangere, & que M. *Suard*, chargé spécialement de la partie des spectacles, s'y étoit refusé. M. *Suard* a eu raison de ne pas vouloir donner son approbation à une facétie où son confrere de l'académie françoise est tourné en ridicule, & même peint avec des couleurs plus noires. Mais M. de Sancy ne devoit pas avoir la même délicatesse, & d'ailleurs étoit censé ignorer que M. *Cailhava* eût eu en vue M. de la Harpe, l'application n'étant pas directe, & s'en faisant uniquement par le spectateur.

19 *Août*. M. Martineau a dit ce matin que la défense de son client étoit dans les faits ; que les faits se trouvoient prouvés par les dépositions ; que les dépositions étoient dans le porte-feuille de M. l'avocat-général qui alloit en rendre compte, & qu'il s'en rapportoit à la prudence de la cour. Au moyen de ce plaidoyer d'une espece neuve, & par lequel le coupable s'avouoit pour tel & n'imploroit que grace, M. Blondel n'a eu rien à répliquer, & M. l'avocat-général a pu porter la parole aujourd'hui. Il a conclu d'une façon assez douce pour le comte de Moreton, & messieurs ont été aux opinions ; elles ont duré plus de trois heures. Ils ont agité de faire un réglement pour éviter désormais de pareilles vexations ; mais trouvant qu'ils n'avoient pas le droit, est intervenu l'arrêt suivant, dont voici les principales dispositions :

« La cour a évoqué le principal, & y faisant
» droit, a fait défense à M. de Moreton de plus
» à l'avenir récidiver, ni prétexter des ordres du
» roi pour faire arrêter qui que ce soit.

» Il a été ordonné que M. de Moreton recon-
» noîtroit M. Pernot pour homme d'honneur, &
» dont seroit dressé acte au greffe, sinon que
» l'arrêt vaudroit ledit acte.

» M. de Moreton a été condamné à 6000 livres
» de dommages-intérêts, dont moitié applicable
» aux pauvres de Saint-Sulpice, l'autre à ceux de
» la conciergerie.

» L'arrêt imprimé jusqu'à concurrence de deux
» cents exemplaires ; dont cinquante affichés,
» & M. de Moreton condamné aux dépens. »

Le public a fort applaudi ; & cependant par réflexion on a trouvé que ce jugement étoit trop doux, qu'il laissoit la liberté à tout étourdi qui voudroit sacrifier deux mille écus, d'insulter un citoyen honnête sans être effrayé des suites de son crime. On eût désiré la peine du talion, & que le comte de Moreton, ayant voulu perdre de réputation le sieur Pernot, eût été entaché de façon à ne pouvoir conserver la survivance de capitaine des gardes de *Monsieur*.

19 *Août*. C'est par un arrêt du conseil royal des finances pour les prises du 29 juin dernier, mais qui n'a été signifié que le 19 juillet à M. de Mirbeck, que cet avocat aux conseils a été interdit dans ses fonctions pour trois mois. Les phrases qui ont paru répréhensibles dans son mémoire sont supprimées, & il est ordonné, en outre que l'arrêt sera imprimé & affiché par-tout où besoin sera. Son grief est d'avoir inséré dans ce mémoire *des expressions injurieuses aux officiers de la marine royale, & contraires au respect dû à des personnes que S. M. a rendues dépositaires de son autorité, & qu'elle honore de sa confiance.*

Cet arrêt a réveillé la curiosité, & l'on recherche ce mémoire, qui n'est autre chose que des *observations importantes* pour une foule de négociants Hollandois, réclamant six navires & leurs cargaisons, du nombre des prises faites par l'escadre de M. de la Motte-Piquet le 4 mai 1781.

19 *Août*. *Ésope à la foire* est une petite pièce en vers & en un acte, que l'on joue depuis quelque temps sur le théâtre des *Variétés amusantes* à la foire Saint-Laurent, & qui attire beaucoup de monde. On en est à la vingt-unieme représentation. Elle est d'un M. *Landrin*, commis aux

fermes, & annonce, dit-on, un talent fait pour briller ailleurs.

10 *Août.* La fameuse recousse faite sur les Anglois de Saint-Eustache par l'escadre du roi, n'étoit point dans le cas ordinaire, suivant lequel tout navire françois, allié ou neutre, recous ou repris par les vaisseaux de S. M. sur les ennemis après avoir été 24 heures entre leurs mains, appartient en totalité au roi, seulement par l'ordonnance du 15 janvier 1779, S. M. se réserve d'accorder aux équipages de ses vaisseaux des gratifications proportionnées à la valeur des bâtiments repris & de leurs cargaisons.

Une convention solemnellement conclue entre le roi & les Provinces-Unies des Pays-Bas, le premier mai 1781, conséquemment antérieure à la prise du 4, contient une exception en faveur des sujets respectifs des deux nations, par laquelle tout bâtiment recous sera rendu au premier propriétaire, en payant le trentieme de la valeur du bâtiment, de la cargaison, des canons & apparaux, s'il a été repris dans les 24 heures, & le dixieme, s'il a été repris après les 24 heures, lesquelles sommes seront distribuées, à titre de gratification, aux vaisseaux repreneurs.

Cependant les six navires réclamés ayant été conduits au port de Brest, par plusieurs ordonnances du 30 mai 1781, sur les instructions de la procédure de l'amirauté de cette ville, le conseil des prises a déclaré ces navires confisqués. C'est ce qui a donné lieu à M. de Mirbek de s'élever, & contre le pillage exercé à bord de ces bâtiments, & contre l'enlevement des papiers de bord dispersés, & contre la négligence des officiers de l'amirauté de Brest, n'ayant fait aucune attention ni aux désordres, ni aux plaintes qui lui en ont été portées. Il établit l'irrégularité & l'injustice des ordonnances dont est appel ; & remontant aux principes, il envisage l'affaire en grand. Il fait voir la nécessité de prévenir un pareil brigandage, de restituer aux vrais propriétaires les effets réclamés, pour augmenter dans l'opinion de l'Europe le prix de l'alliance de S. M. en lui offrant une preuve de sa fidélité à remplir les conventions publiques. Déboutés cependant par ce même arrêt du 29 juin, les réclamants ont été déboutés au conseil royal des finances pour ces prises.

20 *Août*. Mad. Molé se meurt d'une maladie de femme ; mais malgré son état incurable, son mari avoit obtenu des gentilshommes de sa chambre, qu'ils ne la feroient point remplacer qu'elle n'eût elle-même renoncé à sa profession ; ce qu'elle vient de faire avec beaucoup d'édification. Avant de recevoir les sacrements, elle a appellé Mad. Raymon, sa bâtarde, qu'elle avoit eu d'un Valbelle, frere du Valbelle Clairon ; elle l'a catéchisée en présence de son mari sur leur commerce abominable ; elle leur a reproché d'être les auteurs de ses chagrins, &, par la jalousie qu'ils lui ont donnée, de la précipiter au tombeau. On ne voit pas que cette exhortation ait éteint cette passion scandaleuse. Du reste, on n'attend que la mort de Mad. Molé, qui souffre des douleurs incroyables, & fait des hurlements à se faire entendre de la rue.

Ces jours-ci on craignoit de la voir passer à chaque instant, & son mari avoit demandé qu'on différât de jouer *Tibere*, nouvelle tragédie, dans laquelle il fait un rôle. Cependant, comme cela traîne en longueur, *Tibere* est affiché pour vendredi. Il est d'un M. *Fallet*, commis travaillant à la gazette de France, déjà d'un certain âge, & n'ayant encore rien produit en ce genre.

21 *Août*. Extrait d'une lettre de Chantilly, du 15 août.... Le comte de Grasse a passé ici, & y a dîné; il y est resté jusqu'au soir, parce qu'il ne vouloit point entrer de jour dans Paris. Il a vu quelques personnes du château, entr'autres M. de Canillac, qu'il a connu aux isles comme colonel du régiment d'Enghien. Le général lui a raconté avec complaisance l'agréable réception qu'il avoit éprouvée à Londres & en Angleterre. Il n'a pas omis l'accueil gracieux que le roi de la Grande-Bretagne lui avoit fait; & il a ajouté que cette majesté lui avoit dit qu'elle ne le regardoit point comme prisonnier, qu'elle lui rendoit sa parole, qu'il pouvoit retourner dans sa patrie, & qu'elle le reverroit avec plaisir incessamment à la tête des armées françoises..... M. de Canillac a eu peine de ne pas rire de la bonne foi avec laquelle le comte de Grasse lui racontoit cela, & le regardoit comme une marque de la haute estime que faisoit de ses talents le monarque ennemi.

21 *Août. Esope à la foire* mérite sans contredit la réputation dont il jouit. C'est une petite piece charmante, du meilleur ton, pleine de délicatesse, de finesse & de goût. Elle contient en outre une morale exquise; elle est pleine de philosophie, douce & sensible. Il y a des allusions aux anecdotes du jour qui la rendent encore plus piquante: il y est question du poëme de l'abbé Delisle, contre lequel le critique s'éleve avec tant de complaisance; de *l'Espion des Boulevarts*, brochure qui a si fort révolté tous les tripots de cette promenade, & dont

l'auteur d'Éſope à la foire a cru devoir faire juſtice.

Les fables que débite l'eſclave de Phrygie ſont toutes très-ingénieuſes ; mais celles du grain de poudre à canon avec un grain d'encens eſt d'une tournure neuve, & d'une vérité plus frappante encore que les autres.

Quoique cette bagatelle ne ſoit qu'une piece à tiroir, elle annonce un talent marqué, & l'on doit inviter M. Landrin à ſe préſenter ſur un théâtre plus digne de lui. Son Éſope à la foire figureroit très-bien à côté d'*Éſope à la Cour*, d'*Éſope à la Ville*, d'*Éſope à Cythere*, d'*Éſope au Parnaſſe*, en un mot de tous les Éſopes anciens & modernes.

22 *Août*. Depuis long-temps le public s'étoit endormi ſur le bateau volant, & l'on ne parloit plus du ſieur Blanchard. Un avertiſſement mis dans le journal de Paris d'aujourd'hui, par lequel on annonce qu'on l'a déterminé à faire une petite expérience le 26 de ce mois, ſi le temps le permet, a réveillé l'attention. Mais ces retards donnent peu de confiance ; d'ailleurs, on ne voit pas pourquoi le ſieur Blanchard ſe ſert d'une eſpece de compere pour faire cette annonce, & ne s'explique pas lui-même.

Ce compere eſt un M. Martinet, ingénieur & graveur du cabinet du roi, qui a gravé ce bateau volant & publié des eſtampes qui en repréſentent l'extérieur. On juge par-là qu'il eſt intéreſſé à exciter la curioſité des Pariſiens, afin de vendre ſes gravures ; ainſi l'on ne peut avoir beaucoup de foi à ſes éloges & à ſes promeſſes. Enfin, une anecdote certaine donne mauvaiſe opinion de l'auteur de la machine aérienne, & fait craindre qu'il ne ſoit un charlatan cherchant à faire des dupes d'une merveille à laquelle il ne croit pas lui-même, mais dont il se sert comme d'un moyen pour amorcer les crédules.

Milord Blondel, passionné pour les arts, sur le bruit seul de ce bateau volant, étoit arrivé à Paris dans le temps que le comte & la comtesse du Nord y étoient : on crut que les fêtes annoncées pour ces illustres étrangers étoient la cause de son empressement : on lui offrit de les lui faire voir : il répondit qu'il n'étoit venu que pour le bateau volant, qu'il ne cherchoit aucun autre objet de curiosité, & repartiroit après s'être satisfait à cet égard. Il fut donc conduit chez le sieur Blanchard, qui se fit un devoir de lui montrer sa machine dans le plus grand détail, de lui en donner toutes les explications qu'il désira, de répondre à ses questions sans fin. Quand l'Anglois, très-content, voulut se retirer, M. Blanchard lui remit très-humblement une lettre. Milord l'ouvre. Quelle surprise ! Cet artiste prétextoit le besoin qu'il avoit d'argent pour conduire son ouvrage à la derniere perfection, & lui demandoit vingt-cinq louis. Milord Blondel s'étonne de cette bassesse, & consulte celui qui lui avoit procuré la connoissance du sieur Blanchard, sur ce qu'il devoit faire; mais son introducteur indigné, le détourna de lui rien donner, & réprimanda vivement cet artiste, qui, honteux de s'être avili infructueusement, auroit voulu cacher l'anecdote malheureusement trop répandue.

22 *Août.* Il est décidé absolument qu'on prolongera le théâtre de la salle actuelle de l'opéra, & qu'on y travaillera incessamment. Suivant les devis, cette augmentation coûtera plus de 60,000 livres, & doit rapporter par an 70,000 livres au moins par

l'accroissement du parterre, de l'amphithéâtre & du nombre des petites loges, au moyen de quoi ces frais se trouveront pris sur les bénéfices même.

22 *Août.* La tragédie de *Tibere*, jouée aujourd'hui la premiere fois, quoique très-défectueuse, fait honneur à son auteur, dont c'est le début. Il a sur-tout très-bien peint le caractere de cet empereur, & a démêlé avec adresse tous les replis du cœur de ce prince lâche, dissimulé & atroce. Mais ce caractere concentré, excellent pour l'histoire, est peu théâtral; & en général il faut infiniment d'art & une étude très-réfléchie du théâtre pour le produire sur la scene, le mettre en jeu, le développer & en tirer de grands effets, tels qu'il en faut pour frapper la multitude.

23 *Août.* M. de Mirbeck a écrit à tous les magistrats du conseil une lettre en date du 19 juillet, à laquelle il a joint une copie de son mémoire, dans lequel il déclare qu'il n'y a pas un seul mot qui puisse s'appliquer aux officiers de la marine royale, ni aux dépositaires de l'autorité suprême, & qu'enfin il s'est renfermé dans les bornes d'une défense légitime, en révélant les irrégularités qu'il a trouvées dans les procédures faites à l'amirauté de Brest, & en démontrant la négligence de ce premier tribunal.

Il va plus loin & prétend que, bien loin d'avoir inculpé les officiers de la marine royale, il a cherché, au contraire, à éloigner d'eux les soupçons, en peignant les ravisseurs comme une *soldatesque effrénée*, ce qui ne peut concerner l'état-major.

Enfin, dans une requête nouvelle il dit:
« Les suppliants sont bien éloignés d'inculper
» le sieur de la Motte-Piquet & les principaux
» officiers. Ce grand général & ces braves

» marins sont au-dessus du plus léger soupçon,
» mais leur confiance peut avoir été trompée
» par des *subalternes*, dont un vil intérêt a dirigé
» les actions, & dont la mauvaise foi a sans
» doute tiré avantage de la facilité des officiers de
» l'amirauté. »

D'après cette justification, M. de Mirbeck a été relevé de son interdiction.

Malgré son hommage rendu aux officiers de la marine, ceux qui savent comment les choses se comportent, ne peuvent ignorer que c'est sur l'officier envoyé pour amariner le navire que doit porter l'inculpation, parce que s'il ne pilloit pas lui-même, & s'il n'autorisoit pas le pillage, il l'empêcheroit en punissant ceux qui s'y livrent.

24 *Août*. Bien des gens craignent que les Chabrillant, après avoir eu le crédit de soustraire M. de Moreton aux peines infamantes qu'il méritoit, n'eussent celui d'empêcher même l'affiche de l'arrêt. Il paroît cependant; & à la lecture on s'apperçoit encore mieux de la foiblesse des juges. Tous ne pensoient pas de même; il y a eu des voix pour régler le procès à l'extraordinaire, & décréter le coupable de prise de corps. Le président de Lamoignon a si bien intrigué, qu'il a empêché les avis trop vigoureux.

On est encore fâché qu'il ne soit fait mention en rien dans le prononcé, soit du soldat qui a arrêté M. Pernot, soit du sergent qui l'a constitué prisonnier, soit enfin du sieur Deschamps, l'adjudant de la garde, qui s'est obstiné à laisser ce procureur au corps-de-garde pendant très-long-temps, sans daigner même l'entendre. Tout cela indigne & révolte. Mais messieurs répondent que, malgré la haute police qu'a le parlement, ils ne peuvent rien prononcer ou voir à la comédie, où les gentilshommes de la chambre, les intendants des menus & M. le maréchal de Biron ont seuls inspection.

Quoi qu'il en soit, en parlant du comte de Moreton, qui, pour se donner quelque relief & se soustraire aux huées du public, a obtenu d'accompagner M. le comte d'Artois au camp de Saint-Roch, quelqu'un disoit qu'on ne savoit trop ce que cet étourdi étoit allé faire là. Un autre a répondu : *il est allé se faire mettre du plomb dans la tête.*

24 *Août.* Depuis plus de trois mois que monsieur Linguet est sorti de la Bastille, on étoit bien surpris que ce personnage turbulent restât dans le silence & l'inaction, qu'il ne fît point parler de lui d'une façon ou d'une autre; enfin, l'on a la clef de sa conduite.

Une des conditions de sa sortie a été qu'il ne resteroit point à Paris, qu'il ne sortiroit pas non plus du royaume ; mais qu'il choisiroit un exil où il s'arrêteroit jusqu'à ce qu'il eût permission de revenir. Cependant, pour lui donner le temps de faire ses affaires, de vaquer à sa santé, & de voir ses amis, il a eu environ six semaines de répit. Bref, il a fallu se rendre à sa destination. Il avoit choisi pour retraite une terre de Mad. la comtesse de Bethune sa cliente, auprès de Rhétel ; il s'y est rendu avec son frere ; mais on apprend qu'il a trouvé le secret de se soustraire aux regards de ses surveillants, & qu'il est passé en Allemagne, d'où il s'est rendu à Bruxelles, où l'on ne croit pas qu'il soit resté. On ignore encore où il fixera son séjour.

24 *Août.* Tout le parti des Gluckistes tressaille

de joie depuis qu'il a appris que le chevalier Gluck, entiérement rétabli de sa maladie, s'est déterminé à se mettre en route pour la France, & doit arriver à Paris au mois d'octobre avec un opéra de sa façon, qui est *Hypermnestre*.

25 Août. On a répété ces jours-ci à l'opéra le *Siege de Péronne*, tragédie lyrique en trois actes, par M. de Sauvigny, musique du sieur Desaides : on a été assez content de la musique du premier acte, en ce qu'on ne croyoit pas ce compositeur capable du grand genre. Il doit, au reste, faire mieux qu'un autre ; car il a un amour-propre puant, & dit du mal de ses confreres, ne trouve ren de bon, & dédaigne même Gluck.

C'étoit un spectacle plaisant de voir se démener sur le théâtre le sieur Desaides avec une charlatanerie qui passoit pour enthousiasme aux yeux de ceux qui ne le connoissent pas. Il a fait deux fois le tour de l'orchestre, en parlant à chaque musicien & en le remerciant de ce qu'il avoit bien fait, pour l'engager à mieux faire ; il a embrassé tous les acteurs & les actrices, même les plus détestables, trouvant tout à merveille ; enfin, à ses airs de danse, il dansoit pour prouver qu'ils étoient très fort dans le genre.

Au reste, ce n'est qu'un essai, & l'on est convenu d'encourager les auteurs à continuer & à terminer leur ouvrage.

Le 25 Août 1782.

Relation de la séance tenue aujourd'hui à l'académie françoise pour la distribution du prix.

Tout le monde étant en place & trois heures & demie ayant sonné, on étoit surpris de ne pas voir

voir paroître messieurs. Le bruit s'étoit bien répandu dès le commencement que M. de Florian, le candidat qui devoit être couronné, ayant l'honneur d'être gentilhomme de M. le duc de Penthievre, ce prince & madame la duchesse de Chartres devoient assister à la séance; mais on connoît l'exactitude de leurs altesses; on désespéroit de les voir, sur-tout ayant remarqué une lettre apportée à M. de Florian par un valet-de-pied du duc de Penthievre; on craignoit que ce ne fût l'annonce de quelque changement dans leur marche. Enfin, messieurs sont entrés & assis; on les a vus chuchoter beaucoup entr'eux; on ne savoit ce que tout cela signifioit, quand monsieur Dalembert a pris la parole & annoncé que M. le duc de Penthievre & madame la duchesse de Chartres, qui désiroient se trouver à la séance, venoient d'écrire qu'ils étoient retenus à Versailles plus long temps qu'ils ne comptoient, & ne pouvoient arriver qu'à quatre heures; que l'académie croyoit devoir attendre leurs altesses & en demandoient la permission à l'assemblée. Le public, par des battemens de mains, a donné son approbation à la déférence de la compagnie; & en effet, le duc & la duchesse s'étant rendus à l'heure indiquée, ont été accueillis avec des applaudissemens universels qui caractérisoient bien le plaisir qu'on avoit à les recevoir.

Après tous ces préliminaires, M. de la Harpe, qui se trouvoit directeur, a ouvert la séance par un petit discours préparatoire, où il a rendu compte en quelque sorte des motifs qui avoient déterminé l'académie à préférer la piece de M. de Florian & à le couronner. Il a dit qu'elle s'attachoit sur-tout à deux choses, la justesse des idées

& la propriété des expressions, & ces deux choses sont celles dont malheureusement les candidats s'occupent le moins aujourd'hui. C'est à l'académie à les y rappeller. En conséquence, elle n'a point donné d'*accessit*. Cependant elle a décidé qu'il seroit fait une mention honorable de six pieces dont il a lu les titres. Un seul auteur s'est fait connoître, monsieur *Carbon de Flins*. La piece de monsieur de Florian manquant de beaucoup de choses, ce que n'a pu dissimuler le directeur, a du moins les qualités essentielles exigées. D'ailleurs, quoique la compagnie eût laissé le choix aux auteurs, celui-ci a pris le sujet qu'elle désiroit le plus de voir traiter, *la Servitude abolie dans les domaines du roi*. Enfin, le candidat a eu l'adresse d'y mettre en scene Voltaire; il est son parent; tout cela n'a pas peu contribué à son triomphe, réflexion qu'on sent bien n'avoir été faite que par certains spectateurs, un peu au fait du tripot académique; mais amenée naturellement par l'affectation de M. de la Harpe de citer ce maître défunt, & de prendre un paragraphe de l'histoire du siecle de Louis XIV pour exorde de son discours. Il a terminé par un compliment à M. de Penthievre & à madame la duchesse de Chartres, délicat & vrai, ce qui est le plus rare en pareil cas.

M. Dalembert a lu ensuite la piece couronnée, intitulée, *Voltaire & le serf du Mont-Jura*. Il faut se rappeller que le grand homme mis en scene a beaucoup écrit en faveur des habitants de ces contrées main-mortables du chapitre de Saint-Claude en Franche-Comté; ce qui donne lieu à la fiction. Ce dialogue en vers libres, sans être fort orné d'images & de toutes les richesses de la poésie, a cette onction philosophique très à la mode aujourd'hui, & sur-tout du goût des juges; il a plu; il a le ton de satire, dont l'ami de l'humanité imprégnoit si fortement ses ouvrages même en la prêchant. Le lecteur n'a pas manqué d'insister à propos sur les endroits de cette espece, & les auditeurs dociles répondoient sur le champ à son appel par de grands applaudissements.

La piece finie, M. Dalembert a fait à son tour un discours pour annoncer une note de l'ouvrage qu'il alloit lire, quoique ce ne fût pas l'usage de l'académie, mais trop intéressante pour l'omettre. Cette note n'est autre chose que les faits relatifs aux droits du chapitre de Saint-Claude, dont on a vu les détails dans tout ce qui a été écrit récemment sur cette matiere. Le seul fait nouveau qu'il nous ait appris, c'est que l'édit mémorable de 1779, abolissant la servitude dans les domaines du roi, n'est pas encore enrégistré au parlement de Besançon.

Suit la liste des bonnes actions du philosophe de Ferney dans cette terre; bonnes actions que ses partisans & lui-même nous avoient déjà vantées en maint endroit, & qui ne détruisent pas malheureusement d'autres mauvaises, & très-mauvaises, qu'on lui reproche au moins avec tout autant de vérité.

A la lecture de la piece couronnée a succédé celle d'un *Portrait de Jules-César*, par l'abbé Arnaud, morceau qu'il avoit déjà lu à la séance où avoit assisté le comte du Nord; ce qui annonce ou une singuliere stérilité de la part de la compagnie, ou la grande importance que l'auteur met à son ouvrage. Ce portrait est dans le goût des mélanges de Saint-Réal ou de Saint-Evremont. Il a huit pages : c'est un résumé de tout ce qui a été écrit dans les historiens latins de cet illustre empereur. Il fait plaisir d'abord & fatigue à la fin par le retour nécessaire des mêmes idées, des mêmes images & des mêmes tournures. L'académicien, dans un court préambule, avoit adopté aussi un petit bout d'éloge pour le prince & son auguste fille.

M. de la Harpe ayant repris haleine, dont il avoit besoin, a embouché la trompette héroïque. Il a déclamé sur le ton le plus élevé le dernier chant de sa traduction de la Pharsale de Lucain. On sait que ce chant, qui est le dixieme, n'est point fini, que le poëte latin est resté même à un vers dont le sens est interrompu. Le traducteur est parti de-là pour y ajouter une épilogue dont il avoit donné l'avant-goût par un précis de l'anecdote de cette interruption & de la mort de Lucain. Le tout a été vivement senti & applaudi, & principalement l'épilogue où il y a de très-beaux vers, de l'énergie, de la philosophie & beaucoup de sensibilité. Quant au chant, il consiste pour la plus grande partie en descriptions de palais, de monuments, d'ouvrages de l'art & de luxe, tellement épuisées, que, malgré qu'elles prêtent infiniment à la poésie, elles en deviennent fastidieuses.

Le secretaire de la compagnie a clos la séance par différentes annonces.

1°. Il a réitéré celle du sujet du prix d'éloquence pour 1783, qui est l'*Eloge de Fontenelle*.

2°. Il a dit qu'un particulier, zélé pour le bien public, & qui pense qu'une bonne éducation y peut beaucoup contribuer, avoit défiré qu'il fût composé un traité élémentaire de morale, qui expliquât & prouvât *les devoirs de l'homme & du citoyen*; qu'il avoit en conséquence dépofé 1200 livres, prix qui devoit être décerné par l'académie françoife à la féance publique de la Saint-Louis 1782. Il a ajouté qu'elle n'en avoit trouvé aucun digne de l'obtenir ; qu'en conféquence il étoit remis pour la Saint-Louis 1784; qu'il feroit diftribué de nouveaux *Profpectus* inceffamment avec une efpece d'inftruction qui dirigeât les concurrents, dont s'étoit chargé M. le marquis de Condorcet, fi propre à ce genre de travail.

3°. Le fecretaire fait mention des deux nouveaux prix fondés par un inconnu, l'un pour le meilleur ouvrage qui aura paru dans l'année, & l'autre pour la meilleure action qui aura été faite.

Le premier doit être diftribué au mois de décembre, dans une affemblée fans doute publique & extraordinaire que la compagnie indiquera, & le fecond à la Saint-Louis prochaine.

M. Dalembert a fini par une péroraifon, où il s'eft prévalu de cette confiance nouvelle de tant de bons citoyens en l'académie françoife, pour réfuter ceux qui la dénigrent. Il a déclaré qu'elle feroit de plus en plus tous fes efforts pour foutenir cette haute opinion qu'on en avoit, & pour contribuer à tout ce qui peut encourager & accroître l'amour de la vertu, de l'humanité, de la patrie.

P. S. Les pieces de M. Carbon de Flins font,
1°. *Difcours en vers fur la fervitude abolie dans les domaines du roi*, piece qui avoit concouru dès

1780 & 1781, nommée deux fois la premiere du concours ; mais ces deux fois on avoit remis le prix.

2°. *Poëme lyrique sur la naissance du Dauphin*; & le troisieme ; *Dialogue entre un poëte & un homme du monde*; c'est de ces deux dernieres pieces dont il a été fait une mention honorable.

26 *Août*. On a chansonné M. le comte de Moreton au sujet de son aventure avec le procureur Pernot, & de l'arrêt intervenu ; mais cette chanson est si plate qu'on n'ose la rapporter. Il n'en est pas de même d'une autre calembour à l'occasion du voyage de cet étourdi à Gibraltar. On dit que le roi de France ne pouvoit rendre un plus grand service au roi d'Espagne que de lui envoyer le premier homme du monde pour prendre les places d'assaut.

26 *Août*. Suivant l'usage annuel, les morceaux destinés à concourir pour les prix de peinture & de sculpture, ont été exposés hier toute la journée dans les salles de l'académie. Le sujet du premier est *le retour de l'Enfant prodigue dans la maison paternelle*, & celui du second est *la charité du Samaritain*.

On a vu en outre dans les salles de l'académie d'architecture, les plans divers qui ont concouru pour le prix de cette compagnie, dont le sujet étoit le *projet d'un palais de justice*.

Il faut laisser écouler les délais nécessaires avant que les diverses académies proclament les vainqueurs.

27 *Août*. Quoique M. Blanchard, pour écarter les curieux, eût fait contremander en quelque

forte le public par la rétraction de l'annonce de son expérience, il ne l'a pas moins tentée samedi en secret, mais sans le moindre succès. L'essai s'est fait à la Villette dans le château de l'abbé de Vienne; il en a résulté l'impossibilité absolue de s'élever de terre par la trop grande pesanteur de la machine. S'obstinant à la faire aller, il l'a dérangée & brisée en grande partie. Il ne se décourage pas. Il en a tout de suite imaginé une autre plus légère, d'un moindre volume & d'une nouvelle forme. Elle ressemble à une cage ronde; elle est fort avancée, & il pourra sous peu de temps donner ce nouveau spectacle. Mais quelle confiance prendre en un machiniste qui calcule aussi mal ses forces & se trompe aussi lourdement?

28 *Août*. Il est une courtisane, nommée *Cléophile*, qui a d'abord dansé chez Audinot, qui a passé ensuite à l'opéra, ce qui l'a mise sur le trottoir, & lui a procuré des amours distinguées, entr'autres M. le comte d'Aranda. N'ayant plus besoin pour faire fortune de son état où elle n'obtenoit pas des succès assez brillants, elle s'est retirée du théâtre & s'est consacrée toute entiere aux aventures galantes. Depuis, un accident fâcheux a même diminué beaucoup ses triomphes en ce genre. Une maladie vénérienne lui a enlevé une partie du palais de la bouche, qu'il a fallu remplacer par une feuille d'or, de qui lui voile absolument la voix & la fait nazillonner d'une façon très-désagréable. Cette disgrace l'a rendue sage; elle donne dans les beaux esprits & les philosophes. Depuis quelque temps M. de la Harpe s'est épris pour cette impure de la plus belle passion, & l'on peut en juger par les vers

suivants en son honneur, & pleins de graces & de
sensibilité.

 L'inconstance & l'artifice
 Par-tout remplaçoient l'amour ;
 Toujours soumis au caprice,
 Son pouvoir étoit d'un jour.
 " Mes feux, dit-il, vont s'éteindre ;
 „ Ils devoient tout animer.
 „ Que les mortels sont à plaindre !
 „ Ils ne savent plus aimer. „

 Pour prévenir cet outrage,
 Il épuise ses efforts
 Sur le plus charmant ouvrage,
 Qu'embellissent ses trésors.
 Or jugez s'il est habile,
 L'enfant maître des humains ;
 Vous voyez dans Cléophile,
 Le chef-d'œuvre de ses mains.

 Lui-même avec complaisance
 Vit son prodige nouveau ;
 Les graces, à sa naissance,
 Entourent son berceau.
 Le Dieu dit : " je suis tranquille,
 „ Rien ne peut plus m'alarmer.
 „ Quand ils verront Cléophile,
 „ Ils voudront encore aimer. „

 Quelle grace enchanteresse
 Dans ses traits, dans son esprit !
 Elle charme, elle intéresse,
 Elle attache, elle ravit.

Le cœur le plus indocile,
Contre elle ose en vain s'armer.
Un regard de Cléophile,
Est un ordre de l'aimer.

Quoiqu'Amour m'ait dans ses chaînes
Engagé plus d'une fois ;
Quoiqu'Amour, malgré ses peines,
M'ait fait adorer ses loix,
Par une erreur très-facile
Dans un cœur bien enflammé,
Je crois, près de Cléophile,
N'avoir pas encore aimé.

Je veux, à ses loix fidele,
Ne chanter que mon ardeur.
Dieu ! que ma muse n'est-elle
Aussi tendre que mon cœur !
Ma voix à l'amour docile
N'a qu'un refrein à former :
J'aime, j'aime Cléophile,
Et ne vis que pour l'aimer.

En les faisant insérer au journal de paris, il n'a cependant osé y mettre son nom ; on ne sait pourquoi, car il est trop aveuglé de son amour pour en rougir : il l'avoue à ses confreres ; il les mene chez Mlle. Cléophile, & voudroit l'ériger en aspasie moderne. Enfin, à la Saint-Louis derniere il a osé l'introduire à l'académie, la placer parmi les femmes les plus honnêtes, & jusque sous les yeux de M. le duc de Penthievre & de Mad. la duchesse de Chartres, qui honoroient l'assemblée de leur présence ; ce qui a indigné tous les spectateurs.

29 *Août*. M. Suard est un membre de l'académie françoise, qui n'a même rien écrit sur la musique, mais qui, par son intimité avec l'abbé Arnaud, grand enthousiaste de cet art, s'est imaginé y avoir acquis de grandes connoissances. Il a persuadé au ministre de Paris qu'il seroit fort utile à l'opéra ; & quoiqu'il y ait un censeur attaché à ce spectacle pour l'impression des poëmes, qui est M. Bret, il s'est fait initié dans le comité pour donner ses conseils sur les ouvrages qu'on présente, & autres objets relatifs au théâtre lyrique. Il a pour cela 2,400 livres de pension sur les fonds de ce spectacle.

Depuis que les principaux acteurs & actrices sont à la tête de la manutention de leur république, ils ont trouvé dur de voir siéger parmi eux un étranger sans caractere, sans talent ; & ils ont commencé par l'exclure en ne l'invitant point à leurs séances.

M. Suard, sentant lui-même son inutilité, son incapacité réelle, n'a osé se plaindre au ministre de cette exclusion, de peur d'aigrir les esprits & de faire mettre trop évidemment au jour sa nullité. D'un autre côté, craignant avec raison de perdre une pension prise sur les bénéfices des coryphées & autres membres constituant la société lyrique, qui ne pouvoit le voir qu'avec peine se former une existence à leurs dépens, il a imaginé de se rendre nécessaire, agréable même, en se faisant donner par son beau-frere Pankouke, l'article de l'opéra à rédiger ; ce qui ne plaît guere à M. de Charnoy, en possession de cette partie.

Quoique le nouveau critique ait grand soin de ménager l'amour-propre de chacun, en lui ditribuant une dose d'encens convenable, il vient de se faire une querelle par une censure amere de l'émulation de force & de légéreté qui regne aujourd'hui entre nos principaux danseurs. Il voudroit qu'on exclût ces sortes d'assauts de la danse noble, qu'on réservât les entrechats tournants, les doubles & triples pirouettes en l'air & sur la pointe du pied pour les fêtes champêtres, les orgies, les saturnales. Comme ceci tombe à-plomb sur M. Dauberval, qui, profitant de la trop grande facilité & de l'indulgence extrême du public, a porté cet abus au plus haut degré ; & que cela passe pour une petite vengeance de l'aristarque, n'ignorant pas que ce coryphée ayant beaucoup de voix en chapitre, est celui qui déclame le plus violemment contre son inutilité ; les amis de M. Suard craignent qu'il ne se rende plus odieux, & n'excite une fermentation dont l'éclat lui soit funeste.

30 *Août*. M. le comte de Barruel, capitaine au régiment de Belzunce dragons, a été indigné de la faveur avec laquelle les adulateurs de l'abbé Delisle prônent son poëme des *Jardins*, regardé par les gens de goût comme une production très-médiocre ; révolté sur-tout de l'affectation avec laquelle M. Landrin, dans son *Esope à la foire*, exalte sur le théâtre des variétés amusantes l'auteur, & met sur le compte de l'envie toutes les critiques de son ouvrage, qu'il trouve sans défaut ; il a pris la plume & composé une bagatelle en vers, qui a pour titre : *le Choux & le Navet*; il y reproche très-ingénieusement à l'abbé Delisle son principal défaut, d'avoir omis de parler du jardinage, de s'être étendu en descriptions oiseuses, en morceaux touchants ; en éloges pompeux de

quantité de magnifiques colifichets, qui n'ont, ainsi que son poëme, de jardin que le nom. Cette facétie est vive, courte & très-bien versifiée.

30 *Août*. On n'a pas encore pu éclaircir si M. Linguet étoit allé librement en pays étranger, ou si ce n'étoit qu'une évasion clandestine. Il passe pour constant qu'il est à Bruxelles, & son frere en convient. M. le Quesne est continuellement assailli des gens qui viennent lui en demander des nouvelles, & sur-tout le questionner pour savoir quand recommencera la continuation du journal; sur quoi il promet toujours que son maître tiendra ses engagements, mais sans assigner aucun terme : lorsqu'on le presse plus vivement & qu'on lui demande du moins la restitution de l'argent pour l'abonnement d'une année entiere dont on n'a encore reçu aucune feuille, il répond qu'il n'a pas cet argent.

31 *Août*. Le luxe s'étend à tous les états, à toutes les professions. Un café des boulevarts, appellé ci-devant le *café Turc*, & qu'on devroit appeller aujourd'hui le café Chinois, attire la foule des curieux. Il y a apparence que la redoute chinoise de la foire en a donné l'imagination. Tout y est absolument dans ce costume étranger & d'un goût très-pittoresque. C'est M. Celerier qui a conduit la restauration, & le décore de l'édifice divisé en partie supérieure & en partie inférieure. On est frappé d'étonnement en y entrant, & il faut avoir vu cette singularité pour en avoir une idée vraie. C'est sans contredit le plus beau & le plus original monument de ce genre à Paris : on dit qu'il coûte 80,000 livres.

1 *Septembre* 1782. Les tomes XVII & XVIII des *Mémoires Secrets*, servant de suite à la con-

tinuation de ceux de Bachaumont, pour l'année 1781, commencent à paroître ici. On étoit inquiet de leur retard, & on en craignoit l'interruption. On y trouve sur-tout un détail circonstancié de la révolution du Palais-Royal, qui interesse non-seulement Paris, mais la France entiere, mais tous les étrangers dont c'étoit le rendez-vous dans cette capitale. Il paroît qu'on n'a omis aucune des anecdotes relatives à la querelle du duc de Chartres & des propriétaires (cet article est tiré d'une feuille manuscrite très-accréditée à Paris & dans les provinces.)

1 *Septembre*. Le comte d'Hérouville, lieutenant-général des armées du roi, vient de mourir. Il étoit ancien inspecteur-général d'infanterie, & avoit fait bruit en son temps. C'étoit un grand faiseur de projets ; il avoit même été question de lui pour le ministere sous Louis XV, & il y seroit parvenu vraisemblablement sans son mariage trop inégal. Il avoit épousé la fameuse *Lolotte*, maîtresse du comte d'Albemarle, l'ambassadeur d'Angleterre, laquelle servoit d'espion au ministere de France auprès de son amant, & a touché en conséquence jusqu'à sa mort une pension de la cour de 12,000 liv.

1 *Septembre*. On a aussi recueilli toutes les lettres qu'on a pu retrouver de Rousseau pour en grossir l'édition de ses œuvres ; ce qui fait qu'on y a imprimé sans choix jusqu'à des billets & chiffons qui ne méritoient aucune publicité. On n'auroit pas cru que, paresseux, incivil, misanthrope, farouche, comme il étoit, il eût tant écrit. Cependant, soit qu'on n'en eût pas d'une date plus récente, soit qu'on les ait omises à dessein, ainsi que la suite des confessions, elles

ne vont que jusqu'à 1770. Les plus curieuses sont celles qui constatent diverses anecdotes de sa vie & les éclaircissent.

On y voit comme, en 1755, le roi de Pologne Stanislas, ayant ordonné qu'on rayât M. Palissot de la société littéraire de Nancy, pour avoir joué en plein théâtre Rousseau, celui-ci sollicita & obtint la grace du coupable; & c'est ce même ingrat qui fit ensuite *les Philosophes*.

On y voit en effet comment les Corses, en 1765, solliciterent Rousseau de leur rédiger un code de législation, demande qui lui rioit & flattoit son orgueil, mais qui excita si vivement la jalousie de Voltaire, qu'il se mit à la traverse, & empêcha que l'exécution n'eût lieu.

Au reste, la plupart de ces lettres étoient imprimées, & il y en a peu de nouvelles.

2 *Septembre*. Le *Prospectus* annoncé par M. Dalembert commence à se distribuer. On y a joint en effet une longue instruction de près de six pages *in*-4°., où M. le marquis de Condorcet ne laisse rien à désirer pour la conduite des candidats; mais en prescrivant la clarté, il est lui-même très-obscur, & très-diffus en prescrivant la précision.

Au surplus, il annonce que les différentes parties de l'ouvrage réunies peuvent avoir l'étendue d'un volume *in*-12. médiocre, parce que, d'après un calcul fait avec exactitude, l'académie fort assurée qu'un volume de cette étendue pourroit être donné pour neuf ou dix sous broché, en laissant au libraire un profit honnête, & l'ouvrage devant être classique, à l'usage des enfants du peuple & des villages, on ne sauroit le vendre trop bon marché.

3 Septembre. On a consigné dans une fable allégorique l'aventure & le jugement du procès de M. Pernot avec M. de Chabrillant; elle est moins plate que la chanson; elle est même piquante en quelques endroits, & mérite d'être conservée.

A BON CHAT BON RAT.
Fable.

Un chat-brillant, orgueilleux de son lustre,
Se rengorgeoit, s'enfloit, se pavanoit,
Par son gros dos croyant se rendre illustre,
Avec mépris, à l'entour il lorgnoit.
Il voit un rat, non de ces escogriffes
Dévorant tout; mais doux & peu rongeur,
Tel que sur cent se trouve un procureur;
A cet aspect il redresse ses griffes,
Enfle sa queue, humblement & bien loin.
Le rat veut fuir la patte meurtriere
De l'animal fanfaron de goutiere,
Qui le harcele & l'arrête en un coin.
Sur lui valets accourent au besoin,
Raton surpris est mis dans la ratiere,
Où lâchement insultant à ses cris,
Son ennemi veut le rendre la fable
Des spectateurs: ils en sont attendris,
Et le matou n'obtient que leurs mépris
De maltraiter un rat, un si bon diable.
De l'aventure enfin berné, honni,
Le chat-brillant, n'est plus qu'un chat-terni.

4 Septembre. Extrait d'une lettre d'Amsterdam, du 30 août 1772. On vient de mettre en vente dans notre ville *le réglement de l'impératrice des Russies, concernant la navigation commerçante de ses sujets*. On assure que cette souveraine a regardé l'objet comme si important, qu'elle a daigné s'en occuper elle-même, & que c'est un chef-d'œuvre de législation, seul capable de l'immortaliser. Dès que sa majesté impériale en eut fait remettre l'original au sénat, il se répandit en Russe & en Allemand. On le voit aujourd'hui en François & en Hollandois en deux parties ; en sorte qu'il va devenir le code des nations commerçantes. On en fait grand cas ici, où l'on s'entend un peu dans cette matiere. Les négociants, les armateurs, les assureurs, les fréteurs, les affréteurs, tous y trouvent ce qui les concerne ; rien n'est échappé à l'attention de l'auguste & sage législatrice.

4 Septembre. Il y a bien des gens qui en trouvant très-agréable la petite satire de M. le comte de Barruel, lui reprochent d'y avoir répandu trop d'amertume & de personnalité. Voici comme il s'excuse, dit-on, à cet égard : il raconte qu'ayant composé une premiere critique en regle, & détaillée du *poëme des Jardins*, sous le nom d'un comte à un président, M. l'abbé Delisle en fut vivement piqué, & se permit de dire en pleine académie, qu'il n'avoit tenu qu'à lui d'avoir une lettre de cachet contre l'auteur, & de le faire arrêter. Cela revint aux oreilles du comte de Barruel, qui alors ne gardant plus de mesures, écrivit à l'académicien pour le remercier de son indulgence généreuse, & de la liberté qu'il lui laissoit de parler de son ouvrage : il lui marquoit qu'il alloit en profiter, & lui envoyoit en conséquence pour preuve le petit *dialogue du Chou & du Navet* : il l'a fait imprimer en même temps ; mais comme on l'avoit mutilé vraisemblablement à la censure, il l'a adressé au courier de l'Europe, où il se trouve dans toute sa pureté au N°. 18 du vol. 12. On y remarque entr'autres deux vers changés dans le paragraphe où, lui rappellant son humple naissance en Auvergne & sa bâtardise, il lui fait dire par le chou:

Vois tous les choux d'Auvergne élevés contre toi !
Tu me proscris en vain, délicat petit-maître ;
Ma feuille t'a nourri, mon ombre t'a vu naître :
Tu reçus du Navet ta taille & ta couleur ;
Et comme nos lapins tu me dois ton odeur.

4 *Septembre.* La reine est à Louvois, terre en Champagne, que mesdames ont achetée depuis quelques années. Sa majesté a entrepris ce voyage avec la plus grande simplicité. Elle n'a mené que deux femmes à sa suite, & a exigé que celles-ci n'en eussent qu'une. On prétend qu'elle ne couroit pas à plus de quarante chevaux. Le roi est resté à Compiegne pendant ce temps, & revient demain avec elle.

On assure que *Monsieur*, Madame, & Mde. la comtesse d'Artois viennent la semaine prochaine au Luxembourg, & y séjourneront pendant quelque temps. Ils habiteront le petit palais, le seul qui soit vuide & en état de les recevoir.

5 *Septembre.* Le bruit se soutient que le comte d'Estaing est nommé pour commander l'armée navale qui doit partir pour les Antilles après le siege de Gibraltar. Un calembour du maréchal de Richelieu en confirme la nouvelle. Il a dit:

après avoir rendu graces (Graſſe) à Dieu, nous allons nous remettre au deſtin (d'Eſtaing.)

5 Septembre. M. Pelerin le pere eſt mort le 30 du mois dernier, âgé de quatre-vingt-dix-neuf ans; il étoit commiſſaire-général de marine; il avoit été premier commis dans les bureaux, & s'étoit retiré après quarante ans de ſervice. Il avoit employé ſon loiſir à compléter un cabinet de médailles qu'il avoit raſſemblées, ſi bien compoſé que ſa majeſté l'avoit acheté en 1776, & lui en avoit laiſſé l'uſufruit. Les ſavants étrangers l'alloient voir autant pour ſon cabinet que pour lui-même. Il avoit travaillé ſur l'art numiſmatique avec beaucoup de ſuccès, & étoit une merveille d'érudition en ce genre. On eſt ſurpris que l'académie des inſcriptions & belles-lettres ne l'eût pas adopté; vraiſemblablement ſa modeſtie l'avoit empêché d'y ſolliciter une place. Il étoit pere de Pelerin, intendant des armées navales, & mis en ſcene dans *l'Eſpion Anglois*.

5 Septembre. L'académie de peinture, dans ſon aſſemblée du 31 Août, a proclamé les vainqueurs tant pour cette année que pour les précédentes, où les prix avoient été remis.

Le fils de M. Vernet, éleve de M. Lépicié, a eu le premier prix cette année pour la peinture.

Le premier prix, mis en réſerve en 1777, a été accordé à M. Taraval, neveu du peintre de ce nom, & éleve de M. Brenet; il n'a que ſeize ans & demi.

Le ſecond à M. Belle, éleve & fils du peintre du même nom.

M. Ramey, éleve de M. Gois, a gagné le premier prix de ſculture pour cette année.

Le premier prix, réſervé en 1775, a été décerné à M. Chardigny, élève de M. Allegrain, & le second à M. Fortin, neveu de M. le Comte, sculpteur & son élève.

6 Septembre. Depuis quelque temps on se doutoit que M. de Sainte-Foy étoit en mauvaise posture. On lui voyoit vendre, terres, maisons, effets, meubles, &c. On savoit que dans une séance tenue il y a plusieurs mois sur son affaire à la tournelle, il y avoit eu des voix pour le décréter de prise-de-corps, & que cette conversion de son décret d'ajournement personnel n'avoit été différée que par égard pour sa famille, & sur-tout pour son frere l'abbé Radix, conseiller de grand-chambre. Enfin, aujourd'hui que l'affaire a été remise sur le tapis, il n'a pu l'échapper : elle a été réglée à l'extraordinaire, & il est réellement décrété de prise-de-corps.

6 Septembre. On ne sauroit trop exalter le lieutenant-général de police, qui se porte à l'amélioration de toutes les parties de son administration qui en sont susceptibles. C'est ainsi qu'il a fondé récemment des prix d'émulation en faveur des élèves du collège de pharmacie. Il y en a trois, un de chymie, un second d'histoire naturelle & le troisieme de botanique. La distribution s'en fait avec tout l'appareil capable de flatter l'amour-propre des vainqueurs. Elle a eu lieu dans une assemblée publique, où se rend toujours une grande affluence de spectateurs. Celle de cette année s'est tenu hier 5 septembre. C'est M. Reboul, élève de M. Mitouard, qui a eu le prix de chymie; les autres n'ayant pas été concourus, restent pour l'année prochaine.

Cette séance, du reste, est comme celles de toutes les académies. On y rend compte des travaux du college ; on y lit des mémoires fur les matieres de fon reffort, & l'on fait l'éloge des membres défunts.

7 *Septembre.* On a parlé de la finguliere nouveauté qu'offre la maifon de M. d'Etienne, en préfentant un jardin au lieu de toiture. Pour y parvenir, il a fait ufage d'un ciment impénétrable à l'eau, qu'il affure avoir découvert. Il en a fait un hommage au roi; mais n'en a pas reçu la récompenfe qu'il s'en promettoit. Il prétend que monfieur Dangiviller, qui protege fort le fieur *Loriot*, auteur auffi d'un ciment, n'a pas fait du fien le cas qu'il mérite, & ne lui a pas rendu les bons offices auprès de fa majefté qu'il lui devoit en fa qualité de protecteur des arts. Quoi qu'il en foit, ce militaire a pris le parti de faire imprimer un mémoire, où il rend compte des fubftances qui entrent dans fon ciment, & des procédés dont il fe fert. Il a les excellentes & rares qualités de fe durcir très-promptement, de ne craindre ni l'action du feu, ni celle de l'air, ni celle de l'humidité, de ne jamais fe gercer, & de n'exiger qu'une légere couche pour produire tout l'effet défiré ; il eft en outre à fort bon marché. C'eft aux gens de l'art à contredire actuellement d'Etienne, & à montrer les défauts de fon ciment, quand ils les auront reconnus par l'expérience.

7 *Septembre.* Suivant des lettres de Bruxelles, reçues il y a quelque temps, M. Linguet, vers le milieu du mois dernier, y étoit occupé à vendre fes meubles. Il ne s'expliquoit pas beaucoup fur fes projets littéraires; il fembloit même y renoncer, & difoit qu'il alloit voyager. Il étoit fort circonfpect, & l'on ne pouvoit démêler pofitive-

ment s'il étoit sorti de France par évasion secrete, ou de l'aveu du gouvernement.

8 Septembre. Extrait d'une lettre de Rotterdam, du 2 septembre... Le premier volume *des Fastes de Louis XV* paroît ici. On attribue cet ouvrage à un mauvais sujet attaché au chevalier Zeno, autrefois ambassadeur de Venise en France, & qu'on nomme *Bouffonidor.* C'est l'auteur du *Procès des Trois Rois* ; ce qui ne donne pas une idée bien favorable de cet autre ouvrage.

8 Septembre. Les comédiens Italiens devoient jouer pour premiere nouveauté les *deux Soupers*, opéra comique, dont la musique du sieur Desaides; mais ce musicien, étant fort quinteux & fort altier, s'est brouillé avec eux, & ils annoncent pour demain *les deux Aveugles de Bagdad*, comédie en deux actes, mêlée d'ariettes.

9 Septembre. On a oublié de faire mention des prix d'architecture, dont le premier a été adjugé au sieur *Bernard*, éleve de M. *Trouard*, & le second au sieur *Cathala*, éleve de monsieur *Mauduit*.

9 Septembre. La machine à feu établie à Chaillot par MM. Perrier, qui causera, suivant le malheur attaché à toutes les nouvelles inventions, peut-être la ruine de la société qui l'a entreprise, n'en est pas moins un monument qui fait le plus d'honneur au siecle & à la France. Il méritoit bien une inscription, & l'on attribue la suivante au savant & célebre abbé *Boscowich.* Il est fâcheux qu'elle soit en latin. Voici ce dystique.

Oblita irarum flamma hic conspirat & unda :
Civibus optatas ipse dat ignis aquas.

9 *Septembre.* M. l'abbé de Saxe, cousin-germain du roi, qui s'étoit distingué au séminaire de Saint-Magloire, & y faisoit ses études avec le plus grand succès, vient de mourir âgé de dix-sept ans.

Le bruit se répand aussi que M. Duhamel du Monceau, de l'académie des sciences, est mort depuis quelque temps.

9 *Septembre.* On parle beaucoup d'une catastrophe arrivée hier, fort tragique. Dans la rue Meflée demeuroit une courtisane nommée Dargent, d'une jolie figure, & très-coquine, suivant l'usage. Elle étoit entretenue par M. *Lespinas*, négociant d'Amérique, qui lui donnoit 1200 liv. par mois. On assure que la soupçonnant infidelle, il s'est rendu la nuit derniere chez elle pour vérifier le fait, & que l'ayant trouvé couchée avec un jeune homme, il s'en est suivi une rixe, dont le résultat est que l'entreteneur a été jeté par dessus la rampe de l'escalier, & est mort de sa chûte.

10 *Septembre.* Le premier acte des *deux Aveugles de Bagdad*, quoiqu'assez vuide & très-long, avoit fort bien pris à cause de la musique. On continuoit à le goûter, & quelques scenes se sentant bien de la farce, mais par leur gaieté & la gentillesse de leur exécution ayant plu à la plus grande partie du public, sembloient promettre aux auteurs un plein succès, lorsque tout-à-coup il s'est formé un orage si violent dans le parterre, si soutenu, si général, qu'il a fallu que les acteurs se retirassent sans avoir pu finir la piece, & sans qu'on ait pu deviner la cause d'une cabale de cette espece; car les sifflets se faisoient entendre avec une fureur dont il n'y a pas d'exemple à ce théâtre depuis qu'il est policé, & sous l'empire d'une garde militaire.

Ce qu'il y a de plus extraordinaire, c'est que la préfence de la reine n'ait pas contenu ces mécontents, qui ont manqué eſſentiellement de reſpect à ſa majeſté. On a cru obſerver que cette indécence lui donnoit d'abord beaucoup d'humeur; mais revenant bientôt à ſa bonté naturelle, elle s'eſt miſe à rire, ce qui a déterminé la chûte abſolue de l'ouvrage. Il eſt de M. Marſollier des Vivetieres quant aux paroles, & d'un M. Fournier quant à la muſique. Le ſuccès du premier dans le *Vaporeux*, qu'on jouoit ce jour-là même, doit le conſoler de cette diſgrace. Quant au ſecond, dont c'eſt, dit-on, le coup d'eſſai, les connoiſſeurs ne lui rendent pas moins juſtice, & en conçoivent de hautes eſpérances, ſur-tout s'il eſt jeune.

11 *Septembre*. Depuis que les honoraires des auteurs ſont augmentés à l'opéra, il ſemble que le plus grand nombre ſe ſoit tourné vers cette partie. On compte quatorze ou quinze ouvrages reçus, finis ou en train : en voici en gros la liſte.

Poëmes.	*Auteurs.*	*Muſiciens.*
	Mrs.	Mrs.
Hypermneſtre, trois actes.	Le Baron de Schuldy.	Le chevalier Gluck.
Le Seigneur Bienfaiſant, accru d'un premier acte.	Rochon de Chabannes.	Floquet.
Diane & Endymion, en trois actes.	Le chevalier de Lirou.	Piccini.

Poëmes.	Auteurs. Mrs.	Musiciens. Mrs.
Renaud. La suite d'Armide.	Ancien opéra de Pellegrin, arrangé par le Bailli du Rollet & compagnie.	Sacchini.
Nitocris.	Morel.	Gossec.
L'Embarras des Richesses, trois actes.	Lourdet de Santerre.	Gretry.
Le premier Navigateur.	Fenouillot de Falbaire.	Philidor.
Alcide.	Dubreuil.	Cambini.
Bayard.	Durosoy.	Froment, 1r. violon de l'orchestre de l'opera.
La Conquête du Pérou ou Pizarre.	Dubuisson.	Candeil.
Péronne sauvée, en trois acte.	Sauvigny.	Desaides.
Fragments composés de l'acte du feu de Roi, & d'un nouvel acte, intitulé: *Arianne abandonnée.*	Moline.	Haydelman. Allemand.
Et d'Apollon & Daphné, troisieme acte.	Pitra.	Mayer.

Outre

Outre ces treize ouvrages connus, on parle encore de deux autres dont on ne nomme que les muſiciens, MM. *Deſaugier* & *Rigel*.

11 *Septembre*. La demoiſelle *Dargent*, & le jeune homme couché avec elle, nommé *Loquin*, ont été arrêtés ainſi que les domeſtiques, dit-on, au nombre de deux. Ce jeune homme eſt fils d'un marchand de bois. Il ſemble qu'il n'auroit pas regardé l'aventure comme bien ſerieuſe, puiſque des témoins oculaires aſſurent qu'il traitoit la choſe en plaiſantant, & rioit encore lorſqu'il a été arrêté.

La paroiſſe de St. Nicolas n'a eu permiſſion de faire la levée du cadavre qu'hier après midi, & ce qu'il y a de ſingulier, c'eſt que M. *Leſpinas*, quoique tué en mauvais lieu, a eu les honneurs de la virginité & le poële blanc. On le croyoit garçon; il a cependant femme & enfants.

La demoiſelle & ſon amoureux auroient eu le temps de s'enfuir après le délit, ſi le portier de la maiſon qui avoit envoyé chercher la garde, ne ſe fût oppoſé à leur ſortie. Cette hiſtoire fait grand bruit par l'intérêt vif qu'y prennent toutes les impures de Paris.

On raconte que M. Leſpinas avoit prêté ſon carroſſe à Mlle. Dargent pour aller à Saint-Cloud; qu'il comptoit le ſoir la voir venir ſouper avec lui; mais que la voiture étoit revenue à vuide; que la demoiſelle s'étoit fait excuſer ſous prétexte d'incommodité, ce qui avoit donné des ſoupçons à l'entreteneur, qui, prévenu du fait par ſes domeſtiques, avoit voulu le vérifier.

12 *Septembre*. Depuis que les travaux au jardin du roi pour ſon agrandiſſement & embelliſſement

font commencés, il devient un point de promenade des curieux. On admire l'immensité de fer qui s'y consomme, ce qui occupe merveilleusement les forges de M. le comte de Buffon.

Sa statue, posée depuis quelques années en ce lieu, attire aussi les regards. A la mauvaise inscription françoise dont on a parlé, on a substitué celle-ci en latin plus noble & plus digne du personnage.

Majestati naturæ par ingenium.

12 *Septembre.* Extrait d'une lettre de Besançon, du 5 septembre.... Avant de vous rendre compte de ce qui va se passer, il faut vous instruire de ce qui a précédé. L'édit du mois d'août 1781, portant établissement de deux nouveaux sous pour livre sur les droits du roi & autres, n'avoit pas passé sans contradiction, & excitoit depuis ce temps des tracasseries avec la Cour. Il avoit bien été très-promptement enrégistré, & dès le 30 dudit mois, mais avec des clauses y apposées qui avoient déplu & éludé les projets du ministre des finances. Le parlement avoit profité du sens très-clair du premier article de l'édit, ne portant établissement des nouveaux deux sous pour livre, que sur les objets qui en étoient déjà grevés, pour ne pas les étendre à ceux qui n'avoient pas été compris dans cette imposition; tels que les *dons gratuits des villes & les droits sur les cuirs.* Le ministre ne l'entendoit pas ainsi.

Le parlement avoit reçu en conséquence des lettres-patentes, en date du 6 mars dernier, en forme de lettres de jussion, qui ne modifiant pas l'édit & le confirmant au lieu d'y déroger, avoient éprouvé la même résistance dans une délibération du 10 mars. De là autres lettres de jussion du 13 juillet dernier, qui n'avoient pas eu un meilleur succès ; il avoit seulement été arrêté dans une assemblée du 23 dudit mois, qu'il seroit fait au roi de très-humbles & très respectueuses & itératives remontrances sur les lettres du jussion.

Cela se feroit peut-être concilié avec un autre commissaire départi plus agréable aux magistrats; mais celui-ci leur déplaît infiniment par sa complaisance servile envers ses secretaires, qui s'enrichissent aux dépens du peuple, & étalent un luxe insolent.

Quoi qu'il en soit, c'est dans ces entrefaites qu'est arrivé l'édit du mois de juillet dernier, portant établissement d'un troisieme vingtieme. Remontrances en conséquence résolues dans l'assemblée des chambres du 5 août, où l'on représenteroit au roi que par les extensions données déjà aux deux premiers vingtiemes, la province en paie réellement un troisieme, que c'en seroit donc de fait un quatrieme incompatible avec l'épuisement des peuples.

Ces remontrances furent lues & approuvées le 28 dudit mois, & adressées au roi par le courier de Besançon, parti le 30 ; & nous apprenons qu'un courier, arrivé hier au soir de Compiegne, a apporté des ordres au comte de Vaux, commandant en cette ville, & au parlement.

Sur ces ordres, ce commandant a demandé l'assemblée des chambres pour demain. La cour s'est réunie aujourd'hui sur sa demande & a protesté de la nullité de tout ce qui pourroit être fait au préjudice des loix constitutives de la monarchie, & des droits, honneur & dignité de la magistrature, & s'est réservé de statuer, comme il appartiendra, sur les effets de ladite protestation.

*13 *Septembre*. M. le duc de Choiseul, qui protégeoit une ancienne courtisane, nommée *Fauconnier*, maîtresse du sieur Palissot, avoit laissé établir à son profit une gazette des deuils qui coûtoit 3 liv. par année. L'homme de lettres désirant tirer parti de cette institution, y avoit joint un nécrologe des auteurs, philosophes, artistes & autres personnages de ce genre, morts dans l'année, qui coûtoit 3 liv. aussi.

Les journalistes de Paris, sous prétexte de l'acquisition qu'ils ont faite de ces deux objets, ont rançonné leurs souscripteurs & porté à 30 l. leur feuille de 24 l. jusque-là. Les souscripteurs se sont récriés, & M. *Laus de Boissy*, dans une lettre qu'il leur a adressée, leur a démontré que cette augmentation étoit une vraie concussion, puisqu'ils ne pouvoient être autorisés à se faire payer plus cher lorsqu'ils ne fournissoient pas plus de marchandises. Ces preuves étoient si bien établies, ces raisonnements si victorieux, qu'il les défioit d'imprimer sa note & d'y répondre. En effet, ils l'ont gardée fort secrete & n'ont pas répliqué. Mais ils persistent dans leur exaction; & ce qu'il y a de plus révoltant, c'est que non-seulement ils ne satisfont pas à la masse de papier imprimé, qu'ils devroient au moins livrer aux souscripteurs pour leur argent, mais ont retranché les courtes notices qu'ils se permettoient déjà sur quelques gens de lettres & artistes au préjudice de ce même nécrologe, & qui désormais étoient devenues une obligation pour eux. C'est ainsi qu'ils n'ont pas dit un seul mot de M. l'abbé *Remi*, mort le 12 juillet dernier. Ce n'est pas faute de matiere, car dans le Mercure qu'on imprime & qui doit paroître demain, il y a sur lui une notice de près de six pages in-12, caractere très-fin.

14 *Septembre.* Le procès du sieur Loquin & de la Dlle. Dargent continue à s'instruire & paroît fort difficile à juger. On ne peut guere douter que monsieur *Lespinas* n'ait été assassiné & jeté ensuite par-dessus la rampe de l'escalier. C'est ce qu'on assure résulter du procès-verbal des chirurgiens & de la déposition d'une Dlle. de Bussy, demeurant dans la maison. Mais un seul témoin, ne déposant d'ailleurs que par conjecture, ne suffit pas. Toutes les filles de cette capitale, tous les escrocs, tous les souteneurs, tous les libertins en général prennent le parti des accusés, & cela forme schisme dans les sociétés.

Ceux qui connoissoient M. Lespinas assurent que c'étoit un homme très-doux, très-pacifique: au contraire, le sieur *Loquin* avoit déja eu plusieurs mauvaises affaires, & étoit noté à la police comme un très-grand vaurien. Quant à la Dlle. Dargent, elle est assez douce, mais bête & fort sujette à partager sa couche avec tous ceux qui se présentent.

15 *Septembre.* Extrait d'une lettre de Rome, du 15 août.... M. d'Agincourt, ami des arts & connoisseur en peinture & sculpture, vient de faire exécuter en marbre le buste de votre fameux *Poussin*, & les Romains en ont fait l'apothéose en le plaçant dans le Panthéon, à côté de leurs plus grands artistes. C'est M. *Segla*, jeune artiste François, qui en est l'auteur. Eleve de M. *Challe*, après la mort de ce peintre il entra chez M. *Coustou*, & gagna le grand prix d'architecture qui le fit venir ici.

16 *Septembre.* On trouve en effet dans le Mercure, quelques détails à extraire concernant l'abbé Remi. Il avoit concouru depuis 1769, presque pour tous les divers prix d'éloquence proposés par l'académie françoise; & enfin, en 1777, il reçut le prix de sa constance. On a parlé des persécutions théologiques

que lui avoit attiré cet ouvrage. On avoit dit vaguement dans le temps, qu'il faisoit difficulté de s'y soumettre, & vouloit soutenir la censure & y répondre. Il est constant aujourd'hui qu'il avoit dressé une apologie, où il prétendoit avoir emprunté, presque mot pour mot, les articles condamnés du judicieux abbé de Fleury & du célebre jurisconsulte Eusebe-Jacob de Lauriere ; mais il craignoit les conséquences d'une guerre aussi désavantageuse, & parut se soumettre.

M. l'abbé Remi est auteur du *Cosmopolisme*, des *Jours pour servir de correctif aux nuits d'Young*. Il avoit obtenu, en 1775, un privilege pour l'impression d'un *Dictionnaire de Physique & de Chymie, avec l'application des principes & découvertes de ces deux sciences à l'économie animale*. On ne sait ce qu'est devenu ce recueil, ainsi qu'un *traité des communes*, une *vie de Charlemagne*, & la *continuation des Synonymes de l'abbé Girard*, approuvée avec éloge par Crébillon.

Il étoit avocat, & ne professoit guere que gratuitement & pour la défense des malheureux. C'est lui qui avoit travaillé les *factums* du cordelier Poilly, dont on a parlé dans le temps.

16 Septembre. Extrait d'une lettre de Besançon, du 10 septembre.... En effet, le 6 de ce mois le comte de Vaux s'est rendu au parlement pour y faire enrégistrer les deux édits en question. Il s'est présenté sans appareil au palais, où, ayant rendu compte de sa mission, il s'est opposé à ce que la compagnie délibérât sur les lettres de jussion dont il étoit porteur ; & le premier président a refusé de nommer un commissaire pour en rendre compte, & même de communiquer les ordres qu'il a dit avoir à ce sujet.

Le parlement a donc été contraint de laisser le comte de Vaux procéder seul à l'enrégistrement avec le premier président. Prévoyant que la séance devoit être longue, on avoit fait préparer un dîner, qui fut servi à une heure dans la chambre des suspects. La compagnie pria le comte de Vaux de l'accepter; mais le premier président lui dit que s'il désemparoit, il termineroit la séance; ce qui l'obligea de demeurer, & on le fit servir seul à la grand'chambre, sans rien offrir au premier président.

Lorsque M. le comte de Vaux eut entiérement exécuté les ordres dont il étoit porteur, les chambres rentrerent pour la publication, à laquelle personne n'assista: quoique toutes les chambres fussent ouvertes, elles resterent en séance, où elles rendirent deux arrêts qui furent publiés le même jour à 10 heures du soir dans la grand'salle, qui se trouva entiérement remplie.

Ces deux arrêts vigoureux, annullant tout ce qui a été fait de force & maintenant l'enrégistrement du parlement quant au premier édit, & n'enrégistrant le second que pour un an, sont fort longs; & vous les aurez quand ils seront copiés. Ils sont à conserver, car on ne croit pas qu'ils subsistent.

Après la publication de ces arrêts que le public attendoit avec impatience & reçut avec applaudissement, le premier président se retira à 10 heures & demie du soir; on prétend qu'il étoit à jeûn. Les autres présidents se retirerent aussi, après avoir dit qu'ils se conformeroient à la délibération qui seroit prise; alors tous messieurs, à l'exception de M. de Trevillers, qui prétend n'avoir pas sû qu'il y avoit à délibérer, se rendirent à la chambre de la tournelle, où, présidés par le doyen, ils donnerent leur parole d'honneur de ne jamais entrer chez M. de

Grosbois en corps ou en particulier, & d'empêcher leurs femmes d'y aller, à moins qu'il n'obtienne une diminution d'impôts pour la province, & ne fasse ensuite des excuses à la compagnie de lui avoir manqué à l'occasion des édits dont on venoit de s'occuper ; après quoi la compagnie délibéreroit pour savoir si l'on pourroit retourner chez lui. Il y eut des voix pour le mettre à la monition, d'autres pour lui envoyer deux députés, afin de lui faire part de la délibération : cela n'a pas eu lieu ; mais il en a eu connoissance le même soir par son secretaire, greffier du palais ; & l'on prétend qu'il trouvoit *que c'étoit bien fort*. On assure aussi que si messieurs avoient su qu'il lui étoit échappé de dire en sortant qu'on avoit fait de la besogne de singe, qu'il auroit bientôt fait casser le tout, & que dans peu on auroit de ses nouvelles, la monition auroit eu lieu ; cette punition étoit méritée, si dans le fait il a tenu le propos sur lequel les avis sont partagés.

Le lendemain 7 septembre, M. de Grosbois est entré au palais ; il a fait ses adieux à sa chambre. Personne ne lui a répondu : il s'est retiré fort en colere, a donné ordre à son portier de dire à tout le monde qu'il étoit parti, & le portier n'en a pas eu la peine, personne ne s'étant présenté, pas même ses affidés, à l'exception de l'inséparable Camusat.

17 Septembre. La chambre du commerce de Marseille a permis depuis long-temps de publier deux fois la semaine des feuilles dites *Manifestes*, contenant les détails des cargaisons de tous les bâtiments qui entrent dans le port de cette ville, ainsi que du lieu de départ, du nom des navires, de celui des capitaines & de celui des propriétaires, ou consignataires des marchandises.

L'utilité de pareilles feuilles pour tout négociant

qui connoît le prix d'un tableau fidele & continu des objets susceptibles de spéculation, devroit bien engager les autres ports de commerce à en composer de pareilles. En attendant, & pour les piquer d'émulation, le sieur *Gaspar Reboul*, chargé de la rédaction de ces *Manifestes*, a pris des arrangements avec la poste pour les faire parvenir périodiquement & francs de port dans toute la France, moyennant 24 livres.

17 *Septembre.* Depuis long-temps on se plaint de la fainéantise des chanoines; on demande à quoi ils servent; on les regarde comme des *porcs engraissés de la dîme de Sion*, ainsi que les qualifie énergiquement Voltaire, uniquement à la charge de l'église dont ils dévorent la substance, sans lui rendre aucun service. Un digne membre de cet ordre l'a vengé cette année; mais sa défense circonscrite dans les limites de son chapitre n'auroit pas produit tout l'effet désiré, s'il ne s'étoit laissé faire une douce violence, & n'eût par l'impression rendu cette justification publique.

Le chevalier des chanoines est l'abbé de Montdenoix, chanoine lui-même de l'église de Paris, docteur de la maison & société de Sorbonne. Il a profité de la circonstance où il s'est trouvé, de la vacance du siege, pour donner ce semble plus d'éclat au synode qui se tient tous les ans; celui dont il s'agit en est devenu mémorable. Il a eu lieu le 26 février dernier. C'est au milieu de l'assemblée générale de son corps, des suppôts de ce corps, & de tous ceux avec lesquels il a quelque alliance, ou sur qui il exerce quelque pouvoir, qu'il a prononcé un *discours sur l'excellence de l'état canonial*. Tous les auditeurs chanoines ont tressailli de joie de découvrir dans leurs fonctions une sublimité dont ils ne s'étoient pas doutés jusqu'alors; ils ont applaudi avec transport à l'enthousiasme de l'orateur, & depuis ce temps ils le sollicitoient de manifester aux profanes ses découvertes précieuses à cet égard.

Du reste, l'abbé de Mondenoix a enrichi son discours de divers accessoires propres à le rendre piquant, & sur-tout des portraits de Voltaire & de Rousseau, qui ont merveilleusement plu au clergé; il paroît que c'est le morceau pour lequel il a le plus de complaisance, & il avoue dans un petit avertissement, que c'est ce qui l'a déterminé en partie à livrer son ouvrage à la presse.

Le style est pur, simple & *noble comme* le sujet.

18 *Septembre*. Mlle. *Pinet*, vulgairement appellée *d'Epinet*, & devenue par succession de temps la femme du sieur *Molé*, comédien, vient de succomber à ses longues & grandes souffrances, suite ordinaire de l'incontinence des courtisanes. Elle avoit été reçue à la comédie françoise en 1763, &, quoique n'ayant jamais eu un talent transcendant, s'y étoit rendue utile par la grande habitude que son zele & son intelligence lui avoient fait acquérir dans des rôles qui exigent différents genres de talents.

19 *Septembre*. On sait que le roi & la reine sont au château de la Muette depuis le 9 de ce mois, pour y faire inoculer *madame*, fille du roi, ou *madame royale*, sous leurs yeux, ce qui doit merveilleusement rassurer les gens timides qu'effraieroient les propos des anti-inoculateurs, prétendant que l'on peut avoir deux fois la petite vérole, & que conséquemment l'inoculation ne garantit pas du danger de la rechûte. Assurément si les gens de l'art n'avoient décidé le contraire, on auroit supplié leurs majestés de ne pas s'exposer au même air, & de se séparer de cet enfant précieux pour le temps de l'opération.

ainsi que le reste de la famille royale ; on assure même que le roi visite souvent l'inoculée.

19 Septembre. Extrait d'une lettre de Besançon, du 15 septembre. ... Voici le premier arrêt rendu dans l'assemblée des chambres du 6 de ce mois, après la séance du comte de Vaux.

« Vu par la cour, (je passe la récapitulation de ce que je vous ai déjà mandé) vu le registre de la cour du présent jour, vérifiant qu'à la séance du matin le comte de Vaux a présenté une lettre close datée à Compiegne le 3 du présent mois, laquelle il a dit être sa lettre de créance ; avec autres lettres closes dudit jour, adressées tant à la cour qu'au premier président, pour l'enrégistrement desdits édits & lettres-patentes ; que le comte de Vaux a dit à la cour, que la volonté du roi étoit qu'il fît enrégistrer, sans qu'il fût question de délibérer ; & cependant a présenté deux lettres de jussion, datées à Compiegne dudit jour 3 septembre courant, adressées aux gens tenant la cour de parlement à Besançon, pour procéder en temps de vacation à l'enrégistrement pur & simple desdits édits & lettres patentes ; sur quoi ladite cour ayant insisté à délibérer sur lesdits édits & lettres-patentes, ledit comte de Vaux a itérativement refusé de laisser délibérer librement sur iceux ; l'arrêt du présent jour, par lequel la cour, après la transcription & lecture faite par les ordres du comte de Vaux, & la retraite d'icelui, a déclaré tout ce qui venoit d'être fait par lui, ensemble tout ce qui avoit précédé, suivi & pourroit suivre, nul & de nul effet, délibérant en conséquence sur la transcription & la publication illégale de l'édit du mois de juillet dernier & des lettres-patentes des 6 mars, 13 juillet & 3 septembre de la présente année, faite en ce jour par voie d'autorité par ledit comte de Vaux, les gens du roi mandés, ouis & retirés, ladite cour s'étant fait représenter deux imprimés desdits édits & lettres-patentes, faisant mention de la lecture & publication qui en a été faite de l'ordre exprès & commandement du roi, portés par ledit comte de Vaux, lesdits imprimés de l'imprimerie de la veuve Daclain, à Besançon ; portant de plus qu'ils seroient envoyés aux bailliages & autres sieges du ressort. Fait en parlement à Besançon, le 6 septembre 1782.

La cour, considérant que ses registres ne présentent aucun événement plus affligeant pour elle & pour les peuples du ressort, à l'occasion d'établissement d'impôts, que celui qui vient de se passer sous ses yeux, par le violement de toutes les regles, & par l'introduction nouvelle de formes inusitées jusqu'à présent ; que non-seulement le comte de Vaux a refusé de communiquer les ordres qu'il avoit reçus, mais qu'il a encore empêché ladite cour de délibérer sur lesdits édits & lettres-patentes, quoiqu'ils lui fussent adressés avec ordre de les faire exécuter ; que sur la demande faite au premier président de nommer un commissaire pour en faire le rapport, il n'a pas voulu y déférer, & s'est mis en refus de communiquer les ordres qu'il a dit avoir à ce sujet ; que non-seulement ladite cour a été forcée d'assister à la transcription desdits édits & lettres-patentes, mais même à leur publication ; comme si sa présence pouvoit autoriser la transgression des formes consacrées pour la vérification & la publication des loix.

Qu'il n'y eut jamais de surprise plus manifeste faite au seigneur roi, que l'expédition des ordres donnés au comte de Vaux & des lettres de jussion des 6 mars, 13 juillet & 3 septembre ; que lesdits ordres & lettres de jussion étoient accompagnés de fix lettres closes pour ladite cour, de quatre pour le premier président, de quatre autres pour le procureur-général, & quatre pour le greffier en chef dudit parlement, toutes de la date du 3 septembre, lesquelles n'ont dû être écrites qu'après l'examen des très-humbles & respectueuses remontrances que ladite cour a cru devoir adresser audit seigneur roi, sur l'édit portant établissement d'un troisieme vingtieme, comme le supposent les lettres de jussion du 3 septembre sur ledit édit.

Que ces remontrances que ladite cour s'étoit pressée de porter au pied du trône, n'étant parties que le soir du 30 dudit mois dernier, n'ont pu arriver à Compiegne que le 2 du présent mois.

Que cependant les ordres & les instructions donnés audit comte de Vaux, les lettres de jussion sur le vingtieme & toutes les susdites lettres closes, étant datées du 3 septembre, il paroît impossible de concilier toutes ces expéditions & d'autres encore faites en même temps, le sceau, le *visa*, la signature, avec l'examen desdites remontrances & des mémoires amples qui y étoient joints, & sur lesquels étoit fondée une partie des représentations de ladite cour, & avec le départ du courier porteur de toutes ces dépêches, arrivé à Besançon vers les cinq heures du soir du 4 du présent mois; que toutes ces mesures & celles d'apporter en la cour lesdits édits & lettres-patentes déjà imprimés, indiquent une précipitation que l'exécution de l'édit de juillet sembloit ne pas exiger, puisqu'elle ne doit avoir lieu qu'au premier janvier 1783.

Considérant encore ladite cour, qu'elle s'est empressée, pour subvenir aux dépenses de la guerre, d'enrégistrer l'édit du mois d'août 1781, portant augmentation de 2 sous pour liv. sur les objets qui précédemment étoient assujettis aux 8 sous pour livre, à l'instant où il a été présenté, & qu'aucune cour n'a donné audit seigneur roi des preuves plus promptes de son obéissance à ses ordres.

Qu'elle n'avoit jamais imaginé que l'article premier de cet édit, qui fixe en termes clairs & exclusifs cette augmentation de 2 sous pour liv., pût s'étendre à d'autres objets qui ne payoient pas les 8 sous ; que les prétendues réserves levées par les lettres-patentes du 6 mars dernier, ne modifioient point l'édit, & le confirmoient plutôt qu'elles n'y dérogeoient, puisqu'elles disent la même chose que l'article premier dudit édit, lequel impose seulement 2 sous pour liv. en sus des 8 sous payés précédemment ; qu'ainsi il existe une contradiction évidente entre ledit article premier de l'édit & les lettres-patentes du 6 mars.

La cour statuant sur les protestations contenues dans son arrêté du jour d'hier, a déclaré & déclare la transcription & lecture faites le présent jour par le comte de Vaux, d'une seconde copie de l'édit du mois de juillet dernier, portant établissement d'un troisieme vingtieme, ainsi que des lettres de jussion des 6 mars, 31 juillet & 3 septembre, concernant ledit édit, & celui du mois d'août 1781, portant augmentation de 2 sous pour livre, nulles & de nul effet ; ordonne que l'article premier de l'édit du mois d'août 1781, sera exécuté suivant sa forme & teneur, conformément aux clauses confirmatives d'icelui, insérées dans l'enrégistrement dudit édit, & sans que, sous aucun prétexte, l'augmentation de 2 nouveaux sous ou 10 sous pour liv. puisse être étendue à aucun objet qui n'auroit pas été affecté des 8 sous, notamment aux dons gratuits des villes & droits sur les cuirs, à peine contre les contrevesants d'être poursuivis extraordinairement: enjoint aux officiers des bailliages & autres sieges du ressort de la cour, de se conformer aux édits, déclarations & réglements d'icelle, concernant l'enrégistrement des loix, notamment à l'art. 14 du recueil des anciennes ordonnances de la province, & aux arrêts de la cour des 11 août 1752, 28 juin & 23 août 1755. En conséquence, déclare nulles toutes transcriptions & publications qui pourroient être faites auxdits sieges desdits édits & lettres-patentes mentionnés au présent arrêt; ordonne en outre que le présent arrêt sera lu, publié, regiftré & affiché partout où besoin sera, pour être exécuté suivant sa forme & teneur; & que copies collationnées dudit arrêt seront envoyées dans les bailliages & autres sieges du ressort, pour y être pareillement lues, publiées, affichées & exécutées: enjoint au procureur-général du roi & à ses substituts, de veiller à l'exécution du présent arrêt, d'en certifier la cour dans le mois, & de lui rendre compte des contraventions qui pourroient y être faites. Fait en parlement à Besançon, toutes les chambres assemblées le 6 septembre 1782.

20 *Septembre*. Le roi, ferme à maintenir les nouveaux réglements contre les jeux défendus, a, dit-on, fait décerner des lettres de cachet contre plusieurs grands joueurs ou escrocs, à la tête desquels, on nomme un sieur *Hazon*, très-mal famé depuis long-temps. On ajoute que MM. de Genlis ont été très-réprimandés à ce sujet, & que le roi leur a ordonné d'être plus circonspects à l'avenir & d'empêcher qu'il n'y eût des plaintes contre eux.

20 *Septembre*. Pendant la dispersion de la famille royale, Mad. la comtesse d'Artois s'est établie à Bagatelle, & fait inoculer aussi sa fille, (made-

moiselle) à Paſſy ; *monſieur & madame* ſont venus habiter le petit Luxembourg, car le grand n'eſt pas habitable, & eſt encore rempli de particuliers.

Monſieur & madame vont chaque jour réguliérement à la meſſe au couvent du Calvaire, qui eſt vis-à-vis, & c'eſt un ſpectacle pour ce quartier-là. Le public qui s'y rend en foule, y eſt édifié de la piété exemplaire avec laquelle ils aſſiſtent à la célébration des ſaints myſteres ; & d'autant plus qu'elle forme un contraſte frappant avec l'indévotion de la plupart de ceux des gens du monde, qui vont encore à l'égliſe dans cette capitale, mais n'y ſont qu'un objet de ſcandale.

Madame eſt tombée malade, & a été obligée de ſuſpendre ſes actes de piété publique ; elle a fait dire la meſſe dans ſa chambre. Le roi & la reine ſont venus la voir.

Monſieur eſt allé à Brunoy, y paſſer la revue des carabiniers. La maladie de cette princeſſe a empêché que cette cérémonie militaire ne fût accompagnée des fêtes qu'on avoit préparées.

20 *Septembre*. L'académie royale de muſique, fort indéciſe ſur la nouveauté par où elle commenceroit, après avoir varié beaucoup, ſe détermine enfin pour les fragments qui s'exécuteront mardi. Ils conſiſtent dans les trois actes annoncés.

L'acte *du Feu*, ancien, entrée des éléments, paroles de Roi ; *Ariane dans l'iſle de Naxos*, poëme en un acte nouveau, compoſé par M. *Moline* : la muſique de ces deux morceaux eſt d'un Allemand débutant dans la carriere, au moins en France, M. *Edelmann*.

On y a joint un troiſieme acte, *Apollon & Daphné*, paroles de M. *Pitra*, muſique de monſieur *Mayer*.

21 *Septembre.* Extrait d'une lettre de Besançon, du 18 septembre.... Voici le second arrêt : il concerne l'édit du troisieme vingtieme, portant d'avance prorogation de cet impôt trois ans après la paix.

La cour, considérant que la province a supporté pendant la durée de la guerre plusieurs impôts extraordinaires, & qui se montent à des sommes considérables, ainsi qu'il a été établi dans les remontrances qu'elle a adressées au seigneur roi, le 28 du mois d'août dernier, & que, par l'insuffisance des récoltes & par les pertes essuyées en l'année présente, elle est dans un état d'épuisement & de misere qui ne lui permet pas de payer de nouvelles charges ; que néanmois ladite cour est si persuadée de la bonne volonté des peuples à se priver du nécessaire même pour soutenir la gloire des armes du roi, qu'elle se portera à lui donner encore un témoignage de son dévouement & de son obéissance, en enrégistrant le troisieme vingtieme pour une année, espérant que, dans le cours de ladite année, ledit seigneur roi donnera la paix à ses peuples, & le suppliant de vouloir bien regarder cette preuve de son respect & de son attachement à sa personne, comme le dernier effort de ses bons & fideles sujets.

La cour s'étant fait représenter la minute de l'édit du mois de juillet dernier, portant établissement d'un troisieme vingtieme, présenté à la cour en la forme ordinaire le 29 dudit mois ; vu les conclusions du procureur-général du roi, ladite cour a ordonné & ordonne qu'il sera lu, publié & enrégistré aux actes importants, pour être exécuté pendant l'année 1783 seulement ; sauf à le proroger d'année à autre en cas de continuation de guerre ; & que, pour se conformer aux intentions du roi, qui exempte dudit troisieme vingtieme l'industrie, laquelle supporte le tiers des impositions conformément à la déclaration du 10 mai 1706, il sera fait diminution du tiers dudit troisieme vingtieme, suivant l'abonnement accordé pour les deux premiers ; ordonne que ledit édit sera lu, publié, &c. &c.

Fait en parlement, à Besançon, toutes les chambres assemblées, le 6 septembre 1782.

21 *Septembre*. Extrait d'une lettre de Berlin, du 5 septembre... Rassurez-vous sur le compte de l'abbé Raynal, de la mort duquel le bruit s'est répandu mal-à-propos & sans aucun fondement. Notre monarque l'a appellé auprès de lui, & il continue son séjour ici. Il y a toute apparence qu'il y passera l'hiver. Il jouit de l'accueil le plus flatteur près de la famille royale & des personnes les plus distinguées. Il travaille à une *Histoire de la révocation de l'édit de Nantes*. Vous concevez combien ce louable projet doit le rendre intéressant dans tous les pays protestants, & sur-tout aux réfugiés François. Il aura là de quoi donner l'essor à la fougue de sa plume, de quoi se répandre en déclamations violentes contre le fanatisme, mieux placées dans cet ouvrage que dans celui qui lui a causé tant de chagrins & de persécutions. Le jésuite Mainbourg nous a laissé une histoire du calvinisme ; mais celle de l'abbé Raynal sera vraisemblablement un peu plus philosophique....

21 *Septembre*. La revue du régiment des carabiniers a eu lieu en effet à Brunoy le mercredi 18, & quoiqu'il eût fait un assez vilain temps ces jours-là, elle s'est passée sans pluie.

On voit avec peine la dégradation où le marquis de Poyanne avoit réduit ce régiment, autrefois, par son institution, composé de l'élite de la cavalerie. Ce colonel, uniquement occupé de l'extérieur de ses soldats, faisoit ramasser dans les tavernes & mauvais lieux tous les beaux hommes qu'on y pouvoit rencontrer, & ne s'embarrassoit pas du reste. Cependant il a été présenté pour gardes à *Monsieur*, un escadron de vétérans du nombre de 152. Il existe encore dans ce corps 60 officiers qui ont fait la guerre, dont 13 ont fait en totalité celle de Flandre.

La veille, la bénédiction de dix nouveaux étendards s'étoit faite par l'évêque d'Angers ; & ce prélat avoit prononcé un discours très-brillant & digne du sujet. C'est *Monsieur*, & les neuf premiers officiers supérieurs qui avoient présenté les étendards à la bénédiction.

22 *Septembre.* Mad. la comtesse de Montesson a été très-gravement malade ces jours-ci, au point de donner de vives inquiétudes à M. le duc d'Orléans; le docteur *Barthès*, le successeur de *Tronchin*, a été assez heureux pour tirer d'affaire cette dame; & dans l'excès de sa reconnoissance le prince lui a fait 2000 liv. de pension.

22 *Septembre.* Extrait d'une lettre de Pétersbourg, du 23 août.... Dimanche dernier 18 de ce mois, la cérémonie de l'inauguration de la statue équestre de *Pierre premier*, s'est faite avec toute la pompe & la solemnité dues à la mémoire du héros restaurateur de l'empire. Ce monument consiste en une pierre d'une grandeur extraordinaire, transportée ici de la Sibérie, avec des frais immenses. Cette pierre représente un rocher, dont le *czar* tâche de gagner le sommet à cheval : allégorie relative aux peines que *Pierre-le-Grand* a prises pour policer son empire & jeter les fondements de sa grandeur actuelle. L'allusion est rendue plus sensible par le

serpent, emblême de la prudence, qu'on voit aux pieds du cheval. Sur le piédeftal on lit cette infcription auffi noble que fimple: *Petro primo, Catharina fecunda*. Il eft élevé fur une grande place, terminée d'un côté par le palais du fénat, de l'autre par l'amirauté & par le pont établi fur la Neva, pour la communication du quartier du Vafili-Oftrow, avec le refte de la ville. Ce vafte emplacement étoit occupé par une foule immenfe de peuple & par 10,000 hommes de troupes fous les armes, & le monument étoit caché par de grands chaffis de toile peinte en décoration, qui le déroboient aux yeux des fpectateurs.

A cinq heures du foir, l'impératrice fortant de fon palais, defcendit la Neva en chaloupe, aborda à la place fuivie d'un cortege nombreux, compofé de tous les officiers & des dames de fa cour, & montant au palais du fénat, vint fe placer au grand balcon.

S. M. impériale donna le fignal, & en même temps tous les chaffis s'abattirent & découvrirent le monument dans toute fa beauté. *Pierre le Grand* fut falué par une triple falve de l'artillerie de l'amirauté & de celle de la forterefle, accompagnée de la moufqueterie de toutes les troupes fous les armes: les régiments défilerent devant fa majefté impériale, qui remonta enfuite en chaloupe & retourna dans fon palais.

L'événement a été confacré, fuivant l'ufage, par une médaille qui repréfente d'un côté la ftatue de *Pierre premier*, & de l'autre le bufte de l'impératrice.

Tout le monde fe réunit pour applaudir à l'idée hardie & à l'exécution heureufe de cet monument qui fait le plus grand honneur aux talents du fieur *Falconnet.*

Il eft fâcheux que cet artifte n'ait pas pu jouir de l'admiration publique. Il eft forti de Ruffie depuis plufieurs années, & on le dit en France, où il vit dans la retraite. On dit qu'il ne travaille plus à fon art ; qu'il a acheté une petite campagne aux environs de Paris, où il écrit à préfent fur fon métier ; car il eft auffi homme de lettres.

En outre, l'impératrice a figné le jour même de l'inauguration de la ftatue de Pierre premier un *Oucafe*, par lequel elle commue la peine de mort ou autres corporelles de certains criminels ; elle les remet abfolument à d'autres ; elle en fait élargir certains, le tout fuivant la nature & en proportion des délits. S. M. I. finit par fouhaiter que ces diverfes graces ramenent les coupables à un repentir fincere, à une meilleure conduite, & à la foumiffion aux loix divines & humaines, & que tous réuniffent leurs vœux pour le repos de l'ame du grand monarque, à la mémoire duquel ces marques de clémence ont été accordées.

23 *Septembre.* Le fieur Foucherot, architecte, & le fieur Fauvel, peintre, que le comte de Choifeul-Gouffier avoit envoyés en Grece pour y faire de nouvelles recherches, après une abfence de deux ans, viennent d'arriver à Marfeille avec de riches porte-feuilles. Il faut fe rappeller que M. de Choifeul travaille à un voyage pittorefque de la Grece, très-curieux.

22 *Septembre. Madame* fe propofoit de diftribuer elle-même à chaque officier des carabiniers une cocarde, n'ayant pu fe rendre à la revue à caufe de fon indifpofition, c'eft *monfieur* qui a fait ce préfent ;

il a promis d'envoyer son portrait au corps, pour marque de sa satisfaction personnelle.

Monsieur étoit accompagné du marquis de *Ségur*, ministre de la guerre ; du baron de Bezenval, commandant de la province ; de plusieurs officiers-généraux, & d'un grand nombre d'officiers de différents corps.

23 *Septembre.* Le résultat des répétitions des trois actes qu'on donne demain à l'opéra, est que *l'acte du Feu* du ballet des éléments de Roi est foible, mais bien écrit, & mérite les efforts du musicien moderne. Malheureusement on a jugé la musique de M. Edelmann, participant de la longueur du poëme ; à l'exception de quelques morceaux, elle n'a produit qu'un effet médiocre. On a trouvé aussi que certaines paroles ajoutées sont indignes des anciennes, & font avec elles une disparate sensible.

Quant à l'acte d'*Arianne dans l'isle de Naxos*, c'est le mélodrame Allemand dont on a donné, il y a un an, la traduction au théâtre italien. La musique de celui-ci, de M. Beinda, célebre compositeur Allemand, a eu le plus grand succès. On a trouvé que celle de M. Edelmann, infiniment moins variée, caractérisoit un génie plus tourné au grand, plus spécialement appellé au genre tragique. On croit que la nouvelle aura beaucoup de partisans, sur-tout parmi les Gluckistes. Elle est même pathétique, & attendrit jusqu'aux larmes nombre de spectateurs.

On a ri, au contraire, de *l'acte d'Apollon & Daphné*, dont le poëme est misérable ; la musique de M. Mayer est médiocre, défaut d'autant plus sensible, qu'il auroit fallu y faire reconnoître le dieu du goût & de l'harmonie. L'ouverture qui est d'un autre auteur, de M. Rey, a été très-goûtée.

En général, ces fragments ont produit peu de

sensation sur les amateurs difficiles; peut-être le gros du public le sera-t-il moins aujourd'hui.

24 *Septembre*. M. Christine, avocat au parlement de Besançon, & ancien défenseur des serfs du Mont-Jura, a écrit une lettre de félicitation à M. de Florian, en date du 6 de ce mois, où il le remercie au nom de ses anciens clients. Il lui marque que plus de 3000 de ces malheureux sont venus chez lui successivement, pour entendre la lecture du poëme de cet auteur couronné à l'académie; tous versoient des larmes, & ont la plus grande confiance que M. de Florian achevera de toucher le cœur de leurs tyrans ébranlés.

24 *Sept.* Extrait d'une lettre d'Amsterdam, du 20 septembre. Le premier volume des *Fastes de Louis XV* est comme beaucoup d'autres de ces ouvrages à prétention; il ne tient rien moins que ce que promettoit le *prospectus*. La plupart des bonnes choses qu'il renferme sont tirées de la *Vie privée de Louis XV*, & du reste rien de neuf, ou très peu de chose.

Le second volume n'est pas encore arrivé ici.

On ne parle point du tout ici de M. *Linguet*, & sa réputation est bien tombée; on n'en fait pas aujourd'hui grand cas dans nos cantons. Mais on attend avec impatience la suite des quatre premiers volumes de *l'Espion Anglois à Paris*, qui sont fort goûtés chez l'étranger, & qu'on assure enfin devoir bientôt paroître.

25 *Septembre*. Il paroît un mémoire en faveur du sieur Loquin, dont le procès n'est pas encore jugé. Il est de M. *Ader*, & si mal fait, dit-on, que sur ses propres dires on condamne l'accusé.

25 *Septembre*. Les comédiens italiens donnent vendredi 17 la première représentation du *Diable boiteux, ou la chose impossible,* opéra comique

nouveau, en un acte, en profe & en vaudevilles. Outre le titre affez piquant, l'auteur eft fait pour attirer beaucoup de monde. C'eft le fieur *Favart* fils, aujourd'hui un des acteurs de la troupe.

26 *Septembre*. M. le marquis de Voyer vient de mourir à fa terre des Ormes, d'une maladie qu'il avoit gagnée en Aunis, à-peu-près femblable à celle qui a emporté l'an paffé le comte de *Broglio*. C'eft une perte comme militaire.

26 *Septembre*. Extrait d'une lettre de Marfeille, du 18 feptembre.... On regrette dans cette ville la perte de M. Aubert, médecin, qui, bien différent de fes confreres, a confacré tout fon bien pour les pauvres. Indépendamment des charités habituelles qu'il faifoit, il laiffe deux établiffements qui rendront fa mémoire immortelle.

Il a fondé à l'hôpital du Saint-Efprit une place de médecin, pour en foigner jour & nuit les malades. Un don de 20,000 liv. de fes premiers bénéfices, forme le fonds fur lequel font affignés les émoluments attachés à cette place.

Le nouvel hôpital des pauvres malades abandonnés eft d'un genre diftingué, & lui fait encore plus d'honneur. Il l'a doté d'abord du revenu d'une fomme de 100,000 liv., qui en fit la bafe; le principal produit de fon travail, fes épargnes annuelles, toute fa fortune enfin a été confacrée à le groffir.

M. Aubert eft mort âgé de quatre-vingt-quatre ans: il étoit d'un tempérament foible & délicat, obligé de ne faire ufage que d'aliments bouillis; mais par fon régime & par fa fobriété, il a pouffé fa carriere dans un âge auffi avancé.

Marfeille gémiffoit de ne point avoir le portrait de ce bienfaiteur; fa modeftie l'avoit toujours

jours empêché de se laisser peindre; ses admirateurs imaginerent de faire découvrir son cercueil, & de faire mouler son masque dans la face même. Ce masque fut envoyé à M. Foucou, sculpteur du roi, d'une mérite éminent. Après avoir modelé le buste du défunt sur cette ressemblance, il le fit passer en cette ville pour qu'on décidât de son effet. L'imitation a paru si vraie, que les administrateurs de l'hôpital fondé par M. *Aubert*, ont demandé à M. Foucou d'exécuter ce buste en marbre. Nous apprenons qu'il est fini, & que nous le recevrons incessamment.

27 *septembre*. Sur la fin du regne de Louis XV, où l'imagination s'évertuoit à trouver toutes les tournures de favoriser la licence des mœurs, les brevets de dame s'étoient introduits à la cour. C'est un titre que sa majesté accorde aux filles de qualité non mariées, & qui veulent cependant être présentées, afin de jouir de tous les privileges, & sur-tout de la liberté que donne cet honneur. Ces brevets se sont prodigieusement accrus sous Louis XVI, & l'on a vu de très-jeunes personnes en obtenir. Ainsi affranchies de la modestie, de la retenue, de la simplicité de leur état virginal, elles se livrent impunément à tous les scandales; plusieurs même sont accouchées sans beaucoup de mystere. Ce désordre a enfin fait ouvrir les yeux au gouvernement, & le roi, ami des mœurs & de la décence, s'est rendu très-difficile à cet égard. Il n'y a plus que la plus haute faveur qui puisse faire obtenir un pareil brevet.

27 *septembre*. Les fragments exécutés mardi dernier à l'opéra ont été assez bien accueillis,

mais plus pour leurs accessoires que pour eux-mêmes.

Dans l'acte du feu, Mlle. le Bœuf, employée depuis quelques années dans les chœurs, a chanté pour la premiere fois un air de bravoure, qu'elle a rendu de maniere à faire désirer de les lui voir quitter, afin d'exercer plus avantageusement sa voix agréable & brillante. Ce seroit d'ailleurs le moyen de la guérir d'une excessive timidité, qui empêche son organe de se développer dans tout son éclat.

Le jeu passionné & attendrissant de Mlle. *Sainte-Huberti*, dans le rôle d'Ariane, a beaucoup fait valoir le second acte, où cependant il regne une invraisemblance révoltante de la part du compositeur, qui a soutenu, presque d'un bout à l'autre, le rôle de Thésée par une musique animée & bruyante : il a en outre ajouté à cette scene, un chœur, qui, ne l'étant pas moins, devroit certainement bien réveiller Ariane.

Au troisieme acte on a remarqué combien le poëte moderne avoit enchéri sur Ovide, qui fait courber la tête à Daphné, devenue laurier, comme pour acquiescer aux discours d'Apollon. M. Pitra lui fait parler au travers de l'écorce de l'arbre, & chanter un *trio* avec Apollon & Pénée. Tout ce ridicule n'est nullement effacé par la musique. Le dernier ballet de cet acte en fait le succès. Il présente un ensemble très-imposant.

Le Parnasse occupe dans le lointain le fond du théâtre ; Apollon, pour célébrer son amante, appelle toute sa cour ; les neuf Muses se grouppent sur le Pinde : l'Amour arrive sur le théâtre au milieu des trois Graces qui dansent autour de lui ; il les quitte malicieusement, & va chercher

Terpsichore, qu'il fait danser lui même au son de sa lyre.

La petite *Nanine*, jeune fille que l'on connoissoit depuis long-temps à ce théâtre, remplit le rôle de Cupidon avec des graces naïves & beaucoup de finesse. Quant à celui de Terpsichore, on se doute bien qu'il est exécuté par Mlle. *Guimard*.

Ce qui a sur-tout fait plaisir aux vrais connoisseurs de la scene dans ces fragments, ç'a été d'y voir le costume rigoureusement observé. On doit cette amélioration, sur-tout aux soins du sieur Moreau le jeune, qui en a donné les dessins.

18 *Septembre.* Après la guerre de sept ans, c'est-à-dire, celle de 1756, le roi de Prusse conçut le dessein de former désormais pendant la paix, près de Postdam, des camps particuliers pour l'instruction de ses généraux; & dès l'année 1764, ce prince commença à mettre son projet en exécution. Les troupes des garnisons voisines furent réunies à celles de Postdam, au mois d'octobre de cette même année, & manœuvrerent ensuite deux jours de suite. Depuis cette époque, elles se sont constamment assemblées tous les ans dans le courant du mois de septembre pour exécuter les divers essais de manœuvres que le roi de Prusse juge praticables à la guerre, & que la féconde imagination de ce prince peut fournir. Ces manœuvres, qu'on appelle les *manœuvres de Postdam*, durent ordinairement trois jours; & comme sa majesté Prussienne y appelle successivement la plupart de ses officiers principaux, on peut dire qu'elles sont la véritable école où ce héros forme ses généraux dans l'art de la guerre.

« Le roi de Prusse laisse indistinctement à tout le monde la liberté d'assister aux grandes revues de Berlin; mais il ne permet à qui que ce soit, qui n'est pas militaire à son service, de voir les manœuvres de Postdam.

Elles se font presque toujours trois fois par an. Les troupes destinées à y être employées, au nombre d'environ 40,000 hommes, ou quelquefois davantage, soit effectifs ou supposés, s'assemblent la veille à Postdam. Elles sont divisées en deux parties, dont l'une forme l'armée du roi, & l'autre l'armée ennemie. Alors le monarque leur indique la manœuvre qui doit se faire, & les généraux ne la savent jamais qu'au moment de l'exécution ; c'est à eux de s'évertuer suivant leur génie, soit pour l'attaque, soit pour la défense, en sorte que ce sont autant d'*impromptu*.

Un François, qui a résidé long-temps en Prusse, où par état il s'est trouvé placé de maniere à prendre connoissance de tout ce qui est relatif au militaire, a recueilli ces savantes manœuvres dont il a été témoin. Elles sont au nombre de cinquante-une, & ont été exécutées depuis 1764 jusques & compris 1781, en sorte qu'on peut les regarder comme formant un tout complet, puisqu'il est impossible d'imaginer quelque position, quelque circonstance qui n'ait pas été prévue par ce grand maître durant cet intervalle. L'auteur les propose par souscriptions moyennant 320 liv.

28 septembre. On ne sait point encore s'il y aura un voyage de Marly. Comme la reine semble se plaire assez au château de la Muette, le roi veut connoître avant la dépense, & en a demandé les états ; mais les gens intéressés à lui cacher cet objet, parce qu'ils aiment à pêcher en eau trouble, éludent & different tant qu'ils peuvent.

Monsieur & Madame restent encore au Luxembourg jusqu'au 9 du mois prochain.

28 *Septembre.* La piece nouvelle jouée hier aux Italiens, quoique très-peu de chose au fond & médiocre dans la forme, a été favorablement accueillie. C'est une suite de l'estime du public & de son amour pour le pere, & même pour la défunte mere de l'auteur. Il a été demandé ; & étant acteur en même temps, il n'a pu se dispenser de paroître : mais, pour rendre ce rôle moins sot, moins humble, il a affecté de haranguer le public, & de lui adresser un petit remerciement, qu'on a applaudi sans l'avoir trop entendu.

29 *Septembre.* Les comédiens François annocent pour le jeudi 3 octobre la premiere représentation de *Zoraï*, ou *les insulaires de la nouvelle Zélande*, tragédie nouvelle, que l'on assure relative à des anecdotes du jour qui la rendront piquante. On la regarde comme une affaire de cabale de cour.

29 *Septembre.* M. le marquis de la Fayette qui est toujours ici, & malgré la parole qu'il avoit donnée au congrès de le revoir bientôt, n'est point parti, est un nouvel argument pour la paix. Il est journellement en conférence avec monsieur Francklin & autres insurgents ; & sur ce qu'on lui témoignoit combien on seroit fâché en Amérique de ne pas le revoir, il a répondu qu'il avoit donné des raisons de son retard, dont il espéroit qu'on seroit content.

Du reste, M. de la Fayette est tellement enthousiasmé de cette république nouvelle, à l'existence de laquelle il n'a pas peu contribué, qu'il a nommé la fille dont vient d'accoucher Mad. de la Fayette, *Virginie* : son fils, il le nomme *George*, parce que c'est le nom de *Washington*, & le premier mot qu'il lui ait appris à prononcer, c'est celui de ce général ; il lui a inspiré une telle admiration pour tout ce qui tient aux *Etats-Unis* de l'Amérique, que cet enfant ne voit pas sans une sorte de respect un voyageur qui revient de ce pays-là.

M. de la Fayette ayant fait part à M. Francklin de la naissance de sa fille, & du nom qu'il lui avoit donné, le docteur lui a répondu en plaisantant, qu'il souhaitoit qu'il eût assez d'enfants pour pouvoir leur faire porter successivement celui de chaque province. Que certains pourtant n'étoient pas fort harmonieux, & que M. *Connecticut* ou Mlle. *Massa-Chuset'sBay* seroient peu satisfaits du leur.

30 *Septembre*. Extrait d'une lettre de Strasbourg, du 18 septembre.... Nous venons d'avoir le bonheur de jouir de la présence de M. le comte & de Mad. la comtesse du Nord. Ils ont été à la comédie de notre ville le 15 de ce mois, & le sieur Belleval, comédien du roi, connu sous le nom de *Montignac* par plusieurs pieces de théâtre données en province, & par l'opéra de *Zulime* joué en 1778 à la comédie italienne, avoit préparé des couplets qui ont été chantés en *trio* à la fin de la Fée Urgelle : ils ont été trop bien reçus des illustres étrangers & du public, pour ne pas vous en faire part. Les voici :

   Couple charmant, votre secret
    Malgré vous se révèle ;
   Votre cœur est un indiscret

Qui par-tout vous décèle.
En vain, dans un nuage épais,
L'aſtre du jour voile ſes traits;
 Des cieux l'azur
 Paroît moins pur,
Privé de ſa préſence;
 Mais de ſon ſecours
 On ſent toujours
 La divine influence.

Tout héros ſur nous a des droits,
Tout François chérit les bons rois;
 Si de Louis
  Nos cœurs épris
Portent l'amour juſqu'au délire,
Vous partagez ce qu'il inſpire.

 Couple charmant, votre ſecret
  Malgré vous ſe révele;
Votre cœur eſt un indiſcret,
 Qui par-tout vous décèle.
Ainſi Pierre vint parmi nous,
Mais il fut moins heureux que vous;
 Car ſi *Pallas*
  Suivoit ſes pas,
Vous voyez ſur vos traces
Et les vertus & les appas
 De *Minerve* & des *Graces*.

 En voyageant vous triomphez!
  Les peuples que vous viſitez,
   Par vos bienfaits,
  Sont vos ſujets.
Dans chaque état, vous pouvez dire:
" Je n'ai point quitté mon empire. „

Couple charmant, votre secret
  Malgré vous se révele ;
Votre cœur est un indiscret
  Qui par-tout vous décele.
Vous allez, loin de ce séjour,
  Servir la patrie & l'amour...
    D'une double victoire,
C'est joindre les fleurs du plaisir
  Aux rayons de la gloire.

Un spectacle plus piquant pour M. le comte & Mad. la comtesse du Nord, que toutes ces fadeurs, dont ils doivent être rassasiés, c'est celui dont ils ont joui en sortant du spectacle. Le calme de la nuit & son obscurité avoit permis d'illuminer tout le clocher de la cathédrale, l'édifice le plus élevé qu'on connoisse en Europe, ce qui produisoit un coup d'œil neuf & ravissant.

30 *Septembre.* Depuis quelques années déjà on avoit annoncé deux ou trois fois la faillite du prince de Guimené, grand-chambellan de France, époux de la princesse de Guimené, gouvernante des enfants de France : on ne pouvoit se persuader que cela pût arriver. Ils ouvroient continuellement de nouveaux emprunts, & l'on y portoit toujours avec confiance, ce qui donnoit la facilité de payer leurs arrérages, mais grossissoit énormément la masse de leurs dettes ; enfin, le public a ouvert les yeux, les prêteurs ne sont plus venus, & l'on annonce une banqueroute de 25 à 30 millions. Ce magnifique seigneur est allé voyager en Italie, & profite du temps de son absence pour faire annoncer cette désagréable nouvelle à ses créanciers. C'est une désolation générale dans tous

Paris, tant le nombre en est considérable; & l'on ignore encore l'excès du mal, & quel sera le remede.

1 *Octobre* 1782. Le *mémoire pour le sieur Loquin fils*, accusé, contre le procureur-général du roi, est en effet très-mal arrangé. L'on conçoit bien qu'un coupable doit chercher à se disculper, & ne peut guere le faire sans dénaturer les faits; mais au moins faut-il qu'il arrange sa fable d'une maniere vraisemblable, & c'est ce qu'on ne trouve pas dans le récit du défenseur de cet accusé. Tout y est romanesque, puéril & absurde d'un bout à l'autre. Du reste, M. *Ader* y a mis beaucoup de *pathos*, qui, étant déplacé, ne produit aucune sensation, & annonce seulement le vuide de sa cause. La procédure est finie, & l'on assure que le jugement interviendra cette semaine.

2 *Octobre*. M. Blanchard, dont le bateau volant fait toujours l'attente des sots de cette capitale & l'objet des railleries des incrédules, vient d'être représenté dans une caricature avec sa machine, au dessus de deux cerfs-volants que des enfants font mouvoir en l'air, & regardée avec admiration pas une foule de spectateurs. On lit au bas cette centurie de Nostradamus:

En l'an mille sept cent octante, plus ou moins,
Attendrez dans le ciel étrange phénomene:
Grande ville aux abois (1) qui force gens promené,
Tous jusques aux marmots veulent en être témoins;
Plus de guerre n'est bruit, & quoi qu'on en espere,
Chacun d'iceux sera dupe de la chimere.

---

(1) Gibraltar.

3 *Octobre*. Depuis vingt ans il exiſte une ſociété établie, protégée & rédigée par le gouvernement, dont l'objet eſt de rechercher, de mettre en ordre & d'employer les monuments de l'hiſtoire & du droit public de la monarchie Françoiſe.

Louis XV établit d'abord un dépôt de chartes, ſous la garde du ſieur Moreau, hiſtoriographe de France ; il eſt aujourd'hui ſous la direction du chef de la juſtice. On joignit à ce dépôt, qui ne renfermoit que les monuments de notre légiſlation, un autre cabinet deſtiné à conſerver les monuments de notre hiſtoire. On imprima des catalogues, commencés par M. Secouſſe & continués par M. de Brequigny. On en a déjà trois volumes *in-folio*. Pour découvrir ceux qu'on ne connoiſſoit pas, on engagea dans ce travail la congrégation de Saint-Maur.

Les travaux ont été ſi heureux, qu'on poſſede aujourd'hui trente mille copies des monuments anciens, qui pour la plupart étoient inconnus à nos vieux hiſtoriographes ; encore n'a-t-on fouillé que dans un petit nombre d'archives.

On a déjà le catalogue des pieces découvertes ; on travaille maintenant à un autre catalogue de celles qu'on n'a pu découvrir encore. Il forme environ ſept mille notices. Le ſoin de cette édition ſera confié à M. de Brequigny.

Dès 1779 on commença à tenir ſous les yeux du miniſtre des aſſemblées regulieres. Les perſonnes qui compoſent ces comités ſont M. le marquis de Paulmy, M. de Brequigny, ſix des plus ſavants religieux de la congrégation de Saint-Maur & le ſieur Moreau.

Juſqu'à préſent ce plan n'étoit pas connu, & s'exécutoit dans le ſilence ; enfin, on vient de permettre qu'il soit rendu public. On invite en conséquence tous ceux dont les ancêtres se sont distingués par des honneurs ou des services rendus à l'état, d'adresser au sieur Moreau des copies de leurs titres originaux. Ils seront reçus sans être affranchis.

On ne peut que louer cet établissement ; mais il semble qu'il devroit être le principal objet de l'académie des inscriptions & belles-lettres, dans les travaux de laquelle il est compris ; & l'on ne voit pas pourquoi établir à cet effet une autre commission littéraire. Le mot de cette énigme, c'est que le sieur Moreau n'est pas de l'académie.

3 *Octobre*. M. de Saint-Ange, jeune auteur, a lu le 30 juillet dernier, à l'assemblée des comédiens François, une comédie en trois actes & en vers, intitulée *l'école des Peres*. Elle a été refusée. Il l'a fait imprimer & en a envoyé un exemplaire à Mlle. *Fannier*, où il oppose son suffrage favorable à tous ceux de l'aréopage comique. Cette piece avoit déjà été lue au *Musée*, & il faut convenir qu'elle y avoit, malgré les dispositions favorables des spectateurs, paru très-foible.

4 *Octobre*. Le procès du sieur *Loguin* a été jugé aujourd'hui. Faute de preuves suffisantes, il est condamné à garder prison pendant un an que doit durer le plus amplement informé contre lui & contre la Dlle. Dargent, qui sera transférée à l'hôpital où elle restera durant ce même espace de temps.

Le jockai & le domestique de M. l'Espinasse ont été élargis & déchargés de l'accusation.

4 *Octobre*. Extrait d'une lettre de la Haye, du 29 septembre... Il vient de nous arriver un charlatan de votre pays, qui nous fait beaucoup rire par l'importance qu'il donne à sa petite personne.

F 6

Il se nomme *la Blancherie* ; il s'intitule fastueusement *agent-général de correspondance pour les sciences & les arts* ; il dit qu'il dirige un établissement fondé à cet effet à Paris, comme chef-lieu de cette correspondance, & qu'il la dirige *gratuitement* ; qu'il est aux ordres du public de tous les pays, pour tous les objets relatifs aux sciences & aux arts ; qu'il séjournera chez nous pendant un mois, & qu'il recevra toutes les demandes qui lui seront faites pour la France de la part des citoyens de la république des Provinces-Unies, pourvu qu'elles soient *franches de port* ; il les recevra en françois, en latin, en hollandois, en grec, dans telle langue que ce soit.

Ce merveilleux étranger nous promet en outre un *Prospectus* contenant les divers détails de son établissement cosmopolite, si recommandable par l'intérêt que l'on a de connoître ou faire connoître promptement les productions des sciences & des arts, ou ce qui peut contribuer à leurs progrès ; ainsi que par ses rapports de bienfaisance envers les personnes de tous les pays susceptibles d'acquérir ou d'exercer des talents.

Enfin, il assure que depuis sept ans que cette institution prend sa consistance, elle a paru remplir parfaitement son objet. Pour nous en convaincre, il nous a enfin tiré la *botte secrete*, qui est son journal, sous le titre de *nouvelles de la république des lettres & arts*.

Quoique nous soyons accoutumés à ces fanfarons littéraires, nous avons d'abord cru que celui-ci, prodige d'érudition & de connoissances, étoit membre de quelque académie. Il se trouve qu'il n'est d'aucune : nous avons imaginé qu'au moins il savoit les langues ; il a été vérifié qu'il n'en parloit aucune étrangere, qu'il n'en entendoit aucune, & parloit assez mal la sienne; nous lui avons demandé quels ouvrages il avoit composés : il nous a administré je ne sais quelle mauvaise relation d'un voyage qu'il a fait aux isles; échantillon de ses feuilles seches & insipides... Nous doutons qu'il rapporte beaucoup de commissions en France, & sur-tout de celles qu'il désire pour dédommagement de sa gratuité, c'est-à-dire, beaucoup de souscriptions.

5 *Octobre*. On ne fait que parler de la faillite du prince de Guimené. On lui a expédié des lettres de surséance pour trois mois, dans l'espérance que durant ce temps on arrangeroit ses affaires en évitant les frais qui absorbent ordinairement le plus clair de ces sortes de directions. On ignore encore si l'affaire sera portée au parlement ou au conseil. On prétend qu'il y a jusqu'à trois mille créanciers. Beaucoup de gens de lettres sont du nombre, messieurs Rousseau, Thomas, Desessarts, Roger, l'abbé Delisle : il y a quantité de domestiques qui avoient aussi placé là leur petit pécule.

5 *Octobre*. L'auteur de *Zoraï*, la tragédie nouvelle, dont la premiere représentation a été différée jusqu'à aujourd'hui, est un débutant nommé *Marinier*, de Cette en Languedoc. C'est une tragédie, à ce que disent les acteurs, de pure invention, où tout est créé, noms, actions, circonstances. C'est une opposition frappante & continuelle entre les mœurs Angloises & Françoises, entre le génie des deux gouvernements, dont les Zélandois veulent adopter l'un ou l'autre. Ils en balancent sur le rapport de deux de leurs con-

citoyens qu'ils ont députés chez ces peuples, les vices & la bonté respective.

- 6 *Octobre*. *Zoraï*, jouée hier, est en effet une tragédie dont le sujet, entiérement feint, consiste dans un assemblage monstrueux d'écarts, d'invraisemblances, de situations romanesques. Ce qui montre le défaut de jugement de l'auteur, c'est qu'il fait prêcher le despotisme par le député envoyé en Angleterre, qui naturellement auroit dû en rapporter un esprit de liberté outrée d'indépendance effrénée ; mais le but du poëte étoit de rendre nos ennemis odieux, d'en décrier les mœurs & le gouvernement, n'importe par quel moyen. Au contraire, il s'étoit proposé d'exhalter le gouvernement monarchique, parce qu'il est censé tel en France. De-là des fadeurs dégoûtantes pour le roi, pour les ministres, pour la nation, pour les femmes : tous ces détails ont produit des explosions vives & fréquentes, une frénésie d'applaudissements qui sembloient devoir causer le succès le plus brillant de la piece. Mais le fonds est si vicieux, si vuide, si dénué d'action ; la versification en est si seche, si prosaïque, si ampoulée, si mauvaise ; le style si peu françois, si barbare, que l'auteur a eu le bon esprit, du moins de sentir que l'enthousiasme, occasionné sur-tout par la présence de la reine, ne pouvoit durer, & a pris le parti de la retirer sur le champ.

Il y a deux ou trois allusions relatives à M. *Necker*, qui ont produit aussi une très-forte sensation.

7 *Octobre*. M. *Suard* sentant l'état précaire où il se trouvoit, a cherché à se retourner d'une autre maniere. Il a fait entendre au ministre

ayant le département de l'opéra, que depuis que les acteurs en avoient eux-mêmes le régime, cette république étoit devenue un tripot, où le goût & les principes de l'art se perdoient absolument; qu'il étoit essentiel qu'il ôtât au comité la partie du jugement des ouvrages, sur-tout des poëmes; qu'il se le réservât pour lui seul ou pour ceux qu'il voudroit bien consulter.

Ces insinuations auprès de M. Amelot, à qui l'on ne faisoit envisager que le bien de la chose, ont produit leur effet, & le comité de l'opéra vient d'être averti par une lettre ministérielle, que les réceptions des pieces qu'ils ont faites, seront regardées comme non-avenues, ainsi que le rang donné aux auteurs pour être joués.

En outre M. Suard, qui vraisemblablement aura cette direction avec le sieur Moret, l'homme de confiance de M. de la Ferté, a déterminé le ministre à faire droit en ce qui le concerne sur les réclamations des acteurs, & à le faire payer, soit par le roi, soit sur les menus.

Les auteurs, avertis du nouvel arrangement, en murmurent beaucoup, ainsi que les auteurs, & les uns & les autres se proposent de faire des représentations au ministre, & de lui faire voir qu'on a surpris sa religion.

8 *Octobre*. Par une suite du despotisme introduit à l'opéra, on vient de retirer les deux actes *du Feu* & d'*Apollon* & *Daphné*, quoiqu'ils n'eussent pas rendu moins de deux mille livres : & l'on vient de remettre *Colinette à la Cour*, qui a été plusieurs fois à six cents livres.

On conserve cependant l'acte d'*Ariane dans l'isle de Naxos*.

8 *Octobre*. Les comédiens Italiens donnent au-

jourd'hui la premiere représentation de *Tibère*, parodie de *Tibere & serenus*, en deux actes, en prose & en vaudevilles. Elle est d'un jeune débutant à ce théâtre, qui se nomme M. Red, & qui s'est cependant déjà exercé aux boulevarts.

8 *Octobre*. Depuis le retour du comte de Grasse en cette capitale, où il réside toujours & commence à se montrer avec assez d'impudence, on a cherché à le mortifier par de nouveaux calembours. On connoît le nouvel ornement de col appellé *Jeannette*, qui n'est autre chose qu'une croix d'or ou de diamant, ou de perle. Autrefois ces Jeannettes étoient enrichies d'un cœur qui se rejoignoit au col, & servoit de coulant ; on n'en met plus, & l'on appelle ces Jeannettes sans cœur, des *Jeannettes à la Grasse*.

9 *Octobre*. La parodie de Tibere n'est autre chose que l'action de la tragédie, dont l'auteur a conservé les personnages qu'il a travestis en bouffons assez tristes, assez bas, & n'indiquant presque jamais par des plaisanteries heureuses les défauts de l'ouvrage parodié : à trois ou quatre endroits près d'une critique fine & gaie, tout le reste est très-plat, & l'on doit admirer l'indulgence du parterre, qui a cependant écouté jusqu'au bout cette longue & ennuyeuse facétie.

Les airs n'étoient pas mal choisis & faisoient souvent épigramme plus que les paroles.

9 *Octobre*. On a des nouvelles plus positives de la mort de M. Duhamel du Monceau, arrivée à la campagne le 23 août. Il avoit quatre-vingt-deux ans. Il étoit inspecteur-général de la marine, & membre de l'académie des sciences pour la botanique depuis 1718.

Il avoit eu l'oreille de M. Rouillé pendant son

ministere, & l'on peut le regarder comme le fondateur de l'académie de marine.

10 *Octobre*. Extrait d'une lettre du camp de Saint-Roch, du 10 septembre... Ce n'est pas le cheval de bois qui cette fois a pris Troyes, c'est Troyes qui a brûlé le cheval de bois. Nous sommes depuis ce temps-là sans danger, mais sans honneur. Nous passons le temps dans l'inaction & dans l'ennui. Les princes vouloient quitter: le roi d'Espagne les a fait inviter de rester au moins jusqu'au combat naval auquel on s'attend, non pour s'embarquer, mais pour animer les combattants de leurs regards, s'ils peuvent en être apperçus dans le lointain.

M. le duc de Crillon fait bonne contenance, il croit toujours à ses merveilles. Il sait qu'avec de la foi on peut transporter les montagnes, & est fermement persuadé que tôt ou tard les murs de Gibraltar, comme ceux de Jéricho, tomberont au bruit de ses trompettes guerrieres.

11 *Octobre*. Toute la famille des Rohan est dans la désolation de la banqueroute du prince de Guiméné, sur-tout le maréchal prince de Soubise, qui ne dort ni ne mange depuis cette fatale annonce. On a déjà arrêté le sieur Marchand, intendant du prince de Guiméné, & le sieur Denuel, courtier de change & entremetteur des emprunts du prince. On a, dit-on, mis les scellés chez son notaire; & enfin le sieur Pinon, autre notaire, impliqué dans ces négociations ténébreuses & usuraires, convaincu lui-même de bénéfices énormes exigés, a été obligé par sa compagnie de se défaire de sa charge, & de la vendre sur le champ.

Il est très-vrai qu'il y a un arrêt du conseil

donnant main-levée de toutes les oppositions faites, défendant toute pourfuite pendant trois mois, même tous actes confervatoires.

On évalue le total des rentes viageres que doit le prince banqueroutier à deux millions foixante-dix-huit mille livres. Dans cette fomme font comprifes beaucoup de penfions qu'il faifoit à des muficiens, des chanteurs, des comédiens; car ce magnifique feigneur avoit un concert, une comédie, & tout ce qui peut contribuer à ruiner plus promptement.

On ne croit pas que Mad. la princeffe de Guimené puiffe refter gouvernante des enfants de France, entachée d'un pareil déshonneur. La reine feroit affez difpofée à la remercier; cependant le roi y répugne par égard pour Mad. de *Marfan*.

12 *Octobre*. La querelle de M. de Saint-Ange avec les comédiens devient une affaire grave, qui intéreffe la littérature & principalement les auteurs dramatiques. En conféquence, il faut configner ici au long les faits dont l'auteur rend compte.

Sa comédie eft une piece en trois actes & en vers, ayant pour tire *l'Ecole des Peres*: elle fut achevée à la fin de 1779, & cependant l'auteur ne put parvenir à la faire infcrire pour être lue qu'au mois de juin 1781. De cette époque au jour de la lecture il s'eft écoulé un an & plus.

Au comité où fe fit la lecture, il n'y avoit ni les fieurs *Préville*, *Molé*, *Brifard*, *de la Rive*, ni les Dlles. *Sainval*, *Raucour*, *Thenard*, *Veftris*.

L'auteur n'eut pour lui que deux voix, celles de mefdemoifelles *Fannier* & *Doligny*. La voix de Mlle. Doligny pouvoit être intéreffée, ayant un rôle dans la piece ; mais il n'y en avoit aucun pour la premiere. Il eut deux autres voix à correction. Celles des Dlles. la *Chaffaigne* & *Comtat*.

M. de Saint-Ange ne diffimule pas qu'il eft un jeune homme n'ayant pour toute fortune que quelques difpofitions aux talents de l'efprit. Il a pris le parti de foumettre fa piece au jugement du public ; en la faifant imprimer & en obtenant les fuffrages des connoiffeurs, il a efpéré faire peut-être rougir les comédiens qui reçoivent tous les jours tant d'ouvrages qui font fifflés, d'avoir dédaigné celui-ci.

Il eft certain qu'en lifant la comédie de M. de Saint-Ange, on eft étonné que les acteurs fe foient rendus fi difficiles ; que, malgré fes défauts, confidérée comme effai, elle en vaut vingt autres reçues, jouées & applaudies. La verfification fur-tout eft d'un poëte qui fait écrire, & n'eft fans doute que trop brillante pour le ftyle familier de la comédie.

M. de Saint-Ange eft connu par une traduction des métamorphofes d'Ovide eftimée, & où il s'annonce par un talent marqué.

12 *Octobre*. M. Patte, architecte du duc régnant des Deux-Ponts, & qui aime à fe diftinguer par des paradoxes hardis, ainfi qu'on l'a pu juger d'après fon agreffion contre M. *Soufflot*, attaque aujourd'hui le ciment de M. *d'Etienne*. Il prétend deux chofes : l'une, qu'il eft le même que celui de M. *Loriot* ; la feconde, que la maniere dont il l'emploie, qui en conftitue la feule différence, eft la plus mauvaife, & tend néceffairement à donner moins de folidité à fes ouvrages.

12 *Octobre*. Jeudi dernier, la chambre des vacations a confirmé à-peu-près la fentence du

châtelet dans l'affaire du sieur *Loquin*. L'arrêt est le même quant à son égard ; & pour la demoiselle Dargent, la prison est plus honnête : ce n'est point à l'hôpital qu'elle doit résider, c'est à Saint-Eloi.

En outre, les médecins & chirurgiens du châtelet sont interdits pour un certain temps à raison de vices dans leurs procès-verbaux, qui proviennent ou d'ignorance, ou de faveur pour les accusés, & dans tous les cas méritent punition.

13 *Octobre*. Extrait d'une lettre de Toulouse, du premier octobre... En entendant le récit que je vais vous faire, vous allez croire être encore aux siecles de l'ignorance, de la barbarie & du fanatisme.

Vous ne savez peut-être pas que cette ville possede, ou croit posséder le corps de Saint Thomas-d'Aquin, & en est toute glorieuse. L'infant duc de Parme depuis 1779 désiroit avoir dans ses états une relique de ce Saint. A force de persévérance, ce souverain vient d'obtenir enfin l'objet de ses désirs.

Notre archevêque, prié par son altesse royale, autorisé par un rescrit du pape, & muni de *l'exequatur* du parlement, se rendit hier trente septembre aux dominicains pour faire l'extraction.

Après une foule de cérémonies, qui faisoient bâiller & rire tour-à-tour, le prélat, qui passe pour n'être pas fort croyant, les dominicains, à qui le pape *Urbain V*, par sa bulle *Alma Mater*, du 31 août 1368, a donné le corps de Saint Thomas-d'Aquin en propriété, consentirent à effectuer leur promesse, c'est-à-dire, à accorder à l'infant duc de Parme un os du Saint.

Les clefs du coffre où sont renfermées ces reliques ne s'étant pas trouvées, on a eu recours à un ferrurier, & l'on y trouva *ving-trois* os des plus grands & principaux du corps humain, fuivant l'explication qu'en donnerent les médecins & chirurgiens confultés.

Monfeigneur prit enfuite un os du coude, le fit voir à l'affemblée innombrable des curieux, & avec ce fourire fin que vous lui connoiffez, le remit au pere Dufour, l'un des religieux, revêtu des pouvoirs pour exécuter la commiffion de l'infant.

Celui-ci reçut la relique, non fans rire auffi, dans une piece de taffetas couleur de feu, & l'enferma dans un fac de velours de même couleur, garni de plufieurs cordons de foie, que l'on fcella des fceaux de l'archevêque & de la ville. Enfuite, le tout fut reçu dans une boîte de bois de fenteur, également fcellée. La cérémonie finit fuivant l'ufage par une proceffion, & le pere Dufour doit partir inceffamment pour la préfenter lui-même à Parme, à fon alteffe royale, qui foupire après ce tréfor, au nom des prieurs & couvent des dominicains de Touloufe.

En 1438, le roi de Caftille & de Léon avoit défiré une pareille extraction, & il n'y en avoit pas eu d'autre depuis. En conféquence on s'eft conformé en tout au procès verbal de cette époque.

14 *Octobre*. Extrait d'une lettre d'Amfterdam, du 7 octobre... La cour de juftice de Hollande a écrit le 16 feptembre une lettre aux états de Hollande, pour fe plaindre de la licence que fe permettent quelques auteurs politiques dans les brochures du jour. Il feroit fâcheux que l'on prît une réfolution plus févere à cet égard. Ces écrivains téméraires, par le coupable abus d'une

juste liberté, n'ont déjà que trop causé d'entraves de temps à autre à l'exercice des droits inhérents en cette partie à la constitution républicaine.

14 Octobre. La tendre amitié dont la reine honore madame la duchesse de Polignac, se porte jusque sur la fille, Mad. la duchesse de Guiche, qui vient d'accoucher à 14 ans & un mois. Le jour où elle étoit dans les douleurs, S. M. y vint le matin; elle y revint l'après-dînée, & resta jusque bien avant dans la nuit pour attendre que la jeune femme fût absolument délivrée. Depuis ce temps, il n'est pas de jour que la reine ne se donne la peine de venir voir l'accouchée.

15 Octobre. M. le *duc de Nivernois*, veuf depuis quelque temps, vient d'épouser Mad. la comtesse de Rochefort, aussi veuve, *Brancas* en son nom. C'étoit une passion ancienne, une liaison plus spirituelle que physique. On peut se rappeller les jolis vers qui parurent il y a quelques années d'une dame envoyant de ses cheveux blancs à son amant, & la réponse de celui-ci : voilà *les masques*. Ainsi l'on peut juger de la sagesse de cette union sacramentale, très-pareille pour la naissance, le rang l'âge & les goûts.

M. le duc de Nivernois avoit une telle attention pour Mad. la comtesse de Rochefort avant ce mariage, qu'il ne passoit pas un seul jour sans la voir. Elle demeuroit auprès de lui au Luxembourg : lorsque le devoir obligeoit ce seigneur de se rendre à Versailles, il ne manquoit pas d'aller prendre avant les ordres de sa souveraine.

16 Octobre. Les suites du fameux procès de M. le chevalier de Rutlidge, dont il se promettoit les plus heureux succès, lui ont été très-funestes. Non-seulement il l'a perdu avant les vacances; mais ayant été condamné aux dépens, dommages & intérêts, son adversaire, le notaire de Herain, pour se venger des outrages qu'il en avoit reçus dans ses factums, a usé de la contrainte par corps que donne cette action de rigueur, & l'a fait mettre à l'hôtel de la Force, où il restera long-temps, si les entrailles de cet ennemi ne s'émeuvent, ou si quelque personne charitable ne vient à son secours.

16 Octobre. L'arrêt du conseil qui suspend toute poursuite de la part des créanciers du prince de Guimené, est du 28 septembre. Il est motivé sur la connoissance que le roi veut prendre d'une affaire qui concerne une maison & des personnages dont les services sont singuliérement méritans de sa majesté & de l'état. Son objet doit être d'empêcher que les frais ne nuisent également aux intérêts du débiteur & des créanciers. Tous les revenus connus du premier doivent être mis en séquestre chez le sieur *Boulard* notaire.

C'est Me. Boudeau, procureur au châtelet, très-estimé & très-connu pour son intelligence & son esprit conciliant, qui est chargé de débrouiller ce chaos.

Le prince de Soubise continue à être dans la douleur & dans le deuil. Il alloit autrefois à l'opéra régulièrement chaque fois qu'on y jouoit: depuis ce fatal événement, il s'est abstenu de s'y montrer.

17 Octobre. Le sieur *Mollé* avoit depuis sept à huit ans dans son porte-feuille une comédie que l'auteur lui avoit confiée, & dont sans doute cet auteur ne faisoit pas grand cas. Quoi qu'il en soit, il vient de l'en tirer; il l'a fait recevoir de ses camarades, & on la doit jouer incessamment. Son premier titre portoit : *Les Contre-temps.* Il y substitue aujourd'hui celui des *Amants généreux.* Elle est en cinq actes & en prose.

On ajoute que ce cadeau est venu de Marseille ; qu'aux répétitions le cinquieme acte ayant paru défectueux, c'est le sieur Molé qui a pris sur lui de le corriger, parce qu'il auroit été trop long d'en écrire à l'auteur & de lui demander son avis. La premiere représentation est pour le lundi, 21 de ce mois.

18 *Octobre.* On prétend aujourd'hui que la tragédie de Zoraï étoit une tentative du parti de M. Necker pour exciter une fermentation en sa faveur, & qu'un ministre qui lui a obligation de son élévation, mécontent de celui des finances, auroit voulu ramener son ami à cette place.

Quoi qu'il en soit, il faut que la cour ait été bien mécontente de cette tragédie, puisqu'il est venu un ordre de ne la pas jouer une seconde fois ; ordre qu'avoit prévenu l'auteur, qui avoit été instruit sans doute par son protecteur de ce qui devoit arriver. Le roi sur-tout, malgré toutes les fadeurs qui lui sont prodiguées dans cette piece, en a été indigné ; sur le compte qui lui en a été rendu, a senti l'indécence qui en résultoit par l'affectation de dégrader le gouvernement Anglois. En conséquence, S. M. a déclaré qu'elle ne vouloit point qu'on traitât au théâtre trop directement ces matieres politiques, & a fait enjoindre aux censeurs d'être plus séveres & plus circonspects sur ces matieres.

19 *Octobre. Madame* & madame *la comtesse d'Artois* ont été voir ces jours-ci chez M. *Vernet* les quatre tableaux que ce célebre peintre de marine étoit chargé de faire pour le prince des Asturies,

&

& qui, étant finis, étoient sur le point de partir avant de pouvoir être offerts aux regards du public. Ces princesses n'ont point été rebutées par l'incommodité du local, par la petitesse & la roideur de l'escalier ; leur goût pour les arts leur a fait surmonter ces difficultés qui auroient effrayé la délicatesse de nos riches bourgeoises. Elles ont paru en être bien dédommagées par le plaisir qu'elles ont eu & qu'elles ont témoigné à l'auteur en lui prodiguant de fréquents applaudissements. Les meilleurs qu'il recevra sans doute sont ceux du prince Espagnol, qui paie ces quatre tableaux cent mille francs. Eh ! que les artistes se plaignent ensuite qu'on n'estime pas leurs talents, qu'on ne le paie pas assez !

Les princesses profitant de leur séjour à Paris ou aux environs pour satisfaire leur curiosité, se sont aussi transportées chez M. Girardot, banquier associé de M. Haller & de M. Necker, qui emploie une partie de ses richesses à se former un cabinet de tableaux très-précieux, & qui occasionne sa seule dépense.

Ce banquier philosophe, imitant M. Helvetius, se retire pour vaquer plus librement à la jouissance des arts, & se contente d'environ quatre millions, de bien qu'il a.

19 *Octobre*. Mlle. Rosalie de Saint-Evreux est une très-jeune débutante à la comédie italienne dans les rôles de soubrette ; à une figure charmante, elle joint un jeu fin & piquant dont les amateurs sont enchantés ; & l'on ne désespere pas de voir renaître le talent de Mlle. Dangeville, si elle cultive le sien & s'applique à son métier avec la constance qu'il exige. Un anonyme lui ayant adressé des vers à ce sujet, elle y a répondu par

d'autres, du moins ils portent son nom : il seroit à souhaiter qu'ils fussent d'elle, & la muse nouvelle de la comédie italienne vaudroit celle du théâtre lyrique, connue depuis quelques mois sous le nom de Mlle. Aurore.

10 *Octobre*. La restauration du palais beaucoup plus longue qu'on ne l'avoit annoncée, malgré les contre-temps qu'elle a éprouvés, commence à prendre forme. Elle attire les amateurs ; on y considere déjà des morceaux de sculpture qui y font décoration. Tel est un sujet allégorique exécuté en bas-relief au dessus de l'entrée de la salle Merciere. A la grande salle du palais, s'offre d'abord le médaillon de Louis XVI, couronné d'oliviers ; ce qui désigne la paix rendue à ses sujets par le rétablissement du parlement. Il est placé sur un bouclier ou égide, qu'on suppose celle de Minerve, symbole de la sagesse du jeune monarque, guidé par son mentor le comte de Maurepas. Des guirlandes de lauriers tiennent ce médaillon suspendu à un faisceau, attribut de la force, emblême relatif à la réunion des cours souveraines qui forment la base de l'état par le maintien des loix. Ce sujet, quoique confus & alambiqué, a de la noblesse & du génie. L'exécution est de M. le Comte, sculpteur connu, sous les ordres de M. Desmaisons, architecte.

D'un côté est l'éloquence, & de l'autre l'étude des loix ou la jurisprudence, personnages de nouvelle création, peu heureux.

20 *Octobre*. La faculté de médecine a pris, on ne sait pourquoi, Saint-Luc pour son patron, & en conséquence on célebre la fête par une messe solemnelle qu'elle fait chanter à Saint-Etienne-du-Mont, sa paroisse. Le curé de cette église

avoit déjà prononcé la derniere fois à cette occasion, devant la scientifique assemblée, un discours
latin, dont les docteurs avoient été très-contents;
il en a prononcé un autre cette année qu'elle n'a
pas moins goûté, & qui étoit une suite du pré-
cédent, où il avoit prouvé combien la religion
est nécessaire à un médecin. Dans celui-ci il
expose combien la religion a toujours distingué
la médecine suivant ce proverbe du sage : *honora
Medicum propter necessitatem*, par les éloges, les
prérogatives, les honneurs qu'elle lui a décernés.

La faculté, par l'organe de M. Philip, son
doyen, a témoigné sa satisfaction & sa reconnoissance à ce pasteur ; elle l'a conjuré de vouloir
bien se rendre à ses instances, & lui communiquer enfin sa premiere harangue, ainsi que celle-ci,
pour être inscrites dans ses registres.

21 *Octobre*. Extrait d'une lettre d'Amiens, du 19
octobre. Notre académie ne s'occupe pas simplement
de vers & de prose ; elle se livre à des objets plus
utiles & plus importants. Elle a eu l'idée de profiter
des instructions établies dans la capitale de la France
par M. le lieutenant de police, qui y a institué une
école de meunerie & de boulangerie, dont les
lumieres doivent se répandre dans toutes les provinces. M. l'abbé Reynard, professeur de physique
au college de cette ville & membre de l'académie,
voyant avec regret que les plus beaux bleds ne
donnoient ici qu'un pain de médiocre qualité,
a lu à la rentrée publique de cette année un
mémoire sur cet objet. Il a excité le zele de
M. Dagay notre intendant, & son confrere ; &,
sur les sollicitations de celui-ci, le gouvernement
nous a envoyé messieurs Parmentier & Cadet de
Vaux, les grands apôtres de la nouvelle doctrine.

Ils ont trouvé que la boulangerie & sur-tout la mouture étoient encore ici dans l'enfance, comme il y a deux siecles ; qu'on n'y connoissoit que la mouture rustique ; mouture qui ne donne que les deux tiers de farine, tandis que par la mouture économique on en obtient les trois quarts ; que le boulanger n'employoit que de la levure ; quelle vice de construction des fours consommoit un tiers de bois en pure perte, objet d'autant plus à considérer en Picardie, que cette production y devient de jour en jour plus rare. En conséquence le cours s'est ouvert le lundi 7 de ce mois, sous la présidence de M. Dagay, qui, pour frapper la multitude, a fait un petit discours sur cet établissement, & exalté la bienfaisance du gouvernement.

L'assemblée étoit brillante, & toutes les séances l'ont été de même. L'évêque, l'intendant, le corps municipal, l'académie, se sont fait un devoir d'y assister, & trois ou quatre cents spectateurs venoient écouter réguliérement les professeurs économistes.

M. l'évêque a voulu que les jeunes ecclésiastiques destinés à occuper des cures dans le diocese, vinssent aussi faire cette étude, plus utile que toutes les spéculations théologiques ; & ce n'étoit pas un spectacle peu comique que de voir toutes ces jacquettes noires, blanchies par les habits farineux des meuniers & des boulangers. Il a cru qu'ils devoient devenir les dépositaires de vérités usuelles, intéressant aussi essentiellement le peuple des campagnes ; qu'un pasteur instruit sur le choix & la préparation des semences, pouvoit écarter beaucoup de fléaux, qui ne sont que la suite de l'ignorance & du peu de prévoyance du cultivateur.

On craignoit que les boulangers d'Amiens & ceux que M. l'intendant avoit mandés des diverses subdélégation, entêtés comme le font ordinairement ces artisans grossiers & stupides, ne vouluffent pas s'écarter de leur routine. Heureusement, les instructions lumineuses de messieurs Parmentier & Cadet de Vaux les ont convaincus : ils ont senti qu'en boulangerie l'économie marche avec la perfection ; en sorte que les préjugés ont cédé à l'intérêt, &, le cours terminé, ils ont été en corps en témoigner leur reconnoissance à monsieur Dagay.

La circonstance de ce cours est d'autant plus intéressante, qu'il y a cette année une quantité considérable de bleds germés en Picardie ; qu'il importoit de tranquilliser la province sur l'usage de ce bled, & d'indiquer les moyens à employer pour en obtenir de bon pain ; procédé qui doit être fixé par un sieur Brocq, régisseur de la boulangerie des Invalides & d'autres hôpitaux. Sa manutention va être ainsi constatée aux yeux d'une province entiere, & M. l'évêque, M. l'intendant, ainsi que l'académie, ne manqueront pas de donner la publicité convenable aux expériences & à leur réussite.

Le cours de meunerie & de boulangerie sera renouvellé périodiquement comme le cours classique, & M. l'Apostolle, démonstrateur de chymie, & membre de notre académie, en est chargé.

22 Octobre. Aujourd'hui on doit donner, au théâtre italien, la premiere représentation de *Tom-Jones à Londres*, comédie nouvelle en cinq actes & en vers. Elle est d'un M. Desforges, comédien de province, qui passe pour le fils du docteur

Petit, & en est très-digne par son esprit & ses talents.

22 *Octobre*. Le bruit couroit ces jours-ci que le duc de Fitz-James étoit obligé de faire banqueroute, suite des pertes énormes qu'il avoit faites au jeu par les escroqueries des principaux joueurs dont on a parlé, & qui ont été punis sur les plaintes que Mad. la duchesse de Fitz-James, dame du palais de la reine, en a portées à S. M. Il est à espérer que la maniere dont ils ont été traités, effraiera leurs semblables. Le sieur Hazon, comme le plus coupable sans doute, quoiqu'appartenant à une famille très-honnête, & ayant de ses parents du même nom au service, est banni de Paris & envoyé à Issoudun, avec injonction de se représenter tous les quinze jours au lieutenant de la maréchaussée, qui lui délivrera une attestation de sa comparution.

Le sieur Vamballe, Liégeois d'origine, quoique marié ici, a dû être conduit aux confins du royaume par la maréchaussée, avec défense d'y rentrer.

Le baron de Vigé a reçu ordre aussi de sortir de France.

23 *Octobre*. Depuis cent ans environ, il est d'usage que l'académie des sciences & l'académie des belles-lettres réunies, entendent le jour de Saint-Louis le panégyrique de ce héros chrétien dans l'église de l'oratoire. Sans doute il est difficile de rajeunir un pareil sujet, d'autant mieux que l'académie françoise depuis la même époque en entend aussi un chaque année dans la chapelle du Louvre : quel a dû être l'étonnement des deux premieres académies au discours de l'abbé de Boulogne, qui avoit entrepris la même tâche, lorsqu'elles

ont été frappées des beautés neuves & soutenues dont il est rempli.

Dès le début de la plus grande magnificence, l'abbé de Gua de Malves, adjoint vétéran de l'académie des sciences, s'imaginant que le prédicateur l'avoit pris sur un ton trop élevé, s'écria : *voilà un sot* ; mais à la fin du discours, il dit: *C'est moi qui suis un sot*.

Vers le milieu de la premiere partie, M. le comte de Tressan, de la même académie, subjugué par son enthousiasme, ne put s'empêcher de battre des mains comme au théâtre, & la plupart de ses confreres l'ayant imité, le public les suivit. Enfin M. d'Alembert, plus froid, plus inébranlable pendant quelque temps, ne put résister à l'impulsion victorieuse de l'orateur.

L'habitude où l'on est de ne voir que des panégyriques médiocres sur une matiere aussi rebattue, écarte ordinairement de cette assemblée les grands littérateurs, en sorte qu'il n'y a guere que les académiciens obligés d'y assister, les amis de l'auteur & des séminaristes, des moines, des dévotes & des oisifs, n'ayant rien de mieux à faire. Lorsque l'on sut la sensation extraordinaire qu'avoit produit l'abbé de Boulogne, on ne pouvoit le croire. Il étoit, il est vrai, déjà connu avantageusement par son éloge du dauphin ; mais quelle différence de sujet ; les critiques difficiles ne pouvoient s'empêcher d'imaginer que ces louanges étoient exagérées. D'après les conseils des juges les plus séveres, l'auteur vient de faire imprimer son discours, & il se distribue d'avant-hier.

Il faut convenir qu'à la lecture même, il justifie les applaudissements des deux savantes compagnies devant lesquelles il a été prononcé. C'est la force de *Boſſuet*, c'eſt l'onction de *Fénélon*. L'auteur a eu l'art d'y fondre la vie entiere de Saint Louis, & de ces faits communs à tous ceux qui l'ont précédé ; par la façon de les préparer, de les placer, de les enchaîner, il en a fait fortir un éloge de ce prince ſi clair, ſi lumineux, ſi vrai, qu'on ſemble l'avoir méconnu juſqu'à préſent, & ne lui avoit pas encore aſſigné la place qu'il mérite, au-deſſus des plus grands rois de la monarchie françoiſe. Du reſte, des morceaux de force, des digreſſions touchantes le varient merveilleuſement, & ne laiſſent jamais l'ame du lecteur en repos. Mais le chef-d'œuvre du talent de l'auteur, c'eſt d'avoir accordé la religion avec la philoſophie, la morale avec la politique, & d'avoir ainſi réuni tous les ſuffrages.

Le ſtyle eſt ſain, ſimple, noble, ferme & ſans maniere.

23 *Octobre*. Madame la princeſſe de Guimené s'eſt trouvée par l'examen avoir participé beaucoup à la banqueroute de ſon mari, avoir fait même des infamies dans ſa place. Elle touchoit l'argent pour payer les fourniſſeurs de ſon département ; elle gardoit cet argent & leur donnoit des contrats de rentes viageres. Il n'a pas été poſſible de lui conſerver ſa place, & elle a été forcée de donner ſa démiſſion. Elle s'eſt retirée dans une petite terre du côté de Pontoiſe.

Quant au prince de Guimené, c'eſt pour ſe ſouſtraire aux premieres clameurs de ſes créanciers qu'il avoit fait courir le bruit de ſon abſence & de ſon ſéjour en Italie. Il n'étoit point ſorti de France & s'étoit retiré à Navarre, où il eſt encore retenu par un ordre du roi.

Un nouvel arrêt du conſeil ordonne à tous ſe

créanciers de rapporter tous leurs titres, & de faire des déclarations de la nature de leurs créances, des sommes qu'ils ont fournies, &c.

On ne fait point encore quelle sera la suite de la déroute pour la maison de Rohan, on ne doute pas qu'elle ne perde la charge de grand-chambellan qui est en vente, & dont M. le duc de Montmorency offre déjà, dit-on, 1,600,000 liv.

On rapporte de M. le grand-aumônier un propos qui mériteroit bien de lui faire perdre sa place aussi. Il semble tirer gloire de l'énormité de la banqueroute de son frere : il dit *qu'il n'y a qu'un roi ou un Rohan qui puisse faire une pareille banqueroute.* En effet, les rois de Sardaigne, de Suede, de Danemarck, de Pologne, de Naples ne pourroient l'imiter.

23 *Octobre*. Le sieur de Beaumarchais, depuis la mort du comte de Maurepas, trouvant sans doute des obstacles pour faire jouer la suite de son *Barbier de Séville*, très-libre & très-ordurière, à ce qu'on assure, a voulu en donner un avant-goût au public. Il en a détaché une romance intitulée la *Romance du Petit-Page*, sur un air ancien très-tendre ; & elle fait fortune. Tout le monde la chante à la Muette, & la reine elle-même, la trouvant charmante, a daigné l'apprendre & la répete souvent.

23 *Octobre*. *Tom-Jones* joué hier n'est point une comédie, mais un drame, ou plutôt ce sont les deux derniers volumes du roman de ce nom mis en action, avec la différence que celui-ci est très-intéressant, & que le drame nouveau est fort-long & fort ennuyeux. L'auteur a voulu conserver la vérité des caracteres, & n'a pas senti que plusieurs

étoient trop outrés, trop ridicules, trop bas pour la scene. Du reste, il paroît n'avoir aucune connoissance du théâtre; il est sans imagination & sans ressources. Tous les moyens de son intrigue consistent dans des lettres qui circulent en foule, & ont singuliérement déplu au public. Les mécontentements de celui-ci ont été plus marqués dans les deux premiers actes. De bons traits de morale, quoique rebattus, un rôle assez noble, quoique froid & inutile, quelques vers heureux, au milieu d'une foule de très mauvais, ont prolongé l'existence de la piece, & lui ont même valu des applaudissements au point qu'à la fin on a demandé l'auteur d'assez bonne foi.

Le sieur Raymond, l'un des acteurs, est venu déclarer qu'incertain de son sort très-équivoque au commencement de la représentation, l'auteur avoit disparu.

Il y a quatorze rôles dans cette piece où brillent le sieur Granger, Mad. Dugazon, & quelques autres. Mais il y en a de pitoyables, & le sieur Roziere principalement n'a pas peu contribué à mécontenter le parterre.

24 Octobre. On ne sait point encore qui remplace Mad. la princesse de Guimené. On dit que Mad. de Marsan a offert de reprendre ses fonctions; mais qu'elle n'a pas été agréée. On dit que la place a été offerte à madame la duchesse de Polignac, qui refuse pour ne pas s'éloigner de la personne de la reine, & pouvoir toujours lui faire sa cour assidument. Madame la princesse de Chimay, dame d'honneur de la reine, & Mad. la duchesse de Mailly, dame d'atours, sont sur les rangs.

24 Octobre. La gazette d'Utrecht est arrêtée

depuis le quinze septembre. On a cru d'abord que ce n'étoit qu'une simple suspension, comme il arrive quelquefois au courier de l'Europe; mais un avis adressé aux souscripteurs de venir retirer leur argent, a fait connoître que c'étoit une proscription décidée. On est fâché de cette suppression d'une feuille qui amusoit les oisifs par son bavardage, sa gaieté & sa malignité. On a cru d'abord que la digression sur la mort de l'évêque d'Angers (M. de Grasse), qu'on y traitoit de prélat *libinideux*, & dont on révéloit les amours & même les impudicités, en étoit cause; mais on assure aujourd'hui que c'est pour s'être exprimé d'une façon indécente sur le comte d'Artois, en le peignant s'amusant plus de fêtes, de spectacles & de galanteries, que des exercices de la guerre; critique d'autant plus déplacée & plus injuste, que rien n'obligeoit son altesse royale à s'arracher aux plaisirs & à la mollesse de son palais, si elle n'eût eu la noble envie de marcher sur les traces des héros de sa race.

24 Octobre. La piece des *Amants Espagnols*, jouée hier, n'est qu'une mauvaise pastiche du Barbier de Séville. L'auteur, enthousiasmé de cette farce sans doute, a cherché à imiter jusqu'aux plaisanteries, aux tournures & au style du sieur de Beaumarchais. Mais n'ayant pas les mêmes ressources du côté de la gaieté & de la méchanceté, du côté de la nouveauté du genre & de l'à-propos des circonstances & des allusions, tombé comme son héros, il ne se relevera pas de même. De mémoire d'homme, on n'avoit vu de comédie aussi constamment huée depuis le commencement jusqu'à la fin, & sans la présence de la reine qui les contenoit sans doute, les acteurs humiliés

de cette difgrace qui rejailliffoit fur eux, fe feroient retirés dès le troifieme acte, où les brouhaha & les fifflets fe fônt manifeftés au plus haut degré. Les feuls traits bien reçus étoient ceux dont on pouvoit faire une application maligne à l'infipidité de cette étrange production. On a entr'autres applaudi à tout rompre des divers coins de la falle, ce mot que dit au dernier acte un des perfonnages : *nous avons paffé une cruelle foirée.*

L'auteur eft un M. Boja, rédacteur des petites affiches de Marfeille. Le fieur Molé, qui le repréfentoit, & avoit adopté l'ouvrage par fes corrections, outré d'une auffi mauvaife réception, n'a point voulu fe rendre à l'improbation générale. *Les malheureux*, s'écrioit-il dans fa loge, en fortant de la fcene, *les malheureux* ne connoiffent pas cet ouvrage, & n'ont pas voulu le connoître.

25 *Octobre*. Les partifans de la gazette d'Utrecht travaillent à faire lever la profcription, & efperent réuffir en répendant quelque argent. Mais les négociations font longues, & ils ne comptent guere la voir reparoître avant le premier janvier 1783.

25 *Octobre*. Extrait d'une lettre de Libourne, du 19 octobre.... Le régiment du roi cavalerie, dont M. le vicomte de Noailles eft colonel, vient en quartier ici. Il arrive d'Auch, où il réfidoit avant : M. de Noailles n'a point voulu quitter fon régiment qu'il ne fût rendu & cantonné dans cette ville. Comme il y avoit beaucoup de malades, il a eu l'humanité rare & ingénieufe, par des fourriers détachés à propos, de faire en forte qu'il fe trouvât du bouillon & des rafraîchiffements tout difpofés pour eux au lieu

du séjour, & il a préféré de les amener ainsi à les laisser dans un hôpital où ils seroient mal soignés, n'ayant plus de chefs qui veillassent à leur conservation.

M. le vicomte de Noailles, observateur sévere de l'ordre & de la discipline, ne veut pas que des officiers de son régiment jouent la comédie; il regarde ces distractions comme capables de diminuer & énerver l'esprit militaire. Mais comme en même temps il faut remédier aux vices qu'entraîne l'oisiveté, il a institué pour son régiment un *club*, où les officiers trouveront tous les papiers publics, tous les journaux, tous les livres nouveaux concernant leur métier. En outre, il y aura des maîtres fondés de géographie, de dessin, de mathématiques, des langues angloise, allemande, &c. Cela procurera un sort à plusieurs officiers de fortune en état de professer ces différentes études.

Nous attendons ici M. l'abbé *Robin*, l'aumônier du régiment, homme de lettres, que M. le vicomte de Noailles s'est particuliérement attaché, & très en état d'arranger la formation du club, d'en faire les réglements & d'y présider. Il est déjà connu par une brochure *sur les initiations*, ouvrage où, à l'occasion de la maçonnerie, il fait des recherches savantes & agréables relatives à ces sortes d'assemblées & de fêtes secretes des anciens. Il vient de publier tout récemment, *Nouveau voyage dans l'Amérique septentrionale*, en 1781. C'est la relation circonstanciée de ce qu'il a vu & de ce qui s'est passé durant son séjour en ce pays, où il étoit aumônier du régiment de Soissonnois, dont M. le vicomte de Noailles étoit alors colonel en second. Vous jugez que cet aumônier n'est pas de la trempe de tous ces moines & prêtres libertins, ignorants, crapuleux, déshonorant & avilissant leur état.

26 *Octobre*. Avant le commencement des vacances, la faculté de médecine n'a pu se dispenser de faire droit sur la demande du docteur *Deslon*. Elle a tenu sa troisieme assemblée à son sujet; mais, instruits par l'exemple du docteur Préval, elle a voulu prendre toutes les précautions capables de la garantir des tracasseries d'un procès: en conséquence, sans priver l'accusé de ses fonctions honoraires, sportes, jetons, elle lui a seulement interdit l'entrée à ses assemblées pendant deux ans, pour lui donner le temps de venir à résipiscence, sauf à procéder alors définitivement contre lui, en cas qu'il persiste dans ses sentimens, & la conduite que lui reproche son corps.

Le docteur Deslon avoit annoncé qu'il vouloit comparoir devant ses confreres, plaider sa cause & se défendre de la maniere la plus vigoureuse; mais soit qu'il ait été intimidé par ses juges, soit politique, soit impuissance, il n'a rien dit, & a subi modestement son jugement. Il a eu depuis peu une nouvelle humiliation : le docteur Mesmer, dont il étoit l'apôtre & est devenu le martyr, a écrit une lettre à la faculté, qui a été lue en pleine assemblée, où il le renie pour son défenseur, prétendant qu'il entend mal sa doctrine, & est incapable d'en faire l'application.

27 *Octobre*. Il paroît décidé que ce sera madame la duchesse de Polignac qui sera gouvernante des enfans de France. On ajoute que la survivance de capitaine-commandant des Gendarmes de la garde qu'avoit M. de Guimené, lui est ôtée aussi, & est donnée à M. le duc de Polignac

27 *Octobre*. On assure que M. le prince de Soubise étoit chargé d'une lettre du prince de Guimené pour le roi, qu'il l'a présentée à S. M. ; mais que sans la lire elle l'a jetée au feu, en disant : je n'en veux pas écouter davantage ; dites-lui qu'il ne se flatte pas de reparoître devant moi, que ses dettes ne soient payées.

27 *Octobre*. Extrait d'une lettre de Saint-Germain-en-Laye, du 26 octobre.... Il y avoit ici un comte de la Merville, chevalier de Saint-Louis, ancien militaire, qui s'étoit jeté depuis quelque temps dans les intrigues de cour, s'annonçoit pour avoir des projets de finance excellents, avoit obtenu la protection du maréchal de Noailles, faisoit courir le bruit qu'il alloit être contrôleur-général, avoit même déjà reçu des visites de félicitation, & avoit en conséquence trouvé des dupes qui lui avoient prêté de l'argent, on dit environ 30,000 liv. Mais sa marmite vient d'être renversée par un ordre du roi qui lui enjoint de s'éloigner indéfiniment & sans lui assigner aucun lieu d'exil ; il lui est seulement défendu d'approcher de la cour, & prescrit de s'en tenir au moins à 10 lieues de distance.

28 *Octobre*. L'infatigable M. de la Blancherie ne cesse d'essayer à faire parler de lui & de son établissement de toutes les manieres, dans tous les journaux & à tous les instants. C'est aujourd'hui dans le courier de l'Europe du 18 de ce mois, qu'il nous donne un extrait de la feuille de correspondance du 15 août, où il étale avec emphase la recette, la dépense & la balance de son journal. Le tout, pour plus d'éclaircissement, est encore accompagné de notes.

Il compte actuellement 94 *protecteurs*, dont un à double contribution, le cardinal prince de Rohan, suivant la magnificence ordinaire de la maison. Un protecteur contribue de 4 louis par an.

Il y a en outre les *associés*, au nombre de 56, qui donnent chacun 2 louis.

La troisieme classe est celle des *souscripteurs* de la feuille qui coûte un louis. M. de la Blancherie en compte, tant à Paris qu'en province, en Europe & dans le monde entier, 163.

De toutes ces sommes il résulte environ 150,000 l. de recette, & il paroît que la dépense étant moindre, il y aura quelques centaines de pistoles à distribuer aux artistes qu'on voudra encourager.

On voit, de son propre aveu, que son établissement chéri est encore bien dans l'enfance. Comment, après ce qui est arrivé à la société libre d'émulation, ayant un but décidé, infiniment plus accrédité, pourroit-il se flatter de conserver son existence éphémère ?

29 Octobre. Comme il arrive fréquemment, Tom-Jones, assez mal accueilli à la premiere représentation, au moyen de quelques changements, du meilleur jeu des acteurs, & du renfort de troupes auxiliaires envoyées par l'auteur au parterre, est monté aux nues à la seconde représentation. Monsieur Desforges, dans son enthousiasme, a adressé à la troupe italienne le quatrain suivant.

> Quels prodiges naissent de l'art,
> Quand on sait le porter à ce degré sublime !
> Jones, malgré ma muse, eût pu rester bâtard ;
> Votre jeu vient de faire un enfant légitime.

Ces idées & ces images de bâtardises ont singulièrement frappé dans ce M. Desforges, dont la philosophie le met sans doute au-dessus des préjugés, qui d'ailleurs a un pere putatif, puisqu'il est censé fils du Desforges faïancier & le mari de sa mere.

30 *Octobre*. L'aventure du prétendu comte de la Merville ayant fait beaucoup d'éclat, on a recherché sa naissance, sa vie & tout ce qui est relatif à ce personnage devenu fameux.

Il se nomme Heurtaud, il a encore son pere, gentilhomme, ou au moins vivant noblement dans une terre en Normandie, qui se nomme la Merville, & qu'a, de sa grace, érigée en comté son fils. Celui-ci a d'abord servi dans les gardes; mais s'y étant dérangé & n'ayant plus assez de fortune pour s'y soutenir, il en est sorti & est entré dans la marine. Il étoit durant la derniere guerre enseigne de vaisseau sur celui de M. d'Achée, lors de son expédition dans l'Inde : durant un combat, s'étant trouvé hors de son poste aux batteries de l'entrepont, & même caché dans le four, à ce qu'assurent ses contemporains, le général lui fit arracher son habit d'officier, le débarqua à son retour à l'Isle-de-France, lui défendit de jamais reparoître à bord, & de se qualifier officier de la marine.

M. de la Merville, qui dès ce temps avoit une tête à projets, étoit encore à la paix à l'Isle-de-France : il y fit des spéculations sur le commerce de l'Inde, séduisit quelques habitants crédules, leur mangea de l'argent, fut actionné en justice pour le rendre, & eut des procès désagréables. Afin de se soustraire à ces poursuites, il fut obligé de repasser en France. La secte des économistes commençoit à fleurir ; il s'y agrégea, & fit des mémoires en conséquence.

Malgré sa fâcheuse aventure de la marine, monsieur Ogier, dont il étoit parent par sa femme lui fit obtenir la croix de Saint-Louis, & cette décoration lui valut un mariage avec une Dlle. très-bien née, nommée Vandeigre, qui lui apporta du bien. Il ne tarda pas à se monter sur un grand ton avec la dot de sa femme, à faire figure & à tout manger de nouveau.

Rentré dans la misere, M. de la Merville s'est retiré à Saint-Germain-en-Laye, & est revenu aux spéculations économiques. Il a profité de son séjour dans cette ville pour s'impatroniser chez le maréchal duc de Noailles, qui l'a goûté & l'a introduit à la cour.

Dans les circonstances critiques où la France se trouvoit, le philosophe économiste avoit beau jeu pour se faire écouter. Cependant il n'a commencé à faire bruit que depuis la disgrace de M. Necker. Il a eu assez de crédit pour obtenir des conférences dans le cabinet du roi avec sa majesté même, qui parut goûter ses mémoires, & lui ordonna de les lui laisser. Les choses restant dans cet état de stagnation, son ambition ne s'est pas trouvée satisfaite; il a cherché les moyens de produire une forte explosion, & de forcer en quelque sorte le monarque à se décider en sa faveur par la clameur publique. Il n'en a pas vu de meilleur que de communiquer son plan aux ministres, aux grands seigneurs; il a obtenu le suffrage de plusieurs, & entr'autres du comte de Vergennes.

La publicité donnée aux mémoires du comte de la Merville a alarmé M. de Fleury, qui est allé au roi, & lui a représenté le danger de laisser prendre consistance à cet intrigant, ce qui ne pouvoit que jeter de l'incertitude sur ses opérations de finances & ébranler le crédit public. Sa majesté, irritée que M. de la Merville eût révélé les entretiens secrets qu'elle lui avoit accordés, a senti la justice des représentations de M. de Fleury, & lui a permis de prendre les précautions qu'il croiroit nécessaires pour arrêter la cabale qui commençoit à se former pour M. de la Merville. Ce ministre n'a pas trouvé de meilleur moyen & de plus doux en même temps, que de l'empêcher d'approcher de la cour, dont il avoit séduit beaucoup de gens par ses belles promesses.

Le système de M. de la Merville, au surplus, n'a rien de neuf en lui-même, puisqu'il propose uniquement de supprimer les impôts de toute espece, les entrées & autres droits, & de réduire tous les revenus du roi à une certaine portion qu'il préleveroit sur les revenus des terres & des maisons.

30 *Octobre*. En exécution de l'arrêt du conseil du 12 octobre 1782, qu'on a annoncé, les créanciers de messieurs les princes de Rohan & de Guimené ont été invités par des placards affichés ces jours-ci, à porter les titres de leurs créances chez M. Boulard, le notaire séquestre.

Ces placards, qui manifestent plus authentiquement la faillite d'un prince de la maison de Rohan, affligent encore plus vivement le maréchal prince de Soubise. Il continue à être dans le deuil & à ne point paroître à la cour. Comme gouverneur de la Muette, Madrid & bois de Boulogne, il avoit été obligé de s'y établir durant le séjour de la cour, & sa fonction auroit été d'y rester ; mais depuis cette fatale catastrophe, il a supplié le roi de trouver bon qu'il s'en absentât.

31 *Octobre*. Un jeune Bordelois, nommé Garat, fils d'un avocat du même nom, & neveu du Garat homme de lettres qui s'est établi à Paris, y est venu trouver son oncle. Il est doué de l'organe le

plus beau & le plus merveilleux, & s'est flatté en conséquence avec raison de se produire ici avec succès. Sans savoir une note de musique, il contrefait, à s'y tromper, toutes les voix des acteurs & des actrices, tous les instruments d'un orchestre, & à lui seul il exécute successivement un opéra entier. Les premiers compositeurs de cette capitale, MM. Piccini, Sacchini, Gretry, Philidor, ne pouvoient croire à ce prodige, & s'en sont convaincus par leurs propres oreilles. Ce talent unique l'a bientôt faufilé parmi les actrices célebres, les filles du grand ton de cette capitale, & c'est à qui l'aura. Il n'a que dix-huit ans; il n'est point mal de figure, & en outre passe pour être doué d'une vigueur à toute épreuve auprès du sexe. C'est aujourd'hui Mad. Dugazon qui s'en est emparée. Ceux qui s'intéressent à lui sont fâchés qu'il s'énerve de la sorte. Quoi qu'il en soit, avant qu'il ait perdu sa voix & son talent, ce qui ne manquera pas de lui arriver bientôt, on voudroit le faire paroître à la cour, & il est grandement question d'engager la reine à l'entendre.

31 *Octobre*. M. le duc de Chartres est enfin parti pour l'Italie avec MM. de Genlis & le duc de Fitz-James; c'est bien la moindre chose qu'il devoit à ce dernier qu'il a ruiné au jeu, ou du moins dont il a eu les meilleures dépouilles.

C'est l'abbé Beaudeau qui a sa confiance actuellement, & qu'il a vraisemblablement chargé de veiller à la suite de ses bâtiments. Cet abbé Beaudeau est un des principaux instigateurs de l'expulsion du sieur Seguins, le trésorier, & il l'a fait même très-durement, car il ne lui a pas laissé plus de 24 heures pour sortir des petites écuries du duc de Chartre où il logeoit : il a fait aussi expulser un commis qui lui déplaisoit, quoiqu'il n'y eût aucun grief à articuler contre lui. On ne fait s'il prendra le titré de tréforier; mais il préfide aux dépenfes.

 1 *Novembre* 1782. Il paroît toujours, lors des affemblées du clergé, quelque pamphlet propre à réveiller le zele de noffeigneurs : on parle de deux du même genre très-piquants, très-fatiriques & très-recherchés par conféquent. L'un a pour titre : *Lettres fecretes fur l'état actuel de la religion & du clergé de France, à* M. *le marquis de... ancien meftre-de-camp de cavalerie, retiré dans fes terres* : l'autre *Remontrances des curés congruiftes de Provence & de Dauphiné*.

 1 *Novembre*. On affure que madame la ducheffe de Polignac n'aura foin que de M. le dauphin ; que la reine fe charge de Mad. royale, ainfi qu'elle s'en étoit expliquée, il y un an, à la princeffe de Guimené, lors de la naiffance du jeune prince. Deux fous-gouvernantes refteront près de la princeffe fous l'infpection de S. M. & en cas de maladie ou d'abfence, c'eft Mad. Adélaïde qui doit fuppléer la reine dans cette fonction. Déjà l'on prépare l'appartement de Mad. Sophie, attenant celui de Mad. Adélaïde, pour y loger Mad. royale.

 2 *Novembre*. M. l'abbé Royou étoit depuis quelque temps le propriétaire en titre, du *Journal de Monfieur*, qui lui avoit coûté 4,000 liv. Il commençoit à le monter : il compte aujourd'hui 300 foufcripteurs, & il fe flattoit d'en annoncer d'autres par fes extraits piquants; mais un échec qu'il vient d'éprouver, retarde fes progrès & va détruire fes efpérances. Meffieurs de l'académie françoife, mécontents du compte que le journalifte a rendu de la féance de la Saint-Louis, & des farcafmes lancés fur quelques-uns d'entre eux, ont trouvé accès auprès du prince par l'entremife de M. Ducis, l'un d'eux, &

secrétaire des commandements de S. A. R. Ils lui ont peint l'abbé Royou comme un satirique effréné, comme un chien enragé; ils ont même attaqué ses mœurs; en sorte que le prince a été indigné qu'on abusât de son nom pour répandre un libelle périodique. La veille de la Toussaint, M. le comte de la Châtre, premier gentilhomme de la chambre de service auprès de *Monsieur*, est venu de sa part intimer une défense à l'abbé Royou d'intituler son journal, *Journal de Monsieur*. Celui-ci a cherché à se justifier, a prié M. de la Châtre de vouloir bien interposer ses bons offices auprès de S. A. R. en sa faveur; ce qu'il lui a promis, mais sans lui laisser entrevoir beaucoup d'espérance de réussir.

2 *Novembre.* Extrait d'une lettre de Besançon.... J'ai vu cet automne, Mad. Jacquet de la Douai, la femme de ce malheureux dont il a été question il y a un an. Elle est revenue de Paris, où elle étoit allée pour solliciter en faveur de son mari, dès qu'elle en apprit la catastrophe; mais toutes ses démarches ont été inutiles. Elle vit, dans la médiocrité & les larmes, à un petit bien de campagne qu'elle a auprès de Lons-le-Saunier, avec une fille très-jolie. La mere est fort aimée & fort estimée: elle est bien née, fille du greffier en chef du parlement de Dombes, ayant apporté du bien que son fol époux a mangé. Tout le monde la plaint. Quant au sieur Jacquet, le bruit de la province est, qu'il a été condamné par une commission secrete à la peine de mort qu'il méritoit; mais qu'elle a été commuée en une prison perpétuelle.

J'ai vu aussi le frere de cet autre fou, qui nous a fait faire cette belle équipée à Gibraltar. Ce M. Darçon est lieutenant-général du bailliage de

Lons-le-Saunier, & gémit de l'étourderie de son frere l'ingénieur.

3 *Novembre*. Les *Lettres secretes sur l'état actuel du clergé, &c.* paroissent anciennes ; elles sont datées de 1751 ; elles sont au nombre de 4. Leur but est de réveiller le zele pour la maison du seigneur éteint dans tous les cœurs. Afin de mieux réussir, ou du moins afin de se faire lire, l'auteur a pris le ton léger & caustique du persiflage.

Dans la premiere, qui n'est proprement qu'une introduction, il déplore l'abandon & le décri de la discipline, même dans l'enfance, pour laquelle on a imaginé des éléments de séduction, jusque durant le carême, où, tandis que les chaires retentissent de gémissements & d'anathêmes, toutes les sources de la volupté restent ouvertes. Après cette peinture vive & énergique, il s'en prend aux chefs de l'église qui en abandonnent les intérêts, qui végetent dans l'inaction & la mollesse ; aux orateurs chrétiens devenus tolérants, n'étant plus que les foibles échos de ces tonnerres qui portoient le trouble & l'effroi dans les cœurs. Il en vient enfin à l'objet spécial de son ouvrage, à ce nouveau genre d'épiscopat qui embrasse le régime économique & politique d'un diocese, & qui fait qualifier celui qui l'exerce d'*évêque administrateur*.

On définit dans la seconde lettre, ce que c'est qu'un *évêque administrateur*, sorte de *métis*, moitié sacré, moitié profane, qui, sous la livrée sainte, exerce un apostolat philosophique, dont l'objet est de purger la France de toutes les erreurs du gouvernement, dont le principe est que le bonheur public est la *véritable*, la *seule* religion d'un état. Ce n'est donc pas l'homme de Dieu, le successeur des Ambroise & des Chrysostôme ; c'est un *Jockey* ministéciel, un ressort secondaire qui s'engraine dans le rouage politique, & n'a de zele que pour l'*empirisme civil*, qu'on peut appeller l'épidémie du temps.

La troisieme lettre contient plus de détails sur les chefs & principaux agents de cette métamorphose. L'archevêque de Toulouse est le premier qui ait embrassé ouvertement le nouvel apostolat. M. Necker par l'établissement de quelques assemblées provinciales où président les évêques, les avoit sur-tout animés de l'espoir d'être ses coopérateurs ; il s'est évanoui avec lui. Les prélats administrateurs se retournent d'une autre maniere ; les erreurs fiscales renaissant de toutes parts, vont fournir matiere à leur ferveur politique.

M. Champion de Cicé, ci-devant évêque de Rhodès, aujourd'hui archevêque de Bordeaux, figure ici après M. de Brienne. L'abbé de Vermont y est représenté comme un des promoteurs du dernier par ses intrigues auprès de la reine. Ce qui donne lieu de développer l'anecdote de l'élévation momentanée de l'archevêque de Toulouse au siege de la capitale, & amene un éloge de M. de Juigné, que la sagesse du monarque a préféré.

On parle encore d'un certain abbé Cornu de Baliviere, qu'on peint comme un joueur du salon de Marly, où il se fait admirer par la rapidité de ses combinaisons, la supériorité de ses chances, l'audace de ses paris ; de l'abbé d'Espagnac, ivre de paradoxes & de galanteries, vif, présomptueux, disciple de l'abbé Delisle, échauffant les têtes de toutes les femmes, affichant ce qu'on appelle *les grandes mœurs*, c'est-à-dire, le mépris de l'opinion & des préjugés, récompensé en conséquence d'une bonne abbaye.

Dans

Dans la quatrieme & derniere lettre, on regarde l'état du clergé comme désespéré, sur-tout depuis l'assemblée de 1780, qui pouvoit opérer tant de bien & n'a rien produit. On trouve la cause de tant de maux dans le mauvais choix des ministres de la feuille, à commencer depuis l'évêque d'Orléans. Suit un portrait du cardinal de la Roche-Aymon, son successeur, & une sortie violente contre M. de Marbœuf, & l'abbé de Fremont, son secretaire.

Ce pamphlet, à raison de ces portraits satiriques, & sur-tout de celui de M. l'évêque d'Autun, est fort rare, & a occasionné quelque détention, légere cependant & pour la forme.

3 *Novembre.* MM. *Piis & Barré*, se sont réconciliés avec les comédiens Italiens qui doivent jouer incessamment deux de leurs pieces, une comédie en un acte & en vers, intitulée *le Mariage in extremis*, & *L'oiseau perdu & retrouvé*, opéra comique en un acte & en vaudevilles. La premiere a été refusée unanimement des François, & passe pour détestable; la seconde avoit d'abord pour titre, *la Coupe des foins*; mais on leur a fait sentir combien ce titre étoit vague, & prêtoit d'ailleurs aux quolibets de toute espece. On dit qu'il y a de jolies choses.

4 *Novembre.* Le sieur le Quesne, ce marchand de soie qui, depuis plusieurs années, au lieu d'étoffes dans sa boutique, n'offroit que les journaux de M. Linguet, s'est débarrassé enfin de toutes ces paperasses. Il n'a pu tenir aux plaintes continuelles d'une foule de souscripteurs qui venoient redemander leur argent. Il déclare avoir rendu ses comptes au journaliste, & renvoie ceux qui s'adressent encore à lui, à M. Linguet le frere.

Quant au fameux proscrit, on convient chez

M. le Quesne, qu'il n'est plus à Paris ; que ne pouvant tenir à l'état de défiance & de soupçon où il vivoit depuis sa sortie de la Bastille, il a pris le parti de s'en aller sourdement de France, sans passe-port, & de renoncer pour jamais à sa patrie.

Il est d'abord passé à Bruxelles pour terminer les affaires qu'il pouvoit avoir dans cette ville, où il avoit établi sa résidence. De-là il s'est transporté à Geneve & a voulu s'y faire naturaliser. Mais cette république se trouvant actuellement tout-à-fait sous l'influence & la dépendance même de la France qui y tient encore des troupes, les chefs n'ont osé adopter un fugitif qui avoit déplu au gouvernement. M. Linguet s'est retourné du côté des *représentants*, en trop foible crédit pour le recevoir, mais ils sont convenus de le faire comprendre dans la colonie des Genevois qui a proposé à l'Irlande de s'y établir. En conséquence, M. Linguet y est déjà & attend l'effet de la négociation.

4 Novembre. M. Guerin, marquis de Lugeac, lieutenant-général des armées du roi, vient de mourir à sa terre du Coudrai. C'étoit un brave militaire, mais un commandant trop dur. Il avoit eu l'honneur d'être à la tête des grenadiers à cheval & s'en étoit fait détester pour des infamies qu'ils lui avoient reprochées dans des mémoires publics.

4 Novembre. Extrait d'une lettre de Besançon, du 28 octobre.... Le 24 septembre, le comte de Vaux a reçu un courier extraordinaire qui lui a apporté des lettres de cachet pour tous messieurs, portant ordre de se rendre au palais le 15 octobre à 7 heures du matin.

Ce jour, toutes les chambres assemblées, le comte de Vaux est entré, & a notifié à la compagnie une défense de délibérer sur aucun objet.

Il a ensuite fait transcrire un nouvel édit qui casse les deux arrêtés du parlement. On assure qu'il y avoit pendant ce temps un paquet sur le bureau, intitulé *six Lettres en blanc*, & que ces lettres étoient pour ceux qui auroient proposé de délibérer; ce que la compagnie ne pouvoit pas faire dans le moment.

Après la lecture publique, il a fait distribuer à chacun de messieurs une nouvelle lettre de cachet, portant défense non-seulement de rester au palais dès l'instant de la remise de la lettre, mais encore d'y rentrer avant la Saint-Martin. Le pere du jeune conseiller qui fit un jour un esclandre chez un médecin, est sorti le premier assez brusquement, & a été suivi avec précipitation de tout le monde; de maniere que le comte de Vaux est resté seul avec le premier président, chargé en effet de lui faire les honneurs.

On s'attend à des séances chaudes à la rentrée, car la compagnie paroît très-bien montée.

5 *Novembre.* Quoique les *remontrances des curés congruistes de Provence & de Dauphiné* ne soient que fictives, ces pasteurs du second ordre ne les désavoueront pas certainement. Elles sont datées du 31 juillet 1782, & adressées à nosseigneurs du parlement de Paris, à l'occasion de l'enrégistrement qu'il a fait de la déclaration du 19 mars 1782, qui défend aux curés en général de s'assembler. Comme cette défense paroît avoir été faite relativement aux démarches des curés de Provence & de Dauphiné, ce sont eux que l'auteur met en cause; & comme ils ne s'étoient réunis que pour demander l'augmentation de leurs portions congrues, on les appelle *congruistes*.

6 *Novembre.* Le *Mariage in extremis*, joué hier aux Italiens, est tiré des lettres du chevalier

d'Hev*** de Fontenelle. Le fonds en est singuliérement plat. Il s'agit d'un amant qui menace de se laisser mourir de faim, & persiste à refuser toute nourriture jusqu'à ce que sa maîtresse ait consenti à l'épouser. Le valet en fait autant vis-à-vis de la soubrette. Point d'autre intrigue. Le seul coup de théâtre qu'il y ait consiste en un secretaire où l'amant, dont le désespoir n'est que feint, a caché un pâté & du vin pour soutenir son abstinence dans la nuit; découverte faite par le notaire, lorsqu'il cherche du papier & de l'encre pour dresser à la hâte le contrat de mariage.

Cette fable, très-maussade sur la scene, est moins bête & moins absurde dans le roman, parce que la femme ne se rend qu'au moins après quatre jours de jeûne de l'amoureux. Du reste, le dialogue est rempli d'une infinité de platitudes, de jeux de mots, de quolibets du plus mauvais goût, & du ton le plus ignoble.

L'oiseau perdu & retrouvé, offre dans les premieres scenes quelques tableaux naturels, quelques détails agréables; mais le sujet trop foible & trop niais pour ne pas ennuyer à la fin, & d'ailleurs c'est toujours le même cercle dans lequel tournent les auteurs. Cependant le parterre a reçu avec beaucoup d'indulgence cette bagatelle, quoique la premiere piece eût dû l'indisposer. Pour juger de sa bonhommie & de sa complaisance, il suffit de citer le couplet suivant, qu'il a fait répéter deux fois: il est vrai qu'une moitié siffloit, lorsque l'autre applaudissoit.

AIR: *M. de Malbouroug est mort.*

Par le soleil brunie,
C'est ainsi que dans la prairie,
La petite Thalie
Vous cherche des tableaux.

Oubliez ses défauts,
Accueillez ses pinceaux.
Messieurs, votre présence,
Quand vous y joignez l'indulgence,
Lui met en abondance
Du foin dans ses sabots.

7 Novembre. Dans les *remontrances des curés*, très modérées, très-bien faites, on examine d'abord la nature de leurs assemblées, qui ne sont nullement dans le cas des assemblées illicites & défendues par les loix générales du royaume, qui ont toujours eu lieu pour régler en commun leurs affaires. On analyse ensuite les arrêts du conseil, rendus fréquemment dans certains cas particuliers, mais accordés uniquement à la faveur, aux importunités des évêques, & souvent dressés par eux. On fait voir que ce sont des injustices & non des loix.

La premiere loi rendue en cette matiere, suivant l'auteur, est la déclaration du 9 mars dernier, enrégistrée par le parlement de Paris ; il la discute, & prouve que si cette sage compagnie avoit eu le temps de l'examiner, elle en auroit découvert les vices, & n'eût pas adopté, comme une manutention des regles les plus anciennes, une législation toute nouvelle.

Il réfute l'objection cent fois répétée, que *les curés d'un diocese ne font pas corps*. Il établit leur droit naturel & civil à cet égard, contesté seulement par le haut clergé, dont l'entreprise constante est de faire disparoître tous les droits du second. De-là un détail de ses usurpations, soit en les privant de fait de celui de s'assembler, inhérent à la nature de leurs fonctions, soit en les excluant des assemblées du clergé, soit en leur interdisant le choix de leurs vicaires, soit en leur ôtant la faculté de déléguer leur pouvoir à tout prêtre du diocèse approuvé, soit enfin par la suppression des synodes.

L'orateur termine par exhorter nosseigneurs du parlement à mieux défendre les pasteurs opprimés par les évêques, en leur procurant une situation honnête, en portant leurs besoins au pied du trône, en obtenant une répartition plus équitable des biens ecclésiastiques, qui fasse disparoître la disproportion inouie qui met toute l'opulence d'un côté & presque l'indigence de l'autre.

7 *Novembre*. Depuis le mardi 19 octobre exclusivement, il n'y a pas eu d'opéra; ce qui n'a entraîné la cessation que de deux représentations le jour de la toussaint, où les spectacles vaquent nécessairement, tombant cette année un vendredi. On a employé ce temps à la prolongation du théâtre, & l'on a travaillé avec tant d'activité qu'on recommence à jouer demain. On donnera deux représentations extraordinaires pour dédommager les locataires des loges à l'année.

Des connoisseurs, qui ont vu la salle depuis son changement, craignent bien que le public n'en soit pas content.

8 *Novembre*. On ne cesse de s'entretenir du désastre de la maison de Rohan. On assure que Mad. la princesse de Marsan s'exécute, se met en couvent, & consacre la plus grande partie de ses revenus à soutenir l'honneur de sa maison, s'il est possible.

On découvre aussi chaque jour de nouvelles infamies du prince de Guimené. Depuis la guerre il avoit des recruteurs d'argent à Brest & dans tous les ports de Bretagne, pour séduire les pauvres matelots & autres marins revenant de la course ou ayant fait quelque bénéfice sur leurs pacotilles; ils les éblouiſſoient par l'apparence d'un placement avantageux; & accaparoient ainſi tout leur argent. On prétend qu'on a même fait paſſer des fonds en Bretagne pour appaiſer les premieres clameurs.

8 *Novembre.* M. l'abbé Royou ayant pu ſe faire entendre d'un prince trop judicieux pour le condamner irrévocablement, ſans avoir reçu la juſtification de l'accuſé, a détruit pleinement les imputations dont on le chargeoit, a prouvé qu'on avoit ſurpris la religion de S. A. R. par un faux expoſé, en tranſpoſant, en interpolant, en dénaturant les paſſages de ſes extraits. Les défenſes ſont levées en conſéquence, & le journal continue.

8 *Novembre.* L'éléphant de la ménagerie du roi eſt mort ſur la fin de ſeptembre dernier, âgé de onze ans. C'eſt une époque mémorable dans l'hiſtoire naturelle. L'académie des ſciences, qui malheureuſement étoit alors en vacance, n'a pu s'occuper auſſi promptement qu'elle l'auroit fait de l'examen de cet animal, dont l'eſpece eſt en général ſi admirable par une intelligence prodigieuſe, par une adreſſe ſinguliere & par des ſentiments multipliés d'attachement & de reconnoiſſance. Louis XVI aimoit beaucoup celui-ci.

9 *Novembre.* L'éléphant que vient de perdre la ménagerie étoit un de ceux vus à la foire, & avoit été acheté 3000 liv. pour le roi, il y a ſix à ſept ans. Il a péri par imprudence en voulant boire ou plutôt ſe baigner dans un des canaux du parc. En l'abſence de l'académie, il a été envoyé au jardin du roi. M. Daubenton le jeune, & M. Mertrud, démonſtrateur royal d'anatomie, ſe ſont empreſſés de prendre toutes les meſures néceſſaires pour fixer invariablement les points les plus importants de

l'histoire naturelle de l'éléphant, tant de parties extérieures qu'intérieures.

Le poids total a été évalué à près de cinq milliers; sa peau seule pesoit plus de 700 liv., & sa têté séparée environ 500 liv., quoiqu'elle ne fût pas chargée de grosses défenses, cet animal n'ayant guere que la moitié de son âge d'accroissement, fixé par M. de Buffon à trente ans: l'on se propose d'empailler la peau & de fixer avec art le volume, les formes & le site de toutes les parties de cet animal par une charpente de fer garnie & recouverte de la peau préparée, avec toutes les parties osseuses de la tête.

Cet événement rappelle la mort de l'éléphant de *Louis XIV* en 1681, dont la mort fut annoncée par un courier à l'académie des sciences, invitée à venir en faire la dissection: ce qui eut lieu dans le palais du roi & en présence de S. M.

On trouve l'histoire de cette célebre dissection dans les mémoires de l'académie des sciences.

10 *Novembre*. Tout le monde n'est pas content du changement fait à l'opéra. Il en résulte une augmentation de cinq loges de plus de chaque côté de l'avant-scene, d'une banquette à l'amphithéâtre & de deux rangs au parterre. On a prolongé de vingt-un pieds le mur du fond du théâtre par l'un de ses côtés; mais l'avant-scene se trouvant reculée ainsi, plusieurs loges anciennes s'en ressentent, deviennent presque nulles & les propriétaires se plaignent.

10 *Novembre*. On disoit ces jours-ci chez la maréchale de Luxembourg, que la banqueroute du prince de Guimené étoit une banqueroute de souverain: oui, s'écria-t-elle; mais il faut espérer que ce sera le dernier acte de souveraineté que fera la maison de Rohan.

Toute la haute nobleſſe en général n'eſt pas fâchée de cet événement, qui humilie les Rohan, dont les prétentions & la hauteur lui déplaiſoient infiniment.

11 *Novembre*. Les comédiens françois doivent jouer inceſſamment *les Amis rivaux*, petite piece nouvelle en un acte & en vers. Elle eſt de monſieur Forgeot, qui a déjà donné au théâtre italien, en 1780, une comédie intitulée *les deux Oncles*, attribuée mal à-propos à un baron d'Eſtate, & dont il s'avoue aujourd'hui le pere, quoique ſon nom n'ait pas encore été mis dans l'almanach des ſpectacles.

12 *Novembre. Relation de la ſéance publique de l'académie royale des inſcriptions & belles-lettres, tenue aujourd'hui par la rentrée d'après la Saint-Martin.*

On a d'abord fait l'annonce du prix que l'académie doit décerner à pâques 1784. Le ſujet eſt de déterminer *l'influence des loix maritimes des Rhodiens ſur la marine des Grecs & des Romains, & l'influence de la marine ſur la puiſſance de ces peuples.* On voit que cette queſtion eſt relative aux événements préſents, peut du moins en amener une ſuite d'autres qui, moins éloignés de notre temps, deviendront encore plus directs & plus ſenſibles.

Après cette annonce, M. Dupuy, le ſecretaire de la compagnie, a lu l'*éloge du comte de Maurepas*, de ſa compoſition. Faute de diligence, il avoit une tâche d'autant plus difficile à remplir, que le ſecretaire de l'académie des ſciences, qui l'avoit primé, a pour ce genre d'éloquence un talent infiniment ſupérieur, & qu'il avoit ſur-tout excellé en ce même ſujet. M. Dupuy s'eſt donc retranché à un ſimple hiſtorique des faits, & a évité autant qu'il a pu de développer ceux où avoit brillé son rival. Il s'est beaucoup étendu sur l'ancienneté de la famille des Phelypeaux, sur les différents chefs qui l'ont illustrée : digression peu susceptible de critique ou de philosophie, & qu'avoit par cette raison sans doute négligé le marquis de Condorcet. En louant le secretaire d'état au département de Paris, d'avoir fait fermer le trop fameux hôtel de Soissons, il n'a pas fait une peinture assez énergique de ce séjour d'horreurs, de cet enfer anticipé, dont nos maisons de jeu actuelles, nos tripots mesquins, quoique non moins funestes par leur multiplicité, ne sont qu'une foible émanation. Il a glissé sur le rappel du parlement, sur l'origine de la guerre présente, & a craint de s'expliquer trop ouvertement sur ces matieres délicates.

M. Dupuy craignoit moins la concurrence dans les détails relatifs à l'académie des belles-lettres ; apparemment que la vie de son héros lui en fournissoit peu. Il n'a parlé que de sa réception, & de la joie que le comte de Maurepas lui témoigna de se revoir dans son sein, lorsqu'il fut rappellé au ministere. Il n'a fait même aucune mention des petits ouvrages attribués à ce ministre, & qui, quoique par leur futilité peu analogues aux travaux de la compagnie, l'en rapprochoient cependant plus que quantité d'autres honoraires sans aucun talent ni mérite personnel.

Au reste, si le secretaire de l'académie des inscriptions ne pouvoit espérer de briller après celui de l'académie des sciences, il doit se féliciter du moins de s'être fait écouter encore, de n'avoir point ennuyé, d'avoir même paru court, & su-tout de ce que les connoisseurs ont trouvé cette fois moins de petitesse dans ses idées & plus de noblesse dans son style.

Cette lecture a été suivie de celle d'un mémoire de M. Dacier, intitulé : *Recherches sur l'usage observé en France, quand les rois ont acquis des fiefs dans la mouvance de leurs sujets.* L'auteur suit la trace de cet usage depuis la premiere réunion connue d'un arriere-fief à la couronne, jusqu'au regne de Louis XIV ; il fait voir combien la faculté indéfinie qu'avoient nos rois d'étendre leur domaine, & de devenir les vassaux de leurs propres sujets, a contribué à l'accroissement de leur prérogative & à la destruction de la puissance féodale, dont toutes les pertes tournoient au profit de l'autorité royale. Il falloit sans doute un aussi grand motif pour les déterminer dans les commencements aux actes humiliants qu'exigeoient ces acquisitions. Il est vrai que jamais ils n'ont rendu l'hommage eux-mêmes; mais ils envoyoient des représentants, porteurs de lettres d'excuse : celles-ci n'eurent lieu que dans le principe, & furent bientôt supprimées; mais la formalité est restée, soit de la maniere ci-dessus, soit par ceux auxquels ils les louoient, revendoient, concédoient, ou avec qui ils les échangeoient. De toute maniere leur but étoit rempli, & ils sont ainsi parvenus insensiblement à n'avoir plus de résistance à craindre contre leurs empiétements, & à rompre tout équilibre.

L'abbé Arnaud a lu ensuite un mémoire sur *les inscriptions & leur utilité.* Il a commencé par faire connoître les hommes, qui se livrerent les premiers à la recherche des monuments de l'antiquité; de-là il a passé aux monuments mêmes; il a exposé tous les avantages que la littérature a retirés de l'étude des inscriptions. Pour mieux faire valoir son travail

& jeter plus de mouvement & de chaleur dans une discussion aussi froide, cet académicien, naturellement charlatan, a supposé que bien des gens donnoient la préférence aux médailles sur celles-ci. De-là un vaste & long développement du mérite supérieur des inscriptions, que personne ne conteste, mais qui amene le point capital & secret où il en vouloit venir. Il propose, vu leur importance & la nécessité de les défendre contre les injures du temps, ainsi que les médailles, de choisir un lieu où on les rassembleroit sous l'inspection d'une compagnie savante; & l'on sent que ce ne peut guere être que l'académie des belles-lettres. On ne sait si cette insinuation a été concertée avec le ministere; mais au cas où l'établissement se formeroit, sans doute l'auteur du projet ne seroit pas oublié & y seroit avantageusement colloqué. Quoi qu'il en soit, il est très-digne d'y présider par sa connoissance des langues, par son activité, par son intelligence & son industrie.

L'abbé Arnaud a terminé son mémoire par un morceau sur l'érudition, où après avoir parlé de l'usage qu'on doit en faire, il l'a vengée du mépris où depuis quelque temps on semble avoir pris à tâche de la faire tomber.

Après cette lecture, M. Déformeaux a fait celle de son cinquieme *mémoire sur la Noblesse Françoise.* Il s'est attaché dans cette dissertation à faire connoître l'état de cet ordre illustre, son pouvoir & son influence sous le regne de Saint-Louis. Il a représenté ce prince supérieur à son siecle, luttant presque toujours contre les préjugés & les abus, cherchant à substituer à des coutumes barbares & absurdes, une législation simple, fixe & équitable, protégeant les droits de la noblesse contre les prétentions du clergé & les droits de celui-ci contre celles de la noblesse, & empêchant sur-tout ces deux ordres de tourmenter & d'opprimer le peuple. Il prouve enfin, que le vœu le plus ardent de ce bon roi & le but de sa politique, étoient le bonheur du peuple, qu'il regardoit comme la portion de ses sujets la plus nombreuse, la plus pauvre & la plus utile.

Le savant académicien s'accorde si fort dans sa maniere de penser sur le compte de Saint Louis avec le panégyriste dernier de ce roi, l'abbé de Boulogne, que son mémoire ne semble qu'un commentaire du magnifique éloge de l'orateur chrétien en cette partie; & ce concert qui n'est surement pas arrangé, ne fait que donner plus de relief aux sublimes beautés de ce discours, par la véracité de l'histoire qui doit en faire la base.

La séance a été terminée par la déclamation de la huitieme *Néméenne* de Pindare pour Dinias, fils de Megès, vainqueur à la course de Stade, que M. de Vauvilliers a traduite en prose. Ces odes tiroient leur nom des jeux Néméens, institués en l'honneur d'Hercule, vinqueur du fameux lion de la forêt de Némée. On a entendu avec plaisir la traduction de l'académicien, qui a parfaitement bien saisi le genre de son auteur. On y a trouvé de la force, de la noblesse, du sentiment, & moins de ces écarts extravagants qu'on reproche au poëte Grec. Quoique l'heure de la clôture de l'assemblée eût sonné avant la fin de cette lecture, par une indulgence rare, le président a permis à M. de Vauvilliers de continuer jusqu'au bout; mais il n'a pu faire part au public de ses notes & de son commentaire sur cette *Néméenne*.

12 *Novembre*. En ce temps de guerre on sent plus que jamais la nécessité d'augmenter en France,

par tous les moyens possibles, la récolte du salpêtre, qui fait la base de la poudre à canon ; sa rareté oblige les salpêtriers de redoubler les fouilles déjà très-gênantes qu'ils sont autorisés de faire chez les particuliers ; vexations dont la bienfaisance du roi voudroit délivrer ses sujets.

En conséquence, dès 1775 l'académie des sciences avoit été autorisée de proposer un prix de 4000 l. sur cet objet. Il devoit être proclamé à la séance publique de pâques 1778.

Les mémoires adressés à ce premier concours & qui étoient en très-grand nombre, firent connoître que le délai accepté étoit trop court relativement à l'importance du sujet & à la nature des expériences qu'il exigeoit, & le prix trop modique, pour dédommager les concurrents des dépenses nécessaires, afin de remplir complétement les intentions du gouvernement.

L'académie différa donc la proclamation du prix, & en fixa l'époque à la Saint-Martin 1782. En même temps elle fit des représentations à S. M. qui voulut bien en augmenter le prix porté à 8000 l. & accorder en outre une somme de 4000 l. pour être distribuée en un ou plusieurs *accessit*, suivant le nombre des mémoires qui pourroient avoir droit à des récompenses, & suivant l'étendue des dépenses utiles qui paroîtroient avoir été faites par les concurrents, relativement au prix.

Ces nouvelles dispositions ont produit l'effet avantageux que l'académie devoit en attendre, & elle a reçu une foule de mémoires, dont le grand nombre lui a paru digne d'être recueilli. C'est dans la séance publique de demain 13 que la proclamation du prix & des *accessit* aura lieu.

13 *Novembre*. La petite comédie des *Amis rivaux*

représentée aujourd'hui pour la premiere fois, a été très-bien jouée & fort applaudie. Elle a paru d'un joli comique, & d'un meilleur ton que les *deux Oncles.*

13 Novembre. Relation de la séance de l'académie royale des sciences, tenue aujourd'hui mercredi pour la rentrée publique d'après la Saint-Martin.

Une merveille toujours subsistante & toujours incroyable, c'est l'empressement des auditeurs à se rendre en foule aux assemblées publiques de l'académie royale des sciences, le plus souvent dénuées d'intérêt, remplies d'ennui, & certainement inintelligibles pour le grand nombre. En effet, si les membres des diverses classes entre lesquelles est partagée la compagnie ne s'entendent souvent pas respectivement, si l'anatomiste parle une langue étrangere au géometre, le chymiste à l'astronome, & ainsi tour-à-tour, comment seroient-ils plus à portée de la multitude ? La premiere cause de cette affluence extraordinaire & périodique, ce que la plupart des académiciens, étant professeurs dans quelque partie de doctrine, chacun d'eux entraîne ses éleves après lui, ce qui forme déjà une masse imposante d'aspirants à la porte, spectacle suffisant pour en entraîner bientôt une plus grande. La seconde, c'est l'adresse, la charlatanerie des chefs, qui savent qu'il suffit pour accroître le désir d'entrer dans un lieu, d'en rendre l'accès difficile. C'est ainsi que M. le marquis de Condorcet, secretaire de l'académie des sciences en fonction, sur qui roule la manutention de ces sortes de fêtes savantes, digne disciple de M. d'Alembert, a comme lui multiplié les obstacles. Tout récemment, afin de mettre messieurs plus à l'aise & de redoubler la curiosité, il a imaginé de poser des barrieres postiches dans l'intérieur de la salle, qui ont confidérablement gêné aujourd'hui & fait presque étouffer plusieurs personnes ; anecdote qui ne manquera pas d'être citée l'année prochaine, & de produire un concours plus immense. Par une autre innovation, plus efficace encore, il a invité beaucoup de jolies femmes, comme parentes ou amies des défunts qu'il avoit à célébrer, à venir l'entendre ; le peu de virtuoses femelles qui assistoient jusque-là à ces assemblées, étoient reléguées & enterrées en quelque sorte dans des tribunes obscures. Cette fois, sous prétexte de les placer plus commodément, il les a fait descendre & les a arrangées parmi les auditeurs en forme d'amphithéâtre, derriere les académiciens, ce qui a produit le contraste piquant des fleurs, des chapeaux, des pompons du sexe avec le scalpel, le télescope & la cornue. En effet, M. Portal a lu un mémoire d'anatomie *sur des morts subites, causées par la rupture du ventricule gauche du cœur* ; M. le Monnier, un mémoire d'astronomie *sur les éclipses de soleil, avec des réflexions sur l'athmosphere de la lune*, & M. de Milly, un troisieme *sur une novelle méthode de faire l'analyse des substances végétales* : tous assez concis heureusement, n'apprenant rien aux profanes, & ne méritant aucun détail.

M. Lavoisier avoit préparé un mémoire *sur les effets qu'un feu animé par l'air vital ou l'air déphlogistiqué produit sur les pierres précieuses* ; mais M. le duc d'Ayen, le président de l'assemblée, l'ayant prié, s'il n'étoit point fort attaché à cette lecture, de s'en dispenser, il en a fait le sacrifice, & a laissé tout le reste de la séance au marquis de Condorcet, qui l'a très-bien rempli, sauf quelques minutes que lui a dérobé M. de la Lande, pour faire part au public de la note suivante. Il a dit :

« L'observation du passage de Mercure sur le
» soleil, annoncé & attendu avec impatience, a été
» faite le 12 par tous les astronomes de Paris. On
» a commencé à appercevoir Mercure à 2 h. 58 m.,
» & on l'a perdu de vue à 4 h. 20 m.; mais les
» attouchements intérieurs des bords de Mercure
» & du soleil sont arrivés à 3 h. 4 m. 40 sec., &
» à 4 h. 17 m. 30 sec. en prenant un milieu entre
» diverses observations. Les vapeurs & l'abaissement
» du soleil rendoient les bords irréguliers & mal
» terminés ; en sorte que l'on trouve des diffé-
» rences sensibles entre les divers observateurs.
» M. le Monnier observoit chez lui dans la rue
» Saint Honoré ; M. Cassini & M.' le Gentil, à
» l'observatoire royal ; M. le duc d'Ayen & M. Me-
» chain, à l'hôtel de Noailles ; M. Messire, à l'hôtel
» de Cluny ; M de la Lande, au college de Louis-
» le Grand ; M. Dagelet, à l'école militaire ;
» M. l'abbé Marie, M. Megnié & M. le Gendre,
» au college Mazarin ; M. Cagnoli, dans un
» nouvel observatoire qu'il a fait construire rue de
» Richelieu. Le ciel qui étoit couvert depuis plu-
» sieurs jours, s'est éclairci la veille, & a comblé
» les vœux de tous les observateurs. »

Avant de procéder à la lecture des trois éloges
qu'il avoit à publier, M. le marquis de Condorcet
a commencé par rendre compte du prix extraordinaire dont le sujet étoit la question suivante :
Trouver les moyens les plus prompts & les plus écono-
miques de procurer en France une production & une
récolte de salpêtre plus abondantes que celles qu'on
obtient présentement, & sur-tout qui puissent dis-
penser des recherches que les salpêtriers ont le droit
de faire chez les particuliers. C'est M. Touvenel,
docteur en médecine, associé regnicole de la société

royale de médecine, qui a remporté le prix de 8000 liv., par un mémoire dont le secretaire a donné une analyse succincte & claire, dans lequel l'académie n'a pu se refuser de voir une supériorité bien décidée sur tous les autres concurrents.

Des 4000 livres à distribuer comme *accessit*, M. Lorgna, colonel des ingénieurs au service de la république de Venise, directeur de l'école militaire à Vérone, membre des académies des sciences de Pétersbourg, de Berlin, de Turin, de Boulogne, Padoue, Mantoue, Sienne, &c. & correspondant de l'académie royale des sciences de Paris, a obtenu 1200 liv. MM. de Cherand, inspecteur des poudres & salpêtres dans les provinces de Franche-Comté & de Bresse, & Gavinel, ont eu 1200 liv. aussi à partager pour un mémoire fait en commun. Une somme de 800 a encore été accordée à la pièce d'un M. J. B. de Beuni, médecin à Anvers, de l'académie impériale des arts & belles-lettres de Bruxelles, & pareille somme à une derniere, dont l'auteur est resté anonyme.

Toutes ces annonces faites, M. de Condorcet a commencé par *l'éloge de M. Danville*, le premier géographe du siecle. Son goût pour cette science se manifesta dès le college. En lisant les auteurs anciens, il s'occupoit à dessiner les cartes des pays dont ils parloient, à y placer les villes, les champs de bataille, à y tracer la marche des généraux. A l'âge de 12 ans, il obtint un brevet de géographe, quoiqu'il n'eût pas voyagé, qu'il sût très-peu de géométrie & moins encore d'astronomie. Par son seul génie il suppléoit à ces connoissances, & décrivoit un pays qu'il n'avoit jamais vu, de maniere à étonner ceux qui le parcouroient, ses cartes à la main. Il n'avoit pas moins de sagacité pour détruire, que pour découvrir ou rectifier. Il a fait disparoître une foule de royaumes, de fleuves, d'isles qu'avoient enfanté l'ignorance, la mauvaise foi, ou l'imagination romanesque de ses prédécesseurs. Il étoit très-laborieux & a travaillé pendant près de 60 ans 15 heures par jour. Il avoit rassemblé avec soin une immense collection de cartes, trésor précieux dont le roi fit l'acquisition, en lui laissant cette jouissance pour le reste de sa vie. Malgré sa santé délicate & ses occupations continues, elle a été fort longue, & il a poussé sa carriere jusqu'à 85 ans. Il est mort dans une sorte d'enfance, après avoir employé ses derniers soins à mettre dans ses portefeuilles l'ordre nécessaire où il vouloit les laisser.

Une chose qui distingue spécialement le talent de M. de Condorcet, c'est la variété qu'il met dans ses éloges. On a été plus à portée d'en juger durant cette séance, où il en a lu trois. Cependant il faut tout dire, & ils étoient eux-mêmes très-diversifiés par les sujets. Après avoir fait sentir tous les avantages de la géographie dans le premier, il s'est étendu dans le second sur la science du médecin. Il s'agissoit du docteur Tronchin, dont nous avons déjà rapporté quelques traits de sa vie, quelques principes de sa doctrine. Une anecdote que nous ignorions, c'est la faveur rare de son admission à l'académie, dont il étoit exclu de droit par les circonstances. En effet, comme protestant il ne pouvoit être reçu au rang des académiciens ordinaires; comme attaché à M. le duc d'Orléans, il n'avoit pas de qualité pour être classé parmi les associés étrangers : cependant le désir de la compagnie de le posséder dans son sein, fit passer par dessus la regle, & il fut reçu en 1778.

Outre le service que Tronchin a rendu à la France

en y introduifant l'inoculation, elle lui a d'autres obligations: celle d'avoir introduit un nouveau fyftême du traitement pour la petite vérole, par le régime rafraîchiffant fubftitué au régime échauffant; celle d'avoir rendu l'air aux malades qu'on étouffoit en les renfermant dans leur propre athmofphere empefté; d'avoir perfuadé aux femmes de faire de l'exercice pour leur fanté & la confervation de leur charmes, par cette méthode ufitée aujourd'hui chez nos plus grandes dames de fe promener à pied le matin, un bâton à la main, ce qu'elles appellent *Tronchiner*; enfin, d'avoir achevé par fes confeils de gagner fur les meres ce que Rouffeau leur avoit déjà perfuadé par fon éloquence, de nourrir leurs enfants; pratique également conforme à la morale & à la médecine. Au refte, ce grand homme en médecine avoit peu d'invention; & s'il y a fait des révolutions, ç'a été moins comme créateur, que comme obfervateur qui profite des vérités connues, qui les rajeunit, les fait germer & les remet en vigueur. Il n'a prefque point écrit.

Rouffeau avoit été fort lié avec ce médecin, puis l'avoit décrié : il avoit appellé tour-à-tour *mon ami Tronchin* & *le jongleur Tronchin*, citation rapportée à regret par l'hiftorien, & fur laquelle il a brifé promptement ; il s'eft, au contraire, étendu avec complaifance fur l'amitié dont Voltaire honoroit le défunt, & qui, après avoir éprouvé quelques légers nuages, s'étoit fortifié plus que jamais jufqu'au tombeau.

M. de Montigni étoit le troifieme confrere que le fecretaire avoit à célébrer. Celui-ci étoit de la claffe de méchanique. Son goût pour les arts s'étoit manifefté dès l'enfance. S'étant caffé la jambe à l'âge de dix ans, on le trouva occupé à examiner les pieces de fa montre qu'il avoit démontée avec beaucoup d'adreffe ; on lui demanda quel étoit fon deffein : *J'ai voulu voir fon ame*, répondit-il. Cependant il a peu travaillé ; il s'eft contenté de prouver qu'il avoit affez de talent pour faire des découvertes, & a préféré de faire valoir celles des autres. Sa fortune & fes entours lui procurerent une place de *commiffaire du confeil* : il étoit déjà tréforier de France. Dans fa nouvelle dignité il donna de la vie & du mouvement au commerce. Nos manufactures lui font redevables de plufieurs étoffes, dont la fabrication n'étoit connue que de celles d'Angleterre.

L'auteur de ce panégyrique a fait valoir la modération du défunt, qui fe trouvant en concurrence avec M. d'Alembert pour le titre de penfionnaire furnuméraire, lui céda la préférence ; quoiqu'il fût fon ancien, & reconnut l'infériorité de fon mérite.

M. de Condorcet parle rarement du trépas & de la fortune de fes héros. Il a affecté de vanter la mort de celui-ci, & d'exalter la fageffe avec laquelle il avoit adminiftré fes affaires en très-bon état. Il avoit, a-t-il ajouté, cet ordre fi précieux aux hommes d'une probité fcrupuleufe : ils favent que c'eft le feul moyen infaillible de ne pas s'expofer au malheur & au crime de manquer à leurs engagements ; crime d'autant plus honteux, qu'il refte prefque toujours impuni, & qu'il eft fouvent trop facile à ceux qui le commettent de fe fouftraire aux loix ou de les furprendre en fa faveur. Cette phrafe fatirique, relative aux circonftances & à la banqueroute du prince de Guimené, a été exrrêmement applaudie. C'étoit une vengeance toute naturelle que prenoient ainfi tant de favants & de gens de lettres présents, dupes de leur confiance dans ce grand seigneur.

On ne peut mieux finir la notice de ces éloges que par celui d'une dame de distinction présente, qui s'écrioit en s'en allant: si j'étois homme, & de l'académie, l'idée d'être loué par M. le marquis de Condorcet, me seroit une consolation à ma dernière heure.

14 Novembre. Si nous enrichissons les théâtres étrangers de nos principaux sujets dans les divers genres, mais principalement dans la danse, ceux-ci nous en envoient aussi de dignes de notre admiration ; c'est un échange mutuel de talents qui ne peut tendre qu'à la perfection de l'art.

On parle depuis quelques jours d'une demoiselle Baccelli, première danseuse de l'opéra de Londres, venue à Paris, & qui doit débuter au nôtre demain dans le ballet du second acte d'Electre. Son nom l'annonce Italienne. Elle est telle en effet, & sœur de la charmante actrice qui a fait pendant si long-temps les délices du théâtre rival des François, sous le nom & dans les rôles d'*Argentine*.

Au reste, elle devient même en quelque sorte l'ouvrage de la France, car on ajoute qu'elle a les plus grandes obligations à M. Gardel le jeune, qui, depuis un an, s'est fait un plaisir de l'aider de ses conseils & de son expérience.

15 Novembre. Pour mieux faire sentir au public l'avantage du prolongement du théâtre, on a commencé par *Castor & Pollux* à reprendre le cours des représentations. En effet, lorsqu'on est en face, on juge que le développement des grouppes, la dégradation des plans & les effets de la perspective s'y font beaucoup mieux sentir. Mais le peu d'accord des nouvelles loges avec les anciennes déplaît aux gens difficiles ; & en général tout ce qui est ajouté après-coup, rompant l'unité générale, ne peut satisfaire les yeux du critique.

Du reste, on juge encore mieux par cet arrangement qu'on ne songe pas à rétablir de si-tôt une nouvelle salle, & que celle-ci subsistera bien long-temps dans cet état.

15 *Novembre.* Par une réunion de confiance fort rare & très-fâcheuse pour les individus qui l'ont eue, il se trouve une foule d'ex-jésuites compris dans la banqueroute du prince de Guimené ; on en compte déjà quinze ou seize de connus.

16 *Novembre.* C'est dans le ballet du second acte d'Electre, sur un air de M. Sacchini, que Mlle. *Baccelli* a débuté hier. On ne peut nier que ce ne soit une très-agréable danseuse, qui réunit à une taille bien prise, de la vigueur & une exécution brillante ; mais étant absolument dans le même genre de Mlle. Dupré, qui a paru il y a quelques mois, & qui a déjà beaucoup de partisans, elle a causé moins d'admiration, sur-tout par le tour de force avec lequel elle retombe, se tient & pirouette sur l'orteil, sans rien perdre de sa noblesse & de la grace de son rôle, en ce que la premiere l'exécute aussi.

17 *Novembre.* On est inondé de plus en plus d'annonces des fondateurs de Musées, qui fourmillent depuis deux mois : le sieur de la Blancherie, le premier de tous ces charlatans littéraires, s'est fait prôner sans relâche dans toutes les gazettes étrangeres & nationales. C'est aujourd'hui le sieur Pilâtre de Rozier, s'intitulant *intendant des cabinets de physique, de chymie & d'histoire naturelle de Monsieur, en son palais du Luxembourg, attaché au service de Madame,*

membre de plusieurs académies nationales & étrangeres, qui vante son premier musée, autorisé par le gouvernement.

Il répand un nouveau *prospectus* où il fait voir la supériorité de son institution, qui procure tous les moyens capables de réunir l'expérience à la théorie, où l'amateur & le savant pourront donner une libre carriere à leur imagination, & rectifier leurs idées par la manipulation.

En effet, ils auront en ce lieu, & des livres, & des machines, & des professeurs; ils pourront en tout temps, chaque jour, à toute heure, faire usage des uns, consulter les autres.

Il apprend que non-seulement il a le suffrage des princes de la maison royale, des ministres, des savants de toutes les classes; mais qu'il reçoit des secours des magnifiques cabinets de l'observatoire-royal, de l'école-royale vétérinaire, de ceux de quelques particuliers, & sur-tout du superbe cabinet de M. Sue, l'un des professeurs pour l'anatomie.

Enfin, M. l'abbé Cordier de Saint-Firmin, créateur du *Musée littéraire*, qui ne peut prendre encore un vol aussi haut, n'ayant point de protecteurs aussi augustes, aussi puissants, aussi déclarés, se contente d'inviter les passants à entrer dans le sien qu'il a fait bâtir à neuf, qui doit se rouvrir le jeudi 21 de ce mois, & qui, par le concours de plusieurs jolies femmes, d'une musique enchanteresse, de poëtes aimables, d'orateurs éloquents, doit en effet l'emporter sur les auteurs, tous scientifiques, & très-ennuyeux conséquemment.

17 *Novembre*. Extrait d'une lettre de Bordeaux, du 12 novembre.... M. le comte d'Estaing,

attendu

attendu ici depuis plusieurs jours, vient enfin d'y arriver, jeudi 7 au soir: la foule pour aller au devant de lui, étoit aussi considérable que celle qu'attira l'empereur le jour de sa descente en cette ville, & il a pensé être étouffé comme cette majesté. Il ne put gagner le carrosse que M. de Fumel, qui commande ici, lui avoit envoyé. Le sieur de Beaumarchais, qui veut être de toutes les bonnes fêtes, étoit depuis plusieurs jours à Bordeaux pour assister à celle-ci: il a même fait l'empressé; il écartoit les importuns d'auprès du général, lui servoit de bouclier, & l'a empêché d'étouffer. Il l'embarqua dans un fiacre qui se trouva là par hasard.

M. le maréchal de Mouchy avoit donné ordre qu'on préparât le gouvernement pour le recevoir; mais M. le comte d'Estaing a voulu aller coucher à l'auberge, où il a soupé tête-à-tête avec le sieur de Beaumarchais; ce qui a fort déplu aux honnêtes gens de cette ville. Cependant le commerce lui a fait une députation de négociants pour le féliciter du choix du monarque, & se féliciter eux-mêmes de ce choix. Il les a remerciés, & leur a rendu leur visite le lendemain à la chambre du commerce. On avoit placé dans la salle d'assemblée un fauteuil où il n'a jamais voulu s'asseoir; tout le monde étant resté debout, il a pris la parole; il les a remerciés en son nom, les a assurés de sa bienveillance; il les a instruits des bonnes dispositions où le roi étoit à leur égard, des nouveaux arrangements que sa majesté venoit de prendre pour la protection du commerce, pour établir une marine, indépendante de la marine royale, & prise dans les officiers bleus, dans les capitaines & officiers marchands.

Il leur a fait part aussi des pouvoirs qu'il avoit à cet égard, & durant tout le temps de sa mission, pour les divers objets relatifs à son généralat; enfin, il a remis au juge de la bourse une lettre du roi, qui étoit comme sa lettre de créance auprès d'eux.

Du reste, M. d'Estaing a refusé toutes les fêtes qu'on lui avoit préparées; il a déclaré ne pouvoir en accepter aucune dans les circonstances désastreuses où l'on se trouvoit, & a invité les négociants à tourner à des objets utiles l'argent qu'ils vouloient consacrer aux plaisirs. Il a cependant accepté un dîner à la bourse le lendemain. Le jour de sa premiere séance, comme à son arrivée les syndics & chefs sembloient occupés, il a témoigné une espece de crainte de les troubler dans leurs affaires. Le sieur de Beaumarchais a pris la parole pour eux, & lui a répondu : entrez, monsieur le comte ; il s'agissoit du mariage que vous venez de nous annoncer de la marine militaire avec la marine marchande, & l'on se disposoit à vous offrir les rubans de noces. On fit voir en effet en même temps à M. le comte d'Estaing une souscription ouverte, afin d'en remettre les fonds à sa disposition, & soulager les matelots blessés ou malades qui auroient servi sous lui.

Le lendemain il a voulu donner à dîner aux principaux négociants ; il a vu la ville & la comédie, & est reparti le lundi 11.

18 *Novembre.* La Romance du petit page de la cour est passée à la ville ; quoique l'air, qu'on dit tendre, ne soit réellement que triste & niais; que les paroles qu'on dit naïves, ne soient que plates, la mode est de l'avoir & de la chanter par-tout. Comme elle n'est point imprimée, &

qu'il n'y a pas d'apparence qu'on joue de si-tôt la piece d'où elle est tirée, la voici :

  Mon coursier hors d'haleine,
 Que mon cœur, mon cœur a de peine !
  J'errois de plaine en plaine,
  Au gré du Dextrier.

  Au gré du Dextrier,
  Sans valet, écuyer,
  Là, près d'une fontaine,
 Que mon cœur, mon cœur a de peine !
  Songeant à ma marraine,
  Sentis mes pleurs couler.

  Sentis mes pleurs couler,
  Prêt à me désoler,
  Je gravois sur un frêne,
 Que mon cœur, mon cœur a de peine !
  Sa lettre dans la mienne :
  Le roi vint à passer.

  Le roit vint à passer,
  Ses barons, son clergé.
  Beau page, dit la reine,
 Que mon cœur, mon cœur a de peine !
  Qui vous met à la gêne ?
  Qui vous fait tant pleurer ?

  Qui vous fait tant pleurer !
  Nous faut le déclarer.
  Madame & souveraine,
 Que mon cœur, mon cœur a de peine !
  J'avois une marraine
  Que toujours adorai.

Que toujours adorai :
Je sens que j'en mourrai.
Beau page, dit la reine,
Que mon cœur, mon cœur a de peine !
N'est-il qu'une marraine ?
Je vous en servirai.

Je vous en servirai,
Pour page vous aurai :
Puis à ma jeune Hélene,
Que mon cœur, mon cœur, a de peine !
Fille d'un capitaine,
Un jour vous marirai.

Un jour vous marirai.
Nenni n'en guérirai :
Je veux, traînant ma chaîne,
Que mon cœur, mon cœur a de peine !
Mourir de cette peine
Et non m'en consoler.

18 *Novembre.* Suivant d'autres lettres de Bordeaux, d'après les ordres du roi que le comte d'Estaing leur avoit communiqués, & l'autorisation qu'ils en recevoient, les syndics & chefs du commerce ont nommé trois commissaires pour désigner ceux des officiers de la marine marchande, capables des fonctions honorables que le roi veut leur confier. Ce sont messieurs *Griguet, Candeau* & *Grammont.* Le comte d'Estaing en a nommé trois autres de son chef, & tous pris dans la classe des négociants protestants, quoiqu'ils soient exclus par les réglements de toute charge & même du syndicat. Ceux-ci sont mes-

sieurs *Paul Nerat*, *Pierre Tessier* & *Pierre Serre*; enfin, les six ont fait choix d'un septieme, M. de la *Thuilliere*; & c'est à ce comité que doivent se présenter tous ceux qui aspirent à composer le nouveau corps de marine.

18 *Novembre*. A raison de l'arbitraire introduit dans l'administration du théâtre lyrique, c'est l'opéra nouveau, intitulé l'*Embarras des richesses*, en trois actes, qui doit passer, quoique ce ne soit pas son rang, à beaucoup près. Les paroles sont de M. Lourdet de Santerre, & la musique du sieur Gretry.

19 *Novembre*. L'abondance des pluies, tombées pendant l'automne de cette année, a retardé les récoltes dans plusieurs provinces de la France, & une partie des bleds a germé sur pied & en javelle.

Le comité de l'école de boulangerie, qui embrasse tout ce qui intéresse l'économie rurale, a été chargé de la part du gouvernement de s'occuper de cet objet.

Il a d'abord été décidé que le pain provenant du bled germé n'est point mal-sain; mais comme le bled en cet état est très-susceptible d'acquérir bientôt d'autres vices réellement funestes, il a fallu chercher les moyens d'arrêter la germination des bleds, ce que la dessiccation à l'aide du feu peut seule opérer.

En conséquence le comité a proposé d'établir dans les provinces les plus sujettes à la germination, c'est-à-dire les plus humides, des étuves communes, comme il y a des pressoirs bannaux : il se charge de diriger ces établissements pour les villes ou communautés qui désireroient le former.

20 *Novembre.* Il a percé ici quelques exemplaires d'une brochure ayant pour titre : *Qu'est-ce que le Pape ?* Elle parut à Vienne au moment où le pape alloit arriver. Son but visible étoit de prévenir les excès où des idées mal conçues & une dévotion outrée, auroient pu jeter les gens du peuple peu instruits. On présume par conséquent qu'elle étoit autorisée par l'empereur; & en effet, son auteur bientôt connu, M. Eybel, obtint peu après une place de conseiller de la régence de Lintz. On prétend que le clergé ne lui a pas pardonné, & qu'il vient de mourir empoisonné. Quoi qu'il en soit, voici comme on raconte sa fin : Le 15 octobre il fut surpris de douleurs très-violentes dans les intestins; il regarda d'abord lui-même cette espèce de colique comme mortelle. Deux ecclésiastiques, venus pour lui donner les secours spirituels, tâcherent de l'engager à désavouer son écrit, & à rétracter ses sentiments. Il les renvoya, & fit appeler un prêtre plus tolérant, & par conséquent plus chrétien, entre les bras duquel il expira avec beaucoup de fermeté le 17, âgé de quarante-deux ans.

21 *Novembre.* M. *Nogaret*, en possession d'imaginer des allégories pittoresques, & dont on a déjà détaillé celle qu'il a composée pour l'impératrice reine, vient de descendre de ce sujet relevé, & en a inventé une en l'honneur de M. l'archevêque de Paris actuel. Au dessus de l'ovaire du portrait du prélat est un fronton sur lequel la ville de Châlons, appuyée, paroît triste & abattue, tenant en sa main droite un rituel de la composition de M. de Juigné, fait à l'usage de son diocèse. Sa main gauche, munie d'un burin, emblême de la reconnoissance, porte sur son

écusson vuide. L'amitié, sensible à ses regrets, lui présente un cœur, avec cette devise : *longe & prope.*

A gauche du fronton paroît la ville de Paris souriant, & tenant d'un air de satisfaction les armes du prélat, avec ces mots : *Dilectus qui dilexit.*

Dans le fronton sont les attributs de l'épiscopat.

Au dessus de l'ovaire figurent la Foi, l'Espérance & la Charité. L'autel sur lequel la Charité est assise, offre un bas-relief analogue, où Jesus-Christ paroît tendant les bras au peuple, & s'écriant : *venite ad me omnes.* L'autel opposé, sur lequel repose la Foi, offre un scribe & un pharisien, qui se disputent sur divers points de l'ancienne loi : Jesus leve la main au ciel, & d'un mot les réduit au silence. *Adorate Deum.*

Dans le bas-relief du milieu, le roi, suivi de la Prudence & de la Justice, se remarque dénouant le bandeau de l'Abondance ; il fixe l'attention & les dons de celle-ci sur M. de Juigné, qui les accepte avec soumission, & par un double geste annonce qu'il remercie & destine tant de biens au soulagement des malheureux. Ce qu'exprime la devise : *Colligit ut spargat,* devise qui sert en même temps d'explication à un soleil, vu dans son apogée, entouré de nuages, qu'il répand en rosée, & formant la clef du cintre dans le point le plus élevé de ce morceau d'architecture. Un sablier, une lampe & des rouleaux sont placés au dessous de l'ovaire, & ces attributs de l'étude désignent les utiles entreprises faites par le prélat dans l'interprétation des langues savantes.

A droite & à gauche de l'ovaire sont deux trophées sacrés, offrant chacun un médaillon.

Dans l'un paroît un héraut d'armes qui apporte une colonne à la Religion de la part de la *puissance Législative*, avec cette inscription : *Columna ecclesiæ* ; dans l'autre, deux enfants vêtus de lin, présentent à la *puissance Législative*, de la part de la Religion, un petit tabernacle, sur lequel est l'agneau sans tache. Sur la bordure sont écrits ces trois mots : *mitis & fortis*.

Au bas de l'estampe on lit en latin : « La ville » de Paris rend graces au roi, rémunérateur des » vertus, du présent que S. M. a fait en lui don- » nant M. de Juigné pour archevêque. »

On voit par le développement de cette allégorie, qu'elle est trop emphatique pour un sujet aussi simple, trop compliquée, d'ailleurs & trop recherchée.

22 *Novembre.* Extrait d'une lettre de Bordeaux, du 16 novembre... Quoique le commerce, qui se préparoit depuis quinze jours à recevoir le comte d'Estaing de la manière la plus distinguée, n'ait pas été trompé dans son attente, puisqu'il l'a possédé dans son sein plus de trois fois vingt-quatre heures, il n'en a pas moins été désolé de pouvoir donner à son zèle tout l'essor qu'il désiroit, par la modestie de ce général. Il y en a eu cependant bien assez pour faire tourner une tête moins froide. En effet, trois cents navires pavoisés, tous portant du canon, qui l'ont accompagné lorsqu'il parut sur la rivière, des salves nombreuses d'artillerie, des cris répétés de *vive le Roi & le comte d'Estaing*, étoient déjà bien flatteurs. La foule immense qui s'est attachée sur ses pas, & l'auroit presqu'étouffé sans le sieur de Beaumarchais qui lui a amené un fiacre, lui a prouvé que cet enthousiasme étoit général.

Le jour où il est allé voir la comédie, la beauté de ce local a fourni lieu à une superbe illumination, & le nombre des douze colonnes qui forment le péristile, à l'inscription galante en transparent : *vive d'Estaing*, qui forme justement autant de lettres.

Il n'y a que le sieur de Beaumarchais qui a gâté tout cela. Les chefs de la chambre du commerce, piqués de voir la confiance que le comte d'Estaing sembloit prendre en cet intrigant, & de l'audace de celui-ci, s'immisçant dans leurs opérations comme s'il étoit du corps des négociants de Bordeaux, & qu'il le dirigeât, ont été obligés de lui signifier qu'il eût à s'abstenir de paroître parmi eux. Messieurs du Vergier, du Bergier & Perès, les trois syndics de la chambre, ne voyant rien dans la lettre du roi qui eût trait à la souscription indiquée, qui l'exigeât ou l'insinuât, n'ont pas jugé à propos d'y contribuer; ce qui a singuliérement refroidi les autres; en sorte qu'elle restera à-peu-près au taux de trois cents mille livres où elle étoit déjà portée. La crainte que le sieur de Beaumarchais ne leur ôtât tout le mérite de leur zele en se l'attribuant, est le motif qu'ils ont donné de leur refus.

M. l'abbé Hollier a célébré le comte d'Estaing par des stances qu'il lui a adressées au nombre de cinq; comme ce ne sont guere que des lieux communs, je ne vous les envoie pas.

22 *Novembre.* Il a été parlé dans le temps du projet de transférer les capucins du fauxbourg Saint-Jacques à la Chaussée-d'Antin, & d'y établir pour eux un couvent dont l'église serviroit de succursale à la paroisse de ce quartier très-éloigné. Le bâtiment a commencé en juillet 1780.

C'est M. Grogniart, architecte du roi, déjà connu par plusieurs édifices qui réunissent le ton de la meilleure architecture au goût & à l'élégance, qui en a été chargé.

Hier M. l'archevêque de Paris a fait la bénédiction de l'église, ensuite ce prélat y a célébré une messe votive de Saint Louis, roi de France, auquel elle a été dédiée. Cette fête pieuse a attiré un grand concours de curieux. M. le lieutenant de police, qui, par sa surveillance, a accéléré les travaux, y a assisté. La musique du dépôt des gardes-françoises a exécuté pendant la messe différents morceaux; il y a eu pendant l'élévation un motet à trois voix, chanté par les sieurs Laïs, Cheron & Rousseau, acteurs de l'opéra. A la suite de tout le cérémonial religieux, le R. P. provincial des capucins a harangué M. l'archevêque par un discours simple, court & convenable au sujet. Jamais capucinière en France n'avoit été si bien fêtée.

22 *Novembre*. Les comédiens Italiens doivent représenter aujourd'hui, pour la première fois, *l'Indigent*, drame en quatre actes de M. Mercier. Il est imprimé depuis long-temps, & a eu du succès dans la province. Le sieur Granger en a déjà fait l'essai à Bordeaux; il en connoît le mérite, & a engagé ses camarades à accueillir cette pièce. En général il paroît partisan de l'auteur. Au reste, il y a de l'intérêt dans *l'Indigent*; le sujet en est vrai & rempli de tableaux neufs & pittoresque; mais un coup de théâtre hardi dans le second acte, pourroit faire tort à l'ouvrage, si le public n'est pas disposé favorablement, & sur-tout si l'exécution n'est pas précise & rapide comme l'exige sa situation.

23 Novembre. Le *Musée* s'est ouvert avant-hier, dans son nouvel emplacement, de la maniere la plus brillante, & avec le concours des personnages les plus distingués dans la littérature. On a été surpris de la rapidité avec laquelle les travaux ont été poussés sous la direction de l'agent de la compagnie, l'abbé *Cordier*. On lit sur le frontispice cette inscription : *Musée de Paris*, institué le 17 novembre 1780, la septieme année du regne de Louis Auguste.

28 Novembre. Le succès de *l'Indigent*, joué hier sans être complet, doit être satisfaisant pour l'auteur. On y a critiqué des détails puérils, & une intrigue romanesque. Le sujet est un tisserand, fils d'un laboureur, qui vit dans un grenier avec une jeune personne qu'il croit sa sœur. Un riche remarque celle-ci, en devient amoureux, & se flatte de la corrompre aisément dans sa misere. Elle lui résiste : il se retourne du côté du frere, & lui fait accepter une bourse de cinquante louis. L'artisan les emploie à racheter de prison un vieillard son pere : l'un & l'autre s'empressent de venir remercier leur bienfaiteur ; mais apprenant par la jeune personne dans quelle intention cet argent a été donné, le vieillard regrette ses fers; il jure de rendre la somme & de les reprendre; toutefois il veut auparavant procurer un appui à Charlotte ; c'est le nom de l'ouvriere qu'il déclare n'être pas son enfant. Il veut la marier à Joseph. Après différentes explications, il se trouve que cette vertueuse fille est sœur de son corrupteur, & qu'il lui revient une fortune considérable : elle rentre dans ses droits, & n'en épouse pas moins l'artisan, son compagnon d'infortune.

Le coup de théâtre, dont on craignoit l'issue,

a bien pris. Il se passe dans la scene du tête-à-tête du riche séducteur avec la jeune ouvriere. Enfermée & ne sachant comment s'arracher à ses poursuites, elle trouve un fusil & s'en sert pour enfoncer la porte; il étoit chargé, il part, les valets accourent au bruit, & elle profite du tumulte pour s'évader.

On n'a pas trouvé que le séducteur mît assez d'art dans son langage & dans sa conduite envers la jeune personne: la maniere peu délicate ou même grossiere & tyrannique, dont il s'y prend pour lui enlever tout moyen de défense, a révolté un grand nombre de spectateurs.

Il y a dans le dernier acte un très-beau rôle de notaire, mais qui se donne trop d'importance, & sort de la classe où il devroit se tenir, pour trancher du premier magistrat, ou du petit ministre.

La prose de ce drame est aussi trop nue; le dialogue est trop souvent coupé, haché, suspendu d'interjections & de silences.

Malgré ces défauts & beaucoup d'autres, il y a un caractere d'originalité dans la maniere de l'auteur, qui le fait sortir de la classe ordinaire, & donne à ses productions un véhicule, qu'elles n'auroient pas, s'il suivoit la carriere générale.

25 *Novembre*. C'est demain qu'on donne à l'opéra la premiere représentation de *l'Embarras des richesses*, & en conséquence on en a fait aujourd'hui une répétition générale. Ce sujet n'est autre chose que la fable de la Fontaine mise déjà en action au théatre italien par le même auteur des paroles, M. Lourdet de Santerre; c'est la piece du pere du Cerceau, intitulée *Gregoire*, & c'est encore mieux la comédie de Dalainval, intitulée

également *l'Embarras des richesses*, & jouée au même lieu en 1725. Tout cela indique une grande stérilité dans le poëte, quant au fonds; mais quant aux accessoires, il s'est ménagé des ressources infinies, sans s'inquiéter peu, il est vrai, des anachronismes & des inconséquences fréquentes dont son ouvrage fourmille. Quoi qu'il en soit, si le poëme a paru aujourd'hui misérable, la musique de M. Gretry a fait grand plaisir. Les amateurs l'ont trouvée pleine de grace, de finesse, & ayant presque toujours le caractere convenable aux situations des acteurs; la partie de l'accompagnement sur-tout, a singuliérement réussi : il faut voir l'effet que cet ensemble produira demain.

25 *Novembre*. M. de Vaucanson, de l'académie royale des sciences, est mort ces jours-ci. C'étoit le plus grand méchanicien de l'Europe. Il s'est sur-tout immortalisé par ses automates, par un flûteur qui jouoit des airs délicieux, par un canard qui mangeoit, digéroit & se vuidoit.

26 *Novembre*. M. le marquis de Molac, lieutenant-général des armées du roi, officier-général, qui s'est toujours occupé de manœuvres militaires & de tout ce qui est relatif à son état, dans ses momens de loisir, se livre au commerce des Muses; il a conservé un attrait particulier pour la langue latine, qui fait souvent le dégoût de la jeunesse, & a été le charme de la sienne; il vient de composer pour Newton une épitaphe en un distique, qu'on trouve supérieure à celle qu'ont fait graver les Anglois sur son tombeau à Westminster. Voici les vers de M. de Molac.

Quem divum tempus, bellum, natura furentur,
Humanum monstrat transitus ad tumulum.

Ce M. de Molac est un de ceux qui ont eu un procès avec Mlle. Déon à l'occasion de la généalogie de celle-ci.

26 Novembre. Messieurs les maire, échevins & assesseurs de la ville de Marseille, ayant déterminé d'accorder la somme de 1200 liv. pour servir de prix à l'ouvrage qui, au jugement de l'académie des belles-lettres, sciences & arts, présentera le plan d'éducation le plus convenable à la constitution de cette ville, cette compagnie a accepté avec reconnoissance cette offre patriotique ; & pour concourir autant qu'elle peut à des vues aussi intéressantes & aussi utiles, elle a délibéré d'ajouter au prix proposé, la médaille d'or destinée aux auteurs qu'elle couronne. En conséquence, l'académie annonce que dans une séance publique, qui sera tenue uniquement pour cet objet, au mois de novembre 1783, elle adjugera le prix au meilleur ouvrage sur le plan d'éducation publique le plus convenable à Marseille, considérée comme ville maritime & commerçante.

27 Novembre. L'Embarras des richesses n'a pas été fort accueilli avant hier. On en a trouvé le poëme détestable ; l'auteur y a tellement interverti la fable charmante de la Fontaine, qu'on n'y reconnoît plus ni les personnages, ni la moralité, ni même l'intention. Il y a introduit un Plutus, dont les propos & les actions sont un contre-sens perpétuel avec son caractere donné par la mythologie, & avec son essence, mais qui amene un grand spectacle ; & il s'est imaginé que cet accessoire couvriroit toutes les bêtises, toutes les absurdités de son ouvrage. Cependant les malins n'ont pas laissé échapper les vers d'une naïveté

triviale, dont il est de temps en temps semé. Heureusement la musique de M. Gretry a suspendu le mécontentement général par un chant très-agréable, joint aux accompagnements les plus riches. On lui reproche seulement quelques réminiscences.

27 Novembre. Depuis long-temps on attendoit aux Italiens un opéra comique annoncé sous le titre de la nouvelle *Omphale*, tiré d'un conte charmant de Senecé: *Filer le parfait amour*. Il doit être joué demain comme comédie en trois actes & en prose, mêlée d'ariettes. Les paroles sont de M. de Beaunoir, ci-devant l'abbé *Robinot*, très-connu aux petits spectacles des boulevarts, qui a pris enfin un essor plus digne de lui. La musique est de M. Floquet.

28 Novembre. Les événements de cette campagne où la France & ses alliés ont essuyé des échecs assez honteux, ont donné matière aux frondeurs, qui se sont déchaînés plus violemment que jamais, non-seulement contre les Graffe, les Guichen, les Cordova, & autres agents immédiats de ces désastres; mais encore contre le gouvernement qui les a choisis, & qui a mal combiné le plan de leurs opérations. Quoi qu'il en soit, on veut que depuis quelque temps il y ait des ordres de surveiller plus rigoureusement ces censeurs indiscrets, & qu'en conséquence on ait arrêté plusieurs personnes dans les lieux publics. On parle d'un M. de Fréville, grand économiste, prôneur outré de leur doctrine, ne trouvant rien de bien que ce qui en émanoit & étoit dirigé d'après les principes de la secte. Il a été mis à la Bastille, & renvoyé ensuite à l'hôtel de la Force.

Un M. l'Hospital, déclamateur constant contre toutes les opérations du gouvernement, & décriant personnellement chaque ministre, appellé dans les cafés le chef des Anglomanes, à raison de son enthousiasme excessif pour tout ce qui vient de la Grande-Bretagne, & tout ce qui s'y fait, a reçu injonction, ou du moins avis d'être plus circonspect, & a été ainsi frappé d'une terreur salutaire qui le rend aujourd'hui plus réservé.

On attribue les rigueurs exercées récemment contre ces frondeurs publics, au ministre des finances, qui a craint que ces clabauderies ne fissent tort à son emprunt, auquel en général on n'a pas grande confiance.

28 *Novembre.* Quoique la comédie de M. de *Beaunoir* ne réponde pas à ce qu'on attendoit de lui sur un sujet aussi charmant, & d'après ses jolies productions à la foire, elle a eu le plus grand succès aujourd'hui. Jamais auteurs n'ont été demandés d'une maniere plus bruyante, ni avec plus d'opiniâtreté. Enfin, un acteur est venu annoncer qu'on l'avoit cherché long-temps sans pouvoir le trouver.

29 *Novembre.* On apprend que le sieur Monvel est mort à Stokholm, où l'on a dit qu'il étoit allé s'établir lors de son expulsion de Paris. Il paroît que le climat rude auquel son foible physique n'étoit pas habitué, une nouvelle maniere de vivre, & le chagrin principalement, ont beaucoup contribué à le faire périr à la fleur de l'âge; car il n'avoit guere que trente-huit ans.

Il débuta à la comédie Françoise en 1770 : il fut reçu dans le courant même de ses débuts, au nombre des comédiens du roi, pour jouer les seconds rôles. Une sensibilité profonde, & une intelligence consommée suppléoient à ce qui lui manquoit du côté de la figure, de l'organe & des autres moyens extérieurs. Il étoit en outre auteur, & il n'est aucun de ses travaux dramatiques qui, sans être marqué au coin du génie, n'ait eu une sorte de succès.

29 *Novembre*. On annonce depuis quelques jours un mémoire justificatif du comte de Grasse en forme de consultation, & les consultés sont des officiers-généraux de la marine, qui, d'après l'exposé des faits, par l'accusé, décident qu'il a très-bien fait. Certaines gens vont jusqu'à dire que le mémoire est *in-4°*., qu'il a tant de pages, qu'il y a deux cartes ou plans des évolutions de ce général. Cependant ce mémoire ne perce pas encore. On en annonce un aussi du baron d'Artos d'Argelos, capitaine de l'un des vaisseaux-matelots du *comte de Grasse*, actuellement détenu au château de Saumur.

Enfin, l'on parle aussi d'un autre écrit du même genre de M. d'Arçon, relatif au mauvais succès de ses batteries flottantes contre Gibraltar.

Bien des gens doutent que le gouvernement permette la publicité de ces productions, qui en nécessiteroient beaucoup d'autres, & leveroient le voile sur bien des infamies qui intéresseroient de grands personnages, ayant intérêt de les cacher.

30 *Novembre*. On devoit donner aujourd'hui la seconde représentation de la *nouvelle Omphale*; mais l'indisposition d'un acteur l'a retardée, ce qui ne fait que redoubler la curiosité du public. Le sujet au surplus, est très-piquant par lui-même : l'exposé du conte en fera juger.

Un jeune chevalier, *qui se croit beau comme défunt Medor*, suivant l'expression de Senecé, &

qui est persuadé qu'aucune femme ne peut lui résister, apprenant que celle d'un de ses amis languit seule dans un château, forme le projet de la séduire. Il va en conséquence l'y trouver, & lui fait sur le champ sa déclaration. Camille (c'est le nom de la dame) irritée de son audace, feint, pour l'en punir, de partager ses transports; l'engage, afin d'être plus librement ensemble, à se laisser enfermer dans une tour du château. Le chevalier présomptueux est aisément pris à ce piege; mais à peine est-il entré dans la tour, qu'on lui apporte un rouet, en lui déclarant qu'il ne sera libre qu'après avoir filé toute sa quenouille. Notre étourdi, au désespoir d'être joué, & cependant faisant de nécessité vertu, est prêt de finir sa tâche, quand l'époux de Camille arrive, le tire de prison, & s'amuse à ses dépens.

30 *Novembre*. M. Gervaise, l'auteur du *Portier des Chartreux*, livre si fameux & qui lui avoit procuré tant de chagrin, vient de mourir. Il s'étoit livré depuis tout entier au barreau, où il faisoit des mémoires très-graves, très-scientifiques, bien opposés à cette premiere production. Il avoit un extérieur froid, qui contrastoit merveilleusement avec la chaleur prodigieuse de l'ouvrage cité ci-dessus, chef-d'œuvre original dans son genre, où, à côté des tableaux les plus licencieux & les plus obscenes, se trouve quelquefois la morale la plus exquise.

M. Gervaise commençoit à vieillir, il avoit placé tout son pécule chez le prince de Guimené, & l'on prétend que la nouvelle de cette banqueroute lui a porté le coup de la mort.

30 *Novembre*. Mad. de Boufflers de Lorraine, l'ancienne maîtresse du roi Stanislas, & la mere

du chevalier, revenue de cette province, où elle passe la plus grande partie de l'année, n'a eû rien de plus preffé que d'aller féliciter M. le duc & Mad. la ducheffe de Nivernois fur leur mariage. L'époux charmant, en reconnoiffance de cette attention, a fait à un fouper avec cette aimable femme, des couplets en fon honneur, que les détracteurs regardent comme niais, mais que d'autres gens de moins mauvaife humeur ne trouvent que naïfs & gais : ils font encore rares.

1 *Décembre* 1782. On dit que M. le prince de Guimené doit être enlevé de Navarre, & conduit à la citadelle de Dijon. On parle diverfement de la caufe de fa détention. Les uns prétendent que c'eft pour l'empêcher de fe livrer à de nouvelles prodigalités; qu'il fe conduifoit dans ce château avec une infouciance incroyable, qu'il fe fouloit tous *les jours*, & faifoit encore des dettes lorfqu'il trouvoit des dupes crédules; d'autres veulent que ce foit fur la demande des chefs de fa maifon, & pour le fouftraire à des militaires, fes créanciers, de mauvaife humeur, qui, à l'échéance de leurs rentes, veulent l'aller trouver pour fe couper la gorge avec lui, ou lui brûler la cervelle.

Quoi qu'il en foit, il y a une affemblée générale des créanciers, indiquée au mardi 3 de ce mois.

A l'égard de Mad. la princeffe de Guimené, elle ne fe conduit pas mieux que fon mari à la petite terre de M. *Yvel*, où elle eft reléguée. On affure qu'à peine y a-t-elle été arrivée, qu'elle y a fait venir des ouvriers pour y conftruire un théâtre & y jouer la comédie. Il a fallu avertir M. le prince de Soubife, qui eft accouru furieux;

qui lui a reproché l'indécence horrible d'une telle apathie, & lui a déclaré qu'on l'enfermeroit, comme le prince son époux, si elle persistoit à vivre dans un pareil désordre.

1 *Décembre* 1782. M. Collé, ce chansonnier si piquant, cet excellent convive, cet homme de société charmante, si couru des femmes, si fêté des hommes, est un nouvel exemple de la foiblesse de notre humanité. Quoiqu'il ne soit très-vieux, il est devenu si vaporeux, si maussade, si chagrin, si insupportable, que non-seulement il ne va plus nulle part, mais que ses amis les plus intimes ont été obligés de l'abandonner. M. de Monsigny, commensal comme lui de la maison d'Orléans, M. de Carmontel aussi, qui lui étoient extrêmement attachés, n'ont pu tenir à son commerce, & l'ont quitté les derniers. Il n'est plus entouré que de mercenaires qui le détestent, qui lui rendent toute la mauvaise humeur qu'ils en éprouvent, & le font enrager tour-à-tour. Voilà ce que c'est que la fin d'un vieux garçon qui ne sait pas se rendre aimable jusque dans la vieillesse.

2 *Décembre.* Le lundi 29 novembre, à dix heures du soir, un garde du commerce alloit constituer prisonnier à l'hôtel de la Force un marchand, en vertu d'une sentence consulaire, faute d'avoir fourni la caution exigée. Celui-ci prétendit que sa dette n'étoit pas en regle, & demanda un référé chez le lieutenant-civil. Il y est conduit, accompagné de sa femme & de ses enfants désolés. Le magistrat, ému comme homme, mais froid & impassible comme juge, trouve la procédure très-exacte, & ordonne l'exécution du jugement.

A peine le malheureux pere de famille est parti,

que M. le lieutenant-civil se représente le tableau touchant qui avoit déchiré ses entrailles; il ne se donne pas le temps de faire mettre les chevaux; il part, malgré la neige, à minuit, suivi d'un valet-de-chambre, se transporte à la prison assez éloignée de son hôtel, & annonce qu'il servira de caution. Son trouble ne lui permet pas de consommer l'acte de cautionnement. Rentré chez lui, il s'en apperçoit; il ne veut pas même que la nuit entiere s'écoule sans la délivrance du prisonnier; il retourne en diligence, toujours à pied; & les formalités absolument remplies, le marchand se jette à ses genoux & veut lui balbutier sa reconnoissance. Ne perdez point de temps, lui dit, du ton le plus simple, son libérateur, allez consoler votre famille inquiete & en larmes.

Le lieutenant-civil actuel est M. Angrand d'Alletey, qui, s'il n'a pas les talents & l'expédition de son prédécesseur, a, comme l'on voit, une âme sensible, une charité active, qualités non moins précieuses dans un homme en place.

Cette action généreuse ayant été racontée dans le journal de Paris d'une façon ambiguë, bien des gens l'attribuoient à M. le lieutenant-général de police. M. le noir, très-capable de la faire, mais incapable de s'attribuer celle d'un autre, est le premier à en publier le véritable auteur.

2 *Décembre*. M. Rochon de Chabannes, tandis qu'il résidoit à Dresde, chargé des affaires du roi, cultivoit les lettres dans ses moments de loisir. Il y avoit traduit *le Duel*, comédie allemande de Braunde, ou plutôt il l'avoit refondue; car indépendamment de tous les changements que le goût lui avoit prescrits, il avoit été obligé d'en dénaturer l'action; &, pour y jeter plus de mouve-

ment & de gaieté, y avoit introduit un rôle entier. Il gardoit dans son porte-feuille cette bagatelle en prose & en un acte, n'y mettant pas beaucoup de prétention. Cependant M. Friedel ayant annoncé une traduction générale du théâtre Allemand, M. Rochon a cru devoir se mettre en regle, & pour constater la primauté à l'égard du *Duel*, il a fait imprimer sa piece. Elle est devenue ainsi publique, & les Italiens, avides de se former un répertoire en ce genre, le sollicitent depuis quelque temps de la faire jouer chez eux. Avant de se rendre à leurs instances, il a désiré voir sur quelque théâtre particulier l'effet qu'elle produiroit ; le *Duel* a donc été déjà joué dans deux sociétés dramatiques, par celle de la rue des Marais & par celle de Popincourt, & quoique mal rendue, a fait grand plaisir aux connoisseurs qui y ont assisté. Le but en est moral : il s'agit de faire voir l'extravagance du préjugé qui oblige de hasarder encore sa vie quand on a été insulté, & de priver la patrie d'un sang qui lui devroit être consacré jusqu'à la derniere goutte. On ne sait aujourd'hui si l'auteur, plus complaisant pour les Italiens, leur laissera la liberté qu'ils demandent, & dont il résulteroit à coup sûr un succès de plus pour lui.

3 Décembre. On ne sauroit exprimer le ridicule dont est couvert au théâtre lyrique, même par les acteurs, l'auteur du poëme de l'*Embarras des richesses*, qu'ils n'appellent plus que M. *Lourdet sans tête*, en jouant sur le nom. Celui-ci commence à s'appercevoir des balourdises de son poëme, dont quelques-unes seroient sensibles pour le premier écolier de sixieme. Il place la scene à Athenes, & il parle du dimanche ; il y fait acheter un jardin *deux mille écus*; enfin, il y fait danser dans un ballet les quatre parties du monde; quoiqu'assurément la quatrieme, qui est l'Amérique, fût alors parfaitement ignorée. Pour réparer ces anachronismes, M. *Lourdet de Santerre*, veut transporter la scene en France. En conséquence, quoiqu'on ait fait déjà 30,000 liv. de dépense pour cet opéra, il est question d'en changer les habillements, & de vêtir les personnages dans le costume françois. Ne voulant cependant pas avouer son ânerie, il prétexte que cela sera plus gai, & ne s'apperçoit pas que Plutus à Paris est une autre absurdité.

3 *Décembre*. M. le baron de Vigé, un des joueurs punis avec ignominie & banni du royaume, a trouvé le moyen de calmer le courroux du monarque; il a eu permission de rentrer en France, & de rester dans une terre qu'il y a, en simple état d'exil.

4 *Décembre*. On peut se rappeller une facétie faite en 1779, à l'occasion de la querelle élevée à la comédie françoise entre les demoiselles Vestris & Sainval l'aînée. C'étoit une allégorie tirée de la guerre maritime actuelle, que supposoit un plaisant, non-seulement adroit à manier le sarcasme, mais familier avec les termes de marine, & très au fait du caractere, des mœurs & des talents des divers personnages du tripot comique. On parle aujourd'hui d'une satire semblable contre les jeunes seigneurs & les jeunes femmes de la cour. On la dit aussi très juste & très-piquante. Comme elle ne fait que de naître, elle n'est pas encore bien répandue.

4 *Décembre*. Les comédiens François se proposent de donner, pour premiere nouveauté, *le*

Vieux Garçon, comédie en cinq actes & en vers de M. Dubuisson, l'auteur de la tragédie de Thamas-Kouli-Kan. On assure que c'est le sujet du *Célibataire* de Dorat retourné; que le poëte d'aujourd'hui a pris dans une classe plus rapprochée de la bourgeoisie, ou plutôt dans une classe très-ordinaire.

5 *Décembre*. Les partisans du chevalier Gluck, qui se flattoient de voir revenir incessamment à Paris ce grand homme, commencent à désespérer de son retour, du moins pendant l'hiver; & les chefs du théâtre lyrique en conséquence laissent de côté son *Hypermnestre*. Ils se refusent d'ailleurs à lui donner le prix exorbitant qu'ils lui ont promis, attendu qu'il avoue lui-même n'être pas auteur de tout l'ouvrage, & n'en avoir composé qu'une partie; ce qui, quoiqu'il l'ait adopté, refroidit assez généralement tous les amateurs.

5 *Décembre*. Madame la duchesse de Nivernois nouvelle, vient de mourir. Son époux, en vain impatient de s'affranchir des bienséances, l'avoit épousée presque à la fin du deuil de sa première femme; elle n'a pu jouir qu'un instant de son bonheur. Ce seigneur enchanté de son côté, avoit fait travailler à un ameublement magnifique pour relever de son deuil, & tous ces préparatifs sont aujourd'hui convertis en un second deuil plus réel que le premier. Quoi qu'il en soit, on a déjà fait pour la défunte l'épitaphe suivante.

Ci-gît qui, constamment brûlant d'un même feu,
Fut épouse deux fois, deux fois infortunée;
Termina sans jouir sa triste destinée,
Avec l'un vécut trop, avec l'autre trop peu.

(217)

Une autre mort, arrivée presque dans le même temps, est aussi l'entretien des conversations du jour. C'est celle de la duchesse de Chaulnes, douairiere, qui, par un sot & fol amour, avoit perdu, & son nom, & sa dignité, & le tabouret. Elle-même ayant ouvert les yeux sur son ignoble mariage, se faisoit appeller *la femme à Giac*. On conserve le billet d'enterrement de la part du mari, pour son ridicule singulier, pour l'omission absolue de la premiere qualité de son premier. Il porte:

« Vous êtes prié d'assister au convoi, &c. de
» dame Anne-Joseph Bonnier de la Mosson,
» épouse de M. Giac, chevalier, conseiller du
» roi en ses conseils, maître des requêtes ordi-
» naire de son hôtel, surintendant honoraire
» de la maison de la reine, décédée au Val-de-
» Grace, &c. »

6 Décembre. On a exécuté aujourd'hui le nouvel opéra dans le costume françois, que désiroit l'auteur, & il n'a pas paru moins ennuyeux. Il faut ajouter à tout ce qu'on en a dit le couplet suivant, sur l'*air* de la Béquille du pere Barnaba.

> Embarras d'intérêt,
> Embarras dans les rôles,
> Embarras de ballet,
> Embarras des paroles,
> Des embarras, de sorte
> Que tout est embarras,
> Mais venez à la porte
> Vous n'en trouverez pas.

6 Décembre. Depuis quelque temps la cour & la ville vont voir à l'hôtel du feu duc d'Aumont,

Tome XXI.   K

les meubles précieux & effets rares qui doivent s'y mettre en vente incessamment. C'est un spectacle véritable par la foule des jolies femmes, des petits-maîtres, des élégants qui y abondent. On juge en parcourant tant de curiosités accumulées, sans ordre & sans choix, que le possesseur avoit plus de magnificence que de goût. Point de tableaux; des colonnes, des tables, des lustres, des marbres, des porphyres, des granits, des jaspes d'un prix fou; voilà en quoi consistoit le luxe du duc d'Aumont, très-simple d'ailleurs, & dénué des connoissances exquises qu'auroit exigé son genre de dépense. Des bronzes assez beaux sont ce qui peut plaire le plus à l'artiste, & satisfaire le vrai connoisseur dans cette profusion de richesses.

6 Décembre. Extrait d'une lettre de Rennes, du 3. décembre.... Nos états sont ouverts depuis la fin d'octobre. Ils sont orageux: on a remis sur le tapis l'affaire de la recommandation du gouverneur, & l'on n'a voulu accorder le don gratuit extraordinaire qu'à condition de traiter directement la chose avec la cour. Après bien des tracasseries, nous avons eu l'agrément d'avoir le recours au souverain. Nos députés, après avoir été balottés par les ministres, ayant enfin pris le parti de se présenter eux-mêmes au roi dans la galerie, & S. M. les ayant remis à se faire entendre au conseil, l'évêque de Dol portant la parole, il en a résulté la réponse suivante:

Réponse du Roi aux Députés des Etats de Bretagne en cour.

« Rien ne peut dispenser mes sujets de l'obéissance qu'ils me doivent. Les états de ma province de Bretagne eussent dû, en 1780, commencer par élire des députés dans la forme prescrite par l'arrêt de mon conseil du 11 novembre de la même année, & cet acte de soumission ne m'auroit fait voir dans leurs représentations que le mouvement de leur zele, & non une résistance à mes volontés, que la justice & le maintien de mon autorité ne me permettent pas de souffrir. Je veux bien cependant, par un effet de la bonté dont je n'ai cessé de donner des témoignages à mes sujets, faire connoître aux états de ma province de Bretagne, que je ne me suis déterminé à rendre l'arrêt de mon conseil du 4 novembre 1780, qu'en grande connoissance de cause, après de mûres réflexions, & m'être convaincu qu'il ne porte aucune atteinte aux *privileges que les rois mes prédécesseurs ont bien voulu accorder à ma province de Bretagne*, & que je veux lui conserver, mais dont je ne permettrai jamais qu'on abuse. Ma déclaration du premier juin 1781, ne porte aucune atteinte à ces mêmes privileges. J'entends qu'elle soit exécutée. Je vous charge de dire à mes états que je n'admettrai désormais aucune représentation sur ma décision, qu'elle n'ait été précédée de la plus parfaite obéissance. Je connois l'attachement de mes sujets de ma province de Bretagne; je compte qu'ils se conformeront à ma volonté, & ils éprouveront toujours les effets de ma bienveillance & de ma protection. »

Les états sont consternés d'une semblable réponse, & occupés à revoir tout ce qui s'est passé à cet égard.

7 *Décembre.* Le *Musée littéraire*, ci-devant intitulé *société Appollonienne*, a produit une si forte

sensation par son assemblée publique dans son nouvel hôtel, que le Mercure a cru devoir en rendre compte dans son N°. 49, & donner la longue notice des différents ouvrages qui ont été lus. Cela a paru d'autant plus remarquable, que cet établissement n'étant autorisé par aucun titre, n'ayant point de protecteur connu, & ne jouissant que d'une simple tolérance de police que pourroit faire cesser la plus légere jalousie de quelque autre corps avoué, aucun journal national n'avoit encore osé en parler. Quoi qu'il en soit, en réfléchissant bien sur cette société, elle pourroit-être très utile, si elle étoit dirigée par des hommes d'un goût exercé, par des chefs recommandables, d'une consistance imposante & ayant des vues d'une certaine étendue.

Le Musée pourroit ainsi devenir un lycée, un gymnase, où les jeunes littérateurs essaieroient leur talent, où les auteurs plus connus pressentiroient le goût du public sur un manuscrit qu'ils auroient à faire imprimer; où les poëtes dramatiques sur-tout trouveroient un tribunal plus éclairé, plus impartial, plus noble & plus dige d'eux qu'une troupe de comédiens sans étude, sans éducation, dont chacun ne juge que par instinct, par routine ou relativement à soi.

Ce sont de pareilles vues que M. Court de Gebelin, le président, auroit dû développer dans son discours d'ouverture, au lieu de se borner à un détail circonstancié du méchanisme de l'institution, à un éloge vague & emphatique de la société. Il est étonnant qu'elles aient même échappé à M. l'abbé Cordier de Saint-Firmin, le promoteur, l'ame & l'agent de cette société, qui, ayant pris plus spécialement pour texte du sien, l'objet de la réunion, n'en a pas saisi ces rapports & cet ensemble. Ce n'est donc aujourd'hui encore qu'une assemblée puérile, une tour de Babel, où les candidats & les juges se bornent à recueillir des battements de mains, la considération peu flatteuse de quelques caillettes, à faire un bruit momentané & qui se dissipe au sortir de la salle. Le tout est terminé par une musique ne revenant à rien, & souvent plus médiocre.

A juger de la séance du 21 novembre par les titres des morceaux lus très-nombreux, elle a dû être infiniment ennuyeuse ; on y trouve jusqu'à une dissertation de Bénédictin ; & elle a duré cinq heures & au-delà : assurément c'est vouloir fatiguer les auditeurs jusqu'à la satiété.

Une anecdote particuliere de cette séance, c'est une espece d'inauguration du buste du roi, faite aux acclamations de l'assemblée. Ce buste avoit été apporté par M. Couasnon, sculpteur de S. M. pour en faire présent au Musée. Le président fit à cette occasion l'éloge du monarque & des vœux pour sa prospérité, & M Girard de Lourmarin, secretaire du roi, enfanta l'impromptu suivant.

Pere de ses sujets, roi juste, ferme & sage,
Voulant toujours le bien, cherchant la vérité ;
Corrigeant les abus, détruisant l'esclavage,
Restaurateur de l'ordre & de la liberté ;
Louis Seize sera surnommé d'âge en âge,
L'ami de la justice & de la vérité.

Quoique ce sixain, où le caractere du roi est parfaitement bien saisi, n'annonce que des vues bienfaifantes, non encore effectuées, on en fut si content qu'on cria *bis*, & il fallut que le poëte recommençât.

7 Décembre. On parle beaucoup d'un libraire de Neuchâtel, nommé Samuel Fauche, qui vient d'être violemment mulcté à la réquifition de la France auprès du roi de Pruffe. On dit que c'eft à l'occafion de différentes brochures dont s'étoit plaint le gouvernement de ce pays-ci, entr'autres d'une intitulée *l'Efpion dévalifé*, qui s'eft trouvée imprimée chez lui & encore en magafin. C'eft, ajoute-t-on, une ame de boue, dominée par la plus baffe cupidité.

8 Décembre. Extrait d'une lettre de Befançon, du premier décembre.... Depuis la rentrée du parlement, la conteftation avec la cour, bien loin de s'affoiblir, eft devenue plus grave.

Le parlement, les chambres affemblées, les 13, 18 & 19 du mois dernier, a d'abord fait des arrêtés relatifs, non-feulement à ce qui s'étoit paffé, mais encore à différentes perceptions d'impôts illégales, fur de fimples arrêts du confeil, ou même de l'autorité du commiffaire départi. Le bruit qui avoit couru que la cour vouloit fupprimer le parlement & le réunir à celui de Dijon, bien loin de l'intimider, lui a donné de la vigueur. Il y a une grande animofité entre les membres ; il eft aimé du peuple, & il lie encore mieux fes intérêts aux fiens par ce qu'il vient de faire.

Il nous eft arrivé de nouvelles lettres-patentes, datées de la Muette du 29 octobre dernier. Elles étoient infidieufes en ce qu'on les repréfentoit comme l'effet d'une commifération du roi, qui n'avoit été retardée que par la réfiftance de la cour, envers laquelle S. M. avoit d'abord été forcée de maintenir son autorité.

Pour plus d'intelligence, il faut savoir que le montant du troisieme vingtieme en totalité auroit dû être de 525,000 livres ; que, pour l'exemption portée par l'édit du mois de juillet dernier en faveur de l'industrie, fixée par les lettres-patentes du 3 septembre, à 45,000 livres, se trouvoit réduite à 480,000 livres.

Par ces lettres-patentes du 26 octobre, il étoit accordé une modération de 83,705 livres, dont 800,000 livres à déduire sur le vingtieme de la province, ce qui le réduisoit encore & finalement à 400,000 liv. & 3705 sur le clergé, ce qui ne portoit celui-ci qu'à 30,000 liv. au lieu de 33,705 liv.

Le parlement, le 25 novembre, a enrégistré ces lettres-patentes purement & simplement ; mais, sans se laisser séduire par ces apparences trompeuses de calme & de modération, il a rendu le même jour deux arrêts très-longs.

Par le premier, persistant dans ses arrêtés des 5 & 6 septembre dernier, & du 13 du présent mois, il déclare, *sous le bon vouloir & plaisir du seigneur roi*, les transcriptions & publications faites par le comte de Vaux, les 6 septembre & 15 octobre, nulles & de nul effet, comme attentatoires à l'autorité dudit seigneur roi, à la sûreté des propriétés, aux droits de ladite cour ; de, en tout temps & en toutes circonstances, porter au pied du trône, avant la vérification libre desdits édits, ses très-humbles représentations sur ce qu'exige le bien de l'état, l'intérêt de la vérité & le maintien des formes établies dans la monarchie : & cependant pour donner audit seigneur roi de nouvelles preuves de son obéissance & de sa soumission, a ordonné & ordonne que l'édit de juillet de la présente année, portant établissement du troisieme vingtieme, & les lettres-patentes du 26 octobre suivant, seront exécutés suivant leur forme & teneur, pendant la durée de la guerre, & sans préjudice des droits du clergé, dans la confiance que S. M. voudra bien encore accorder à sa province de Franche-Comté la diminution de la somme de 50,000 livres, pour, avec celle de 125,000 liv. mentionnée aux lettres-patentes, parfaire le tiers du vingtieme, qui, suivant la déclaration du 11 mai 1706, doit être imposé sur l'industrie; à l'effet de quoi de très-humbles représentations seront adressées audit seigneur roi : se réservant néanmoins ladite cour, en cas de perception ultérieure dudit troisieme vingtieme, d'user de toutes les voies que la sagesse & la situation des peuples lui suggéreront pour prévenir la continuation d'un impôt qui n'a d'autre motif qu'un secours extraordinaire, occasionné par les dépenses de la guerre, & attendu que les lettres de jussion du 3 septembre, concernant les deux sous pour livre, apportées en la cour par le comte de Vaux, ont empêché l'envoi des itératives remontrances de la cour à ce sujet, & que l'article premier dudit édit ne porte que la création de deux sous pour livre sur les objets chargés précédemment des huit sous ; ladite cour déclare que conformément audit article premier, la perception d'aucun sou pour livre sur tous autres droits que sur ceux assujettis aux huit sous, demeurera suspendue jusqu'après l'envoi desdites remontrances, & les réponses que ledit seigneur roi voudra bien y attribuer, & jusqu'à ce qu'il lui ait plu de manifester sa volonté dans les formes légales sur l'établissement de sous pour livre sur les droits autres que ceux affectés desdits huit sous, &c.

Cet arrêt concerne *l'exécution de l'édit du mois d'août 1781, portant augmentation de deux sous pour livre sur les droits du roi, & de celui du mois de juillet 1782, portant établissement d'un troisieme vingtieme*. Le second défend d'imposer & de percevoir aucune somme au-delà du montant de l'abonnement des vingtiemes, & finit ainsi :

« La cour ordonne que les lettres-patentes du 21 mars 1772, portant fixation de l'abonnement des deux vingtiemes ; l'édit du mois de février 1780, portant prorogation du second vingtieme ; les lettres-patentes du 30 juin 1781, portant augmentation dudit abonnement ; & la déclaration du 13 février 1780, concernant le brevet des impositions, seront exécutés suivant leur forme & teneur, & en conformité des clauses apposées à leur enregistrement ; fait défense en conséquence à toutes personnes d'imposer, & à tous commis, répartiteurs, collecteurs & receveurs, de répartir, exiger & percevoir aucune somme en sus & au-delà du principal, sous pour livre & taxations des vingtiemes, suivant l'abonnement fixé par lesdits édits & lettres-patentes, à peine de concussion, &c. »

9 Décembre. M. de la Blancherie, jaloux des progrès du *Musée scientifique* & du *Musée littéraire*, imagine toutes sortes de petits moyens pour faire parler du sien, qu'on pourroit appeller le *Musée oculaire*, & lui procurer des partisans. Cette fois il propose d'en faire le dépôt des statues des gens de lettres vivants : il annonce qu'on y a en conséquence déjà placé trente-neuf bustes qu'il nomme. On se doute bien que les héros sont pris dans le nombre de ses souscripteurs, & qu'en lui portant son louis, on deviendra facilement un grand homme, digne d'être présenté aux regards de la nation.

9 *Décembre.* M. Loriot, fameux méchanicien, connu par l'art de fixer le pastel, par la table du petit château de Choisy, & par d'autres inventions plus ingénieuses encore, vient de mourir; il avoit aussi découvert un ciment impénétrable à l'eau, pour lequel il étoit en contestation avec monsieur d'Etienne.

10 *Décembre* Extrait d'une lettre de Besançon, du 4 décembre..... Je vous envoie aujourd'hui le préambule du premier édit, où, dans vingt-trois considérations très-détaillées, le parlement épuise tout ce qu'on peut dire de plus fort en pareille matiere.

« Vu par la cour, les chambres assemblées,
» ses arrêtés du 6 septembre dernier, 13, 18
» & 19 du présent mois de novembre. considé-
» rant ladite cour que son devoir le plus essen-
» tiel est de faire parvenir la vérité au trône,
» & d'entretenir dans les cœurs des peuples la
» soumission & la confiance.

» Que l'obéissance aveugle à des ordres sur-
» pris, seroit capable d'affoiblir ces sentiments
» précieux.

» Qu'il n'y eut jamais de surprise plus mani-
» feste que l'expédition des ordres apportés à
» la cour par le comte de Vaux, le 6 septembre
» dernier.

» Que ces ordres portent l'empreinte ineffa-
» çable de l'erreur; que leur date & leur expé-
» dition ne peuvent se concilier avec celle des
» très-humbles & très-respectueuses remontrances

» adressées au seigneur roi, avec leur examen &
» sa réponse.

» Que lesdites remontrances parties de Besan-
» çon le 30 août dernier, arrivées à Versailles
» le 2 septembre suivant, n'ont pu être mises
» le 3 sous les yeux du roi, qui étoit alors à Com-
» piegne, où les ministres ne l'avoient pas suivi;
» que les lettres-patentes de jussion, datées de
» Compiegne ledit jour 3, & arrivées à Besançon
» le lendemain 4, sont infidelles, en ce qu'elles
» supposent que ledit seigneur roi a examiné
» dans son conseil, resté à Versailles, lesdites
» remontrances; que ces lettres-patentes ne sont
» donc pas l'effet de sa volonté, puisqu'il n'en
» a pas eu plus de connoissance, que des repré-
» sentations du parlement.

» Qu'il est impossible même que l'expédition
„ de deux lettres de jussion, d'une seconde copie
„ de l'édit du troisieme vingtieme, de lettres de
„ créance & d'instruction, d'un grand nombre de
„ lettres closes, le scel, le visa, la signature,
„ soient l'ouvrage du 3 septembre; que, dans
„ un si court espace, le chef de la magistrature,
„ secrétaire d'état ayant le département de la
„ province, le conseil dudit seigneur roi, ait
„ examiné lesdites remontrances & les mémoires
„ qui leur servent de preuve.

» Que les faits démontrent que le ministre
„ des finances, sans se donner à lui même le
„ temps nécessaire pour lire lesdites remontran-
„ ces & les mémoires qui y étoient joints, sans
„ instruire ledit seigneur roi, sans l'examen de
„ son conseil, a pris sur lui d'adresser le 3
„ septembre, au comte de Vaux, lesdites expé-
„ ditions préparées d'avance; qu'en revêtant ainsi

» sa volonté particuliere de l'autorité royale, il
» a répandu la douleur dans les cœurs des magis-
» trats, la consternation parmi les peuples.

» Que, pour couvrir l'irrégularité de sa con-
» duite aux yeux dudit seigneur roi, il lui a
» présenté l'arrêt rendu & l'enrégistrement fait
» par ladite cour le 6 septembre, comme con-
» traire à l'obéissance & au respect qui lui sont
» dus.

» Que cet arrêt & cet enrégistrement, dictés
» par le devoir, sont les interpretes fideles de la
» volonté souveraine, manifestée dans l'article
» premier de l'édit d'août, portant augmentation
» de deux sous pour livre, & dans l'édit de
» juillet dernier, portant établissement d'un troi-
» sieme vingtieme.

» Que la cour, en déclarant abusive la trans-
» cription illégale faite par le comte de Vaux,
» bien loin de s'opposer à l'autorité dudit seigneur
» roi, dont elle connoît l'étendue, & dont elle
» tient la sienne, l'a maintenue au contraire de
» tout son pouvoir, en annullant l'effet d'une vo-
» lonté étrangere qui en usurpoit le nom.

» Que ledit arrêt du 6 septembre est l'exécu-
» tion littérale de l'article premier de l'édit du
» mois d'août 1781, conçu en ces termes: *Il
» sera perçu à notre profit, à compter du jour
» de l'enrégistrement & publication de notre pré-
» sent édit, jusqu'au dernier décembre 1790 in-
» clusivement, outre & par-dessus les huit sous pour
» livre énoncés en notre édit du mois de février
» 1780, deux nouveaux sous pour livre en sus
» du principal de tous nos droits indistinctement quel-
» conques, soit qu'ils soient levés à notre profit,
» ou qu'ils aient été aliénés, cédés, concédés ou*

« abonnés, & de ceux perçus au profit des états,
» provinces, villes, communautés d'habitants &
» d'officiers, & hôpitaux, à quelque titre que ce
» soit, en sorte que tous lesdits droits se trouvent
» assujettis au paiement de dix sous pour livre à
» notre profit, pour le temps qu'ils devront durer,
» en exécution de notre présent édit & de celui du
» mois de février 1780, le tout aux seules excep-
» tions portées par les articles 6, 7, 8 & 9 ci-après.

» Que ce texte n'a besoin, ni de commen-
» taire, ni d'explication ; qu'il porte simple-
» ment augmentation de deux nouveaux sous
» pour livre sur les objets précédemment affectés
» de huit sous, & qu'il ne peut être regardé comme
» la création d'un impôt de dix sous pour livre
» sur ceux qui en étoient exempts ; que les
» clauses apposées lors de l'enrégistrement dudit
» édit, ressemblant à celles mises par le parle-
» ment de Bordeaux, confirment la disposition
» de l'article premier, au lieu de le détruire, &
» doivent subsister autant que lui, que l'inter-
» prétation qu'on s'efforce de lui donner, aussi
» opposée à la lettre qu'à l'esprit de loi, ne peut
» être que l'effet de l'erreur.

» Que l'enrégistrement du troisieme vingtieme
» est la preuve du zele & de la soumission de la
» cour, comme cette contribution sera le der-
» nier effort des peuples de cette province ; que
» la diminution d'un tiers du troisieme vingtieme,
» portée dans l'enrégistrement, est l'exécution de
» l'édit de juillet, qui exempte l'industrie fixée
» à cette proportion pour la Franche-Comté, par
» la déclaration du 18 mai 1706.

» Que ladite cour enfin a cru remplir les
» intentions dudit seigneur roi, & ses vues de

» justice, en limitant la durée d'un impôt arra-
» ché à sa bienfaisance pour les besoins pressants
» de la guerre, à la cessation de ces mêmes
» besoins.

» Qu'en représentant les démarches les plus
» pures, l'exécution des loix, comme des atten-
» tats, un ordre inconnu audit seigneur roi,
» comme l'effet de sa volonté suprême, on est
» parvenu à surprendre à sa religion de nouveaux
» ordres aussi abusifs que les premiers ; que les
» officiers de ladite cour réunis, & aussi-tôt dis-
» persés en vertu de lettres closes, le 15 octobre
» dernier, en temps de vacation, n'ont été ras-
» semblés dans une forme inusitée jusqu'à ce
» jour, que pour voir leur conduite blâmée, les
» loix violées, la liberté opprimée, l'erreur érigée
» en loi.

» Que cet enchaînement effrayant d'erreurs &
» d'excès, contraires à la majesté du trône, au
» bonheur des peuples, rend nécessaire l'obser-
» vation des anciennes ordonnances de nos rois,
» qui défendent aux magistrats d'obéir aux let-
» tres-patentes même, évidemment surprises, &
» qui défendent au chancelier de les sceller.

» Que l'ordonnance du mois de novembre
» 1774, publiée sans délibération préalable, trans-
» crite sur les registres des differentes cours du
» royaume, en vertu d'ordre absolu, d'objet de
» leurs arrêtés, conservateurs des formes, usages
» & maximes de la monarchie, n'a jamais eu
» & ne peut avoir d'exécution sans ébranler les
» fondements de l'état, anéantir la liberté de la
» nation, détruire la confiance, éteindre l'amour
» des peuples, & affoiblir l'autorité d'un mo-
» narque qui ne veut régner que par les loix.

» Que l'exécution de l'article 22 de ladite
» ordonnance, rappellé pour la premiere fois
» dans les lettres de juffion du 15 septembre,
» compromettroit visiblement l'ordre public, &
» feroit craindre de voir renouveller dans des
» temps malheureux, des événements que l'on
» voudroit pouvoir effacer des annales de la
» monarchie.

» Que dans la circonstance présente l'exécu-
» tion de cet article autoriseroit la surprise &
» l'infidélité, revêtiroit la volonté d'un sujet
» du pouvoir souverain, entraîneroit la ruine
» d'une province fidelle & soumise.

» Que le droit de délibérer, essentiellement
» lié aux principes de la monarchie, forme la
» constitution du parlement; qu'il est illusoire
» & dangereux de lui adresser des loix, pour lui
» interdire ensuite la faculté de les vérifier; que,
» sans ce droit sacré de la vérification, fondé
» sur la liberté de la nation, la vérité ne par-
» viendroit plus au trône; la situation des pro-
» vinces seroit inconnue, la volonté souveraine
» resteroit souvent sans effet; que le monarque
» commande par la loi; que l'autorité doit y être
» conforme, & que l'obéissance ne peut être aveugle.

» Que ladite cour, dans pareilles circonstances,
» ayant adressé au feu roi, le 31 août 1763, ses
» très-humbles & très-respectueuses remontrances
» au sujet d'édits bursaux, & le duc de Randan,
» avant que les remontrances fussent parvenues
» audit seigneur roi, ayant fait transcrire, le
» 6 septembre suivant, lesdits édits sur les re-
» gistres, sans qu'il fût permis d'y délibérer, &
» les ayant envoyés aux sieges royaux, pour y
» être exécutés, *comme publiés au parlement*,

» ladite cour estimant *qu'il importoit à l'ordre*
» *& à la sureté publique d'effacer tout ce qui pou-*
» *voit conserver la mémoire d'un faux aussi repré-*
» *hensible*, déclara nulle ladite transcription le
» 21 novembre, le jour même où ledit seigneur
» roi annonçoit à ses sujets, *qu'il vouloit régner*
» *non par l'impression seule de l'autorité, mais par*
» *l'amour, par la justice & par l'observation des*
» *regles & des formes sagement établies*; que
» ledit seigneur roi, instruit de l'abus que l'on
» avoit fait de son pouvoir, ordonna, le 5 dé-
» cembre de la même année 1763, que tout ce
» qui s'étoit passé *à l'occasion desdites opérations*
» *de finance, seroit regardé comme nul & non-*
» *avenu*, & assura, *par cet acte solemnel & im-*
» *muable de sa volonté, la loi suprême de l'enré-*
» *gistrement*.

» Que les reproches amers & peu mérités,
» contenus dans le préambule des lettres-patentes
» du 26 octobre dernier, n'affoiblissent point les
» sentiments de reconnoissance dont ladite cour
» est pénétrée envers ledit seigneur roi, pour la
» remise faite à la province de cent vingt-cinq
» mille livres sur le troisieme vingtieme; que
» cet acte de justice est l'effet de la bonté de
» son cœur; les reproches, celui d'impressions
» étrangeres & d'inculpations injustes. Que rem-
» plie de confiance dans la sagesse bienfaisante
» dudit seigneur roi, elle ne négligera rien pour
» en obtenir la remise du tiers du troisieme ving-
» tieme, devenue nécessaire par les besoins des
» peuples.

» Que l'état actuel de la province de Franche-
» Comté présente un tableau effrayant : les habi-
» tants des montagnes, déjà réduits à des extré-

„ mités cruelles, obligés de payer 4 à 5 sous la
„ livre de pain d'avoine, forcés d'aſſommer,
„ faute de fourrage, leur bétail ou de le vendre
„ à vil prix; le laboureur, privé de la récolte du
„ maïs, de l'orge, des fruits & des légumes,
„ contraint de ſe nourrir du bled qu'il deſtinoit au
„ paiement des impôts; la rareté des avoines &
„ des foins; un hiver anticipé qui ſupprime le
„ pâturage & affoiblit les reſſources du cultiva-
„ teur, diminuant déjà l'eſpoir conſolant de la
„ récolte prochaine, annonçant la diſette & la
„ miſere.

„ La cour conſidérant que, dans ces triſtes
„ circonſtances, une foule d'impôts, accumulés
„ ſur de ſimples ordres, ou par des arrêts du
„ conſeil, opprime, dans ſon reſſort, les ſujets
„ dudit ſeigneur roi; que le retard & la lenteur
„ opéreroient un mal irréparable; que les ordres
„ apportés le 15 octobre, par le comte de Vaux,
„ ſont évidemment la ſuite de l'infidélité com-
„ miſe le 3 ſeptembre; que ce ſeroit enfin ſe
„ rendre coupable que d'exécuter aveuglément de
„ tels ordres, qui ne peuvent être émanés du plus
„ juſte & du meilleur des rois, &c.

11 *Décembre.* Extrait d'une lettre de Bordeaux, du 7 octobre.... Pour vous faire mieux juger du motif de la diviſion élevée entre nos commerçants au ſujet de la cotiſation ſur laquelle les zélés inculpent les autres de tiédeur & de refroidiſſement, voici la lettre du roi datée du 20 octobre 1781, écrite au comte d'Eſtaing, avant ſon départ pour notre ville, & qui étoit la baſe de ſa négociation avec nous.

« Monſieur le comte d'Eſtaing, je vous ai
„ choiſi pour aller faire entendre, en mon nom, à

» la place du commerce de Bordeaux, la satis-
» faction que j'ai de la fidélité & de l'attachement
» que les négociants de mon royaume se sont
» empressés de me prouver. J'attends d'eux une
» nouvelle marque de leur zele. Vous leur deman-
» derez de vous indiquer ceux d'entre les officiers
» marchands, employés sur leurs bâtiments, qui
» leur paroîtront pouvoir contribuer à soutenir la
» dignité de mon pavillon & la prospérité de mes
» armes, dans une guerre dont l'avantage de mes
» sujets & la liberté du commerce, sont l'unique
» objet. Je vous autorise à promettre, en mon
» nom, à tous les officiers marchands qui vous
» seront présentés, & que vous reconnoîtrez sus-
» ceptibles des fonctions auxquelles je les destine,
» un état permanent, honorable, & tous les avan-
» tages de distinction que doivent attendre de
» leur patrie ceux qui se sacrifient pour elle, &c. »

On voit par cette lettre vague & ambiguë, 1°. qu'elle ne concerne pas plus les négociants de notre ville que ceux des autres; 2°. que le roi ne sollicite, ni directement, ni indirectement, aucun secours pécuniaire; que les graces promises à la marine marchande ne sont pas différentes de celles dont elle a toujours été susceptible. Il n'est donc pas étonnant que des commerçants, déjà fatigués par une contribution excessive à l'occasion du vaisseau & accessoires offerts par eux, n'aient pas cru devoir faire des sacrifices plus onéreux. Il ne l'est pas plus qu'ils n'aient pas été infiniment flattés d'un arrangement qui ne fait que consolider le mal au lieu de le supprimer. En effet, tant que la distinction révoltante établie entre les deux marines subsistera, il n'y a rien de bien à espérer de leur mélange.

Les capitaines marchands étoient déjà récompensés par les grades de capitaines de flûtes, de lieutenants de frégates, de capitaines de brûlots; ils pouvoient obtenir la croix de Saint-Louis; ils pouvoient entrer non-seulement au rang des officiers de port, & par-là pénétrer dans le grand corps, mais en grades même, & cette intrusion les rendoit odieux & méprisés; & ils le seront toujours, s'il n'y a pas de refonte totale.

11 *Décembre.* Mlle. de Tournon, qui avoit épousé le vicomte Dubarri & depuis sa mort avoit jugé à propos de quitter le nom, les armes & la livrée de son époux, objet du procès dont on a rendu compte, avoit fini par se remarier, pour éviter toute difficulté, au marquis de Tournon, capitaine au régiment de Condé cavalerie; elle vient de mourir. On remarque que le premier mari n'est pas nommé dans le billet d'enterrement.

12 *Décembre.* On confirme de plus en plus la certitude du mémoire du comte de Grace, qu'on dit déplaire au gouvernement par les inculpations graves qu'il contient contre nombre d'officiers, ce qui doit donner lieu à des récriminations sans fin, & occasionner un éclat qu'on n'aime pas en France. Ce mémoire ne déplaira pas moins au public, à ce qu'on assure, par le ton de l'insolence de l'accusé envers lui, auquel il rend toutes les injures que ce même public lui a prodiguées. Quoi qu'il en soit, le comte de Grasse, non-seulement ne donne pas son mémoire, mais ne l'avoue pas. Cependant ses parents & amis le colportent, & un certain abbé de Grasse a proposé à un libraire d'en vendre des exemplaires. C'est en Provence, sa patrie, qu'on juge qu'il a été imprimé.

(236)

12 *Décembre.* On lit dans le journal de Paris, N°. 327, l'énigme suivante en forme de chanson.

Air : *Ton humeur, Catherine, &c.*

Je suis savant, je m'en pique,
Et tout le monde le sait :
Je vis de métaphysique,
De légumes & de lait :
J'ai reçu de la nature
Une figure a bonbon,
Ajoutez-y ma frisure ;
Maintenant cherchez mon nom.

Tout le monde en attendoit le mot le lendemain suivant l'usage, & on l'attend encore, car il n'est pas venu. On sait aujourd'hui que c'est un tour joué aux rédacteurs de cette feuille, qui font les difficiles sur une infinité de choses, & se sont laissé attraper comme des imbécilles en cette occasion.

Cette énigme est une plaisanterie faite il y a plusieurs années dans une société, par M. Pascalis, conseiller honoraire à la cour des monnoies, sur M. Naigeon, auteur, poëte, philosophe, grand ami de M. Diderot, & que celui-ci a célébré & prôné fastueusement dans sa fameuse vie de Sénèque. On y décrit la figure, les mœurs & le caractère assez singulier de M. Naigeon ; & comme cette description ne laisse pas que de jeter sur lui un peu de ridicule, il est furieux contre les journalistes, & s'il étoit en crédit, il ne faudroit qu'une balourdise de cette espece pour faire supprimer leur feuille.

13 *Décembre.* Voici la chanson composée par

M. le duc de Nivernois, en faveur de Mad. de *Boufflers*, sur l'air : *ma Pantoufle est trop petite.*

  Dieu mit un tréfor
Au milieu de la Lorraine,
  Dieu mit un tréfor
Qui vaut bien son pesant d'or.
  Ce n'est pas de l'or,
Ce tréfor de Lorraine,
  Ce n'est pas de l'or,
Mais il vaut bien mieux encor.

  Il est d'un beau blanc
Des pieds jusques à la tête,
  Il est d'un beau blanc,
Il n'est pourtant pas d'argent :
  S'il étoit d'argent,
Il tourneroit moins la tête,
  S'il étoit d'argent,
Il ne seroit pas si blanc.

  Il est plein d'esprit,
Sans rechercher la louange ;
  Il est plein d'esprit,
Quand il parle & qu'il écrit :
  Il parle, il écrit,
Il fait des vers comme un ange ;
  Il est plein d'esprit
Quand il parle & qu'il écrit.

  Il fait des chansons
A la ville, à la campagne ;
  Il fait des chansons
Qui nous donnent des leçons.

Vivent les leçons
Que le plaisir accompagne;
Vivent les leçons
Que nous donnent ses chansons.

Il fait fuir les sots
Si-tôt qu'il ouvre la bouche;
Il fait fuir les sots
Qui redoutent ses bons mots.
Laissons-là les sots
Que son esprit effarouche,
Laissons-là les sots,
Jouissons de ses bons mots.

Il a deux enfants
Qui ressemblent à leur mere;
Il a deux enfants
Pleins d'esprit & de talents;
Mais ses deux enfants
Ne vaudront jamais leur mere;
Jamais ses enfants
N'auront de si grands talents.

Il a le défaut
De trop aimer la Lorraine;
Il a le défaut
D'y rester plus qu'il ne faut.
Dites-lui qu'il faut
Abandonner sa Lorraine;
Dites-lui qu'il faut
Corriger son seul défaut.

Enfin, grace à Dieu,
Je le tiens dans ma retraite;
Enfin, grace à Dieu,
Il est au coin de mon feu;

Je demande à Dieu
Qu'il se plaise en ma retraite;
Je demande à Dieu,
Qu'il reste au coin de mon feu.

14 Décembre. Il paroît enfin un arrêt du conseil du 7 décembre 1782, portant évocation des affaires des princes de Rohan & de Guimené, & attribution à une commission du conseil, composée de MM. *le Noir*, conseiller d'état, lieutenant-général de police. *Dionis du Séjour, Leschassier, du Fays, le Moine de la Clartiere,* & de *Maussion*, conseillers en la cour des aides.

14 Décembre. Extrait d'une lettre de Besançon, du 7 décembre 1782.... Je vous adresse ci-joint le préambule de l'autre arrêt du 25 novembre, qui défend de percevoir & d'imposer aucune somme sans y être autorisé par une loi enrégistrée. Vous y verrez avec plaisir qu'il y a dans notre parlement des membres instruits, qui s'appliquent à pénétrer dans le labyrinthe de la fiscalité, & à faire valoir les grands principes de la constitution monarchique. Il est à souhaiter que cet exemple fasse rougir le parlement de Paris de son inaction, de sa foiblesse à enrégistrer deux édits bursaux, dont il n'a pas prévu les suites funestes.

« Vu par la cour, les chambres assemblées,
„ l'arrêté du 6 septembre dernier, par lequel elle
„ a renvoyé à délibérer au 18 novembre sur
„ l'impôt de 60,000 liv., perçu au-delà de l'abon-
„ nement des deux vingtiemes, ainsi que les
„ arrêtés des 18 & 19 de ce mois.

» Vu aussi le mandement du commissaire dé-
„ parti de la province de Franche-Comté, en date
„ du 25 avril 1782, adressé aux villes & com-

» munautés du ressort, portant : *Qu'ayant omis
» de comprendre dans les rôles du vingtieme la
» somme de 60,000 livres, dont l'imposition est spé-
» cialement ordonnée par les lettres-patentes du 30
» juin 1780, & qu'il étoit d'usage de comprendre
» avec le principal de cette imposition, en exécution
» de l'arrêt du conseil du 14 mars 1775; & que,
» pour pourvoir au rétablissement de ce fonds, il
» avoit été ordonné, par arrêt du conseil du 28
» mars 1782, qu'en exécution des lettres-patentes
» du 30 juin 1780, & de l'arrêt du 14 mars 1757,
» il continueroit d'être imposé chaque année, à
» compter de la présente, comme par le passé, en sus
» de l'abonnement des deux vingtiemes, la somme
» de 60,000 livres, pour être employée aux déchar-
» ges, modérations, non-valeurs, remboursement des
» rentes ecclésiastiques, & autres dépenses d'utilité
» publique & d'administration, d'après le compte
» qui en sera rendu au roi chaque année.*

» Ladite cour s'étant fait représenter l'arrêt du
» conseil du 14 mars 1757, revêtu de lettres-
» patentes du 30 mars 1764, les lettres-patentes
» du 30 juin 1781, & les mémoires qu'elle a
» adressés au ministre des finances, sur le brevet
» des impositions de 1781 & 1782, elle a reconnu
» que lesdits arrêts & lettres-patentes sur lesquels
» on voudroit établir cette imposition de 60,000 l.,
» loin de l'autoriser, la défendent expressément.

» Que l'arrêt du 14 mars 1757, attaché sous
» le contre-scel des lettres patentes du 30 mars
» 1764, n'autorise aucune dépense étrangere au
» vingtieme, & n'a même été enrégistré que sous
» la réserve expresse *qu'on n'en pourroit induire
» aucune approbation des frais de régie & des comptes
» mentionnés en l'article IV dudit arrêt.*

» Que

„ Que les lettres-patentes du 30 juin 1781,
„ portant augmentation de l'abonnement de deux
„ vingtiemes, à concurrence de 50,000 livres,
„ tant en principal que sous pour livres, présen-
„ toient en effet une somme de 18,480 l. dont on
„ ignoroit la destination, outre la somme néces-
„ saire pour faire face aux non-valeurs, décharges,
„ modérations, frais de rôle & autres ; mais que
„ ces lettres-patentes n'ont été enrégistrées le 20
„ juin suivant, *qu'à la charge que, conformément*
„ *à la fixation portée dans la lettre du directeur-*
„ *général des finances, datée du 17 novembre 1780,*
„ *l'augmentation de deux vingtiemes & sous pour*
„ *livres ne seroit que de la somme de 55,000 liv.*
„ *à comprendre par addition au montant de l'abon-*
„ *nement, sans pouvoir y ajouter aucune somme*
„ *pour frais de rôles, qui ne peuvent augmenter*
„ *à raison de ladite augmentation de 55,000 liv.,*
„ *ni pour non-valeurs, décharges & modérations,*
„ *qui ne peuvent jamais avoir lieu, vu la forme*
„ *de répartition de cette imposition dans la province,*
„ *dans laquelle cette répartition se fait au marc la*
„ *livre de l'imposition ordinaire.*

„ La cour a reconnu pareillement, à vue desdits
„ mémoires sur le brevet de 1781, que les diffé-
„ rentes dépenses d'administration que l'on vou-
„ droit imposer par forme d'excédent des ving-
„ tiemes, sont déjà portées en grande partie dans
„ les excédents de la capitation, nonobstant la
„ déclaration du 12 février 1780, dont l'article
„ défend qu'à l'exception des charges locales,
„ *il ne puisse être fait ni ordonné d'imposition sur les*
„ *taillables, qu'en vertu de lettres-patentes enré-*
„ *gistrées dans les cours.*

„ Elle a de même reconnu, que les excédents de

,, la capitation étoient illégalement imposés ; &
,, que, sans entrer en ce moment dans l'examen
,, de l'utilité ou du taux légitime des dépenses
,, d'administration qui y sont portées, se réservant
,, au contraire d'approuver les objets d'utilité pu-
,, blique, lorsqu'ils lui seront présentés dans la
,, forme fixée par la déclaration de 1780, dont
,, elle maintiendra l'exécution en conformité de
,, l'enrégistrement, elle se borne à l'examen des
,, sommes ajoutées aux rôles du vingtieme.

,, S'étant fait encore représenter, ladite cour,
,, les mandements du commissaire départi pour la
,, levée des vingtiemes de toutes les années précé-
,, dentes à 1782, elle a aussi reconnu qu'ils ne
,, portent que la somme principale des deux ving-
,, tiemes ; en sorte que l'usage annoncé dans le
,, mandement du 25 avril dernier, de comprendre
,, les dépenses d'administration avec le principal
,, des vingtiemes, n'a jamais été connu jusqu'au
,, moment où la déclaration du 13 février 1780,
,, a mis le parlement dans le cas de s'occuper plus
,, particuliérement du détail des impositions, &
,, que les prétendus frais de rôles & de régie des
,, vingtiemes avoient été arbitrairement & succes-
,, sivement accrus depuis la somme de 6,000 l.
,, à celle de 60,000 l. ; que cette maniere sourde
,, & cachée d'imposer n'a pu former un usage, &
,, tend à changer la nature des contributions, at-
,, tendu que la répartition du vingtieme se fait sur
,, une base différente des autres impôts, &c. ,,

15 *Décembre*. Si l'on en croit une lettre de
Madrid du 6 novembre, adressée au courier de
l'Europe & insérée au N°. 46., la guerre, ce fléau
si funeste aux états en général, auroit été cette fois
très-utile à d'Espagne, non-seulement par les avan-

rages politiques qu'elle en va retirer au traité de paix entamé, mais encore par son administration intérieure. L'auteur voudroit sans doute faire attribuer la nouvelle métamorphose que ce royaume va subir, au commerce plus immédiat & plus fréquent que les Espagnols ont eu avec les François à raison de leur confédération. L'exemple, les discours, les reproches, les railleries sur-tout de ces aimables persifleurs, auroient enfin fait ouvrir les yeux au premiers, devenus un peuple nouveau.

Le 3 novembre, suivant le comte de la Serena, qui a souscrit la lettre, jour où l'on a publié le projet des réformes, arrêté au conseil d'état, auroit été à Madrid un jour de fête, & toutes les classes des citoyens auroient fait éclater leur joie.

La proclamation royale auroit dix pages d'impression, & ne seroit que le préambule d'un ouvrage beaucoup plus long, dont la meilleure administration intérieure des provinces, des réformes dans les finances, l'admission des étrangers de religion quelconque dans tous les états de S. M. catholique, même des juifs, & sur-tout l'éducation nationale, seroient les principaux objets.

L'inquisition ne pouvant subsister avec ce nouveau génie du gouvernement, dès le 4 décembre le grand-inquisiteur auroit eu ordre de se retirer dans son évêché de Salamanque, & tous ses collégues auroient été également dispersés jusqu'à nouvel ordre. Les fonds affectés à ce tribunal exécrable, auroient été consacrés à un usage vraiment utile, ainsi que les revenus de beaucoup de couvents supprimés.

Enfin le monarque, se réformant lui-même, auroit pris sur ses dépenses de chasse & ses plaisirs, de façon à n'avoir besoin d'aucune contribution forcée de ses sujets pour l'exécution de son plan.

L'auteur de la lettre exalte par occasion une histoire générale d'Espagne, à laquelle travaille un dom Jérôme de Veras; & il parle encore d'un *prospectus* de l'histoire de l'Amérique par le même, histoire qui n'aura guere rien de commun que le titre avec celle du docteur Roberson. Ces deux ouvrages seroient la plus belle chose du monde.

Quoi qu'il en soit, on ne sait si c'est sciemment ou de bonne foi ; mais le rédacteur du courier de l'Europe, malgré toutes les raisons qui devoient l'obliger de se défier d'un récit aussi circonstancié & aussi incroyable, semble l'avoir adopté entiérement. Tous les Espagnols d'ici sont furieux, en ce qu'ils regardent cette lettre comme la satire la plus sanglante de leur gouvernement, de leurs mœurs & de leurs préjugés. En effet, quel contraste avec la conduite d'une nation qui tient depuis douze ans dans une sorte d'exil le comte d'Aranda, un des plus grands ministres qu'elle ait eu, qui pour récompense des services que lui avoit rendu *Olavidès*, cet administrateur digne des plus brillantes récompenses, le fait fesser par des moines, & l'oblige de se soustraire par la fuite à des châtiments aussi cruels que ridicules ; qui a proscrit de chez elle les ouvrages des Montesquieu, des Voltaire, des Rousseau, & en défend la lecture comme un crime politique ; qui, après le combat de Rodney à Gibraltar, pour premier objet de sa réclamation, lui fait redemander trois capucins prisonniers ; qui, tout récemment encore, dans une capitulation faite lors de la reddition d'un petit fort du Mexique, sollicite pour condition préliminaire & essentielle, que les Anglois ne touchent pas aux vases sacrés ; qui, pour tout dire en un mot, est gouverné par un moine, confesseur du roi régnant, osant gourmander & insulter, aux yeux de l'Espagne entiere, l'héritier présomptif du trône !

Si le courier de l'Europe passe en Espagne & y est traduit, on ne doute pas que la hardiesse du rédacteur, ou sa bonhommie, ne lui soit funeste & ne fasse interdire sa gazette. Dans l'un ou l'autre cas, on est surpris que sa sagacité ordinaire ne lui ait pas fait découvrir le piege qu'on lui tendoit. Il est à remarquer que ce titre de comte de Serena, dont cette lettre supposée porte la signature, est un des titres du roi d'Espagne, ce comté appartenant à S. M. catholique, qui en porte quelquefois le mom, comme le roi de France, celui de comte de Forcalquier.

16 *Décembre*. Personne n'ignore que M. le prince de Soubise, outre la grosse pension qu'il faisoit à Mlle. Guimard, avoit sur sa liste une quantité d'autres danseuses de l'opéra. Ces demoiselles ont craint avec raison que l'on ne leur retirât des bienfaits aussi mal placés ; elles ont fait de nécessité vertu, & ont adressé à ce magnifique seigneur une lettre très-noble, par laquelle elles gagnent de primauté, & le supplient de consacrer à un usage plus respectable l'argent de leurs pensions. On espere que les amateurs ne laisseront pas perdre cette épître intéressante, & qu'ils en multiplieront les copies, dont on assure qu'il en a déjà transpiré quelques-unes, ce qui les rendra bientôt plus communes, & mettra le public plus à portée d'en juger & d'admirer de pareilles héroïnes.

17 *Décembre*. On a enfin joué aujourd'hui aux François le *Vieux Garçon*. Ce n'est point une piece de caractere, comme on l'annonçoit, ce n'est pas même une comédie, ou plutôt c'est un monstre.

mi-partie, qui d'abord farce sans gaieté, dégénere en drame sans intérêt. Le principal personnage est un célibataire qui, soutenant mal son système, en change tout-à-coup par de très-petits moyens, & finit par prêcher la morale contraire. Tous les détails sont ignobles, & le style est tout-à-fait inégal comme le fonds, tantôt d'une élégance trop recherchée, & tantôt d'une platitude cynique ; en général il est fort incorrect : sur un pareil essai, on peut conseiller à M. Dubuisson de rester dans la carriere tragique : son Nadir avoit fait concevoir de lui quelque espoir de succès mieux mérités.

17 Décembre. L'absence n'a point soustrait le duc de Chartres aux quolibets des plaisants : par un calembour relatif à ses bâtiments & son voyage d'Italie, on dit qu'il est allé se faire recevoir à l'académie des arcades à Rome.

On cite un autre calembour à l'occasion du siege de Gibraltar, que, dans son aimable gaieté, s'est permis, dit-on, M. le comte d'Artois lui-même. On veut qu'il ait dit à la reine, que la batterie qui avoit fait le plus de mal dans le siege, avoit été sa batterie de cuisine. En effet, on prétend que les officiers Espagnols, fort sobres naturellement & peu accoutumés à la bonne chere, gagnoient fréquemment des indigestions à l'excellente table que tenoit S. A. R.

Cette plaisanterie seule vaut mieux que toute la chanson en neuf couplets, faite sur ce siege au retour du prince, trop plate, trop grossiere & trop injuste pour la rapporter.

17 Décembre. M. le marquis de Villette est intéressé pour 28,000 liv. de rentes à la déroute du prince de Guimené. Il a cru que cette perte lui donnoit au moins le droit d'en rire. En conséquence,

il a écrit fur cette matiere une lettre très-plaifante à Mad. de Coaflin, autre victime du fameux banqueroutier pour 24.000 liv. de rentes auffi: il s'y permet quelques réflexions malignes contre celui-ci & contre fa femme: la maifon de Rohan l'a trouvé mauvais, & en a fait témoigner de l'humeur au marquis de Villette par le procureur Boudeau, chargé de débrouiller le chaos de la direction; ce qui a fait naître une nouvelle lettre du même, adreffée à cet officier de juftice, où il n'y a pas de farcafmes, de gaieté & de philofophie.

Quoique ces épîtres ne fuffent pas faites pour être rendues publiques, le marquis piqué a affecté d'en donner des copies, & la foule des créanciers du prince les cite avec avidité; ils les tranfcrivent, les répandent, & alleguent leur douleur par cette petite vengeance.

18 *Décembre*. La lettre de Mlle. Guimard eft toujours très rare, fur-tout depuis qu'on fait que la maifon de Rohan a été fâchée de la publicité de celles du marquis de Villette. Cette danfeufe a la délicateffe de ne vouloir pas en donner de copies; cependant tout tranfpire & en voici une.

Lettre de Mlle. Guimard & autres danfeufes de l'opéra, à M. le prince de Soubife.

MONSEIGNEUR,

Accoutumées, moi & mes camarades, à vous poffèder dans notre fein chaque jour de repréfentation du théâtre lyrique, nous avons obfervé, avec le regret le plus amer, que vous vous étiez fevré, non-feulement du plaifir du fpectacle, mais qu'aucune de nous n'avoit été appellée à ces petitssoupers fréquents, où nous avions tour-à-tour le bonheur de vous plaire & de vous amuser. La renommée ne nous a que trop instruites de la cause de votre solitude & de votre juste douleur. Nous avons craint jusqu'à présent de vous y troubler ; faisant céder la sensibilité au respect, nous n'oserions même encore rompre le silence, sans le motif pressant auquel ne peut résister notre délicatesse.

Nous nous étions flattées, Monseigneur, que la banqueroute, (car il faut bien se servir d'un terme dont les foyers, les cercles, les gazettes, la France & l'Europe entiere retentissent) que la benqueroute de M. le prince de Guimené, ne seroit pas aussi énorme qu'on l'annonçoit ; que les sages précautions prises par le roi pour assurer aux réclamants les gages de leurs créances, pour éviter les frais & les déprédations plus funestes que la faillite même, ne frustreroient pas l'attente générale ; mais le désordre est monté sans doute à un point si excessif, qu'il ne reste aucun espoir. Nous en jugeons par les sacrifices généreux auxquels, à votre exemple, se résignent les principaux chefs de votre illustre maison.

Nous nous croirions coupables d'ingratitude, Monseigneur, si nous ne vous imitions en secondant votre humanité, si nous ne vous reportions les pensions que nous a prodigué votre munificence. Appliquez ces revenus, Monseigneur, au soulagement de tant de militaires souffrants, de tant de pauvres gens de lettres, de tant de malheureux domestiques que M. le prince de Guimené entraîne dans l'abyme avec lui. Pour nous, nous avons d'autres ressources : nous n'aurons rien perdu, Monseigneur, si vous nous conservez votre estime ; nous aurons même gagné, si en refusant aujourd'hui vos bienfaits, nous forçons nos détracteurs à convenir que nous n'en étions pas tout-à-fait indignes.

Nous sommes avec un profond respect, &c.

A la loge de Mlle. Guimard, ce vendredi 6 décembre 1782.

19 *Décembre.* On a parlé d'un traité sur cette question : *Qu'est ce que le Pape ?* par M. Elbec ; traité qui a si fort révolté le clergé. Aujourd'hui on voit ici une brochure, intitulée : *Qu'est-ce qu'un Evêque ?* ouvrage traduit, dit-on, de l'allemand du même écrivain. Il y a grande apparence que ce traité est d'un François qui s'est couvert de ce nom étranger. Quoi qu'il en soit, l'objet de la brochure, n'ayant que 44 pages, & très-scientifique dans ce court espace, est de détruire la suprématie du pape, la supériorité des cardinaux d'institution purement humaine, de renverser la daterie romaine, invention usuraire & monstrueuse ; en un mot, de sapper jusque dans ses fondements tout l'édifice de la puissance du souverain pontife, en rendant aux prélats celle qu'ils doivent avoir, & dont tous les titres se trouvent consignés dans l'écriture sainte. Tel est le résumé du pamphlet, où quelquefois il regne un persiflage qui décele le génie national ; à quelques passages près de cette espece, il est fort ennuyeux, mais très-concluant.

20 *Décembre.* Le procès pour la réhabilitation de la mémoire du comte de Lally, porté aujourd'hui au parlement de Dijon, ne se termine point, s'alonge même & s'éternise par de nouveaux incidents. C'est ce qu'on voit dans deux factums récents, dont l'un, intitulé l'*Intervention de M. d'Epremesnil à Dijon*, premier cahier : le second, l'*Intervention de M. d'Epremesnil à Dijon*, second cahier. Il paroît que celui-ci n'est pas fort ancien,

L 5

puisque l'auteur commençoit à l'écrire le 10 novembre dernier.

20 *Décembre.* Les comédiens Italiens ont donné aujourd'hui la premiere représentation d'*Aneximandre*, petite comédie en un acte & en vers, qui a été assez bien accueillie. On la dit d'un jeune auteur de vingt-deux ans, nommé *Andrieux*. Une romance de M. François de Neuchâteau en a fourni le sujet.

20 *Décembre.* Extrait d'une lettre de Rennes, du 17 décembre... Les états ont adressé au roi une lettre très-respectueuse, très-soumise, mais très-ferme, où ils relevent les différentes phrases de la réponse, qui contiennent des assertions contraires aux privileges de la province. Elle n'a point eu le succès qu'ils en attendoient : elle leur a été renvoyée sans avoir été mise sous les yeux de S. M., sous prétexte qu'elle ne pouvoit qu'irriter davantage le monarque.

De son côté, M. le comte de la *Violais* ayant rendu compte à son ordre d'une conversation qu'il avoit eue avec M. le marquis d'Aubeterre, qui, après être convenu autrefois de la justice de la réclamation des états, de nommer & choisir eux-mêmes leurs députés, varie aujourd'hui & conteste ce droit : la noblesse trouvant de la duplicité & de la mauvaise foi dans ce commandant, a arrêté qu'on n'iroit point chez lui, qu'on ne communiqueroit point avec lui.

Cependant M. Daubeterre a pressé pour les abonnements. Le clergé, suivant son usage, a voté pour se conformer purement & simplement à la demande des commissaires du roi ; le tiers a conclu à une modération sur les différents chefs, & la noblesse à ne pas s'occuper de ces objets jusqu'à ce qu'on lui eût rendu le recours au souverain.

Tout cela met ici un schisme épouvantable; l'évêque de Rennes sur-tout est détesté, parce qu'on le regarde comme l'agent secret de la cour, comme le conseil & l'instigateur du marquis d'Aubeterre, dont la tête baisse, & d'ailleurs sans beaucoup d'énergie.

On menace du reste de nous casser & d'introduire une nouvelle administration dans la province.

21 Décembre. Dans le préambule de l'arrêt du conseil, qui attribue la connoissance de la direction des créanciers du prince de Guimené à une commission désignée, il est fait mention de l'intention de S. M. de l'attribuer d'abord à des magistrats tirés du parlement. On ignoroit pourquoi cette forme plus légale n'avoit pas été suivie. On a appris que les membres de la grand'chambre désignés, voyant que toute l'instruction devoit se faire sans ministere de procureurs, d'avocats, sur papier mort, sans aucuns frais, ne se sont pas souciés de se donner inutilement tant de peine, & ont refusé de se charger de l'affaire.

Messieurs des enquêtes, plus généreux, offroient de prendre leur place; mais on a craint que cette préférence n'excitât un schisme dans cette compagnie, & l'on a pris le parti de renvoyer la connoissance de l'affaire à des membres choisis dans la cour des aides.

21 Décembre. Un nommé Gardel, danseur de l'opéra, ayant été trouvé couché avec la sœur Eugenie du couvent de Saint-Mandé, celle-ci a été conduite dans une maison de force; & l'autre a été puni par une prison de quelques jours.

Cette sœur Eugenie avoit été femme-de-chambre de Mad. Dubarri, lui avoit donné de la jalousie, & avoit été obligée de prendre le voile pour se soustraire aux inquiétudes & à la vengeance de sa maîtresse.

21 *Décembre.* M. l'abbé Ferlet, chanoine de Saint-Louis-du-Louvre, a prononcé mercredi dernier à Saint-Roch, l'oraison funebre de M. de Beaumont, à l'occasion du service solemnel pour le bout de l'an de ce prélat, auquel a officié son successeur.

Il y avoit un grand concours de monde, & tous les évêques qui se trouvoient à Paris en ce moment n'ont pas manqué d'assister à la cérémonie.

L'orateur, en parlant de la partie de l'administration profane qui concernoit le ministre du défunt, qui s'étoit souvent trouvé dans le cas de travailler avec M. Necker, n'a pas manqué de faire un éloge pompeux de celui-ci ; & cette accolade d'un archevêque avec un protestant a paru si extraordinaire dans la chaire de vérité, qu'on n'a pas douté que ce ne fût une nouvelle explosion arrangée avec la cabale de cet ex-ministre, pour tenter un dernier effort en sa faveur. Effectivement, il en a résulté une grande sensation, & tous les prélats, administrateurs sur-tout ont applaudi singuliérement au panégyriste ; mais il paroît que l'on n'en a pas pensé de même à Versailles, & l'on assure que l'abbé Ferlet en a reçu des reproches fort désagréables.

22 *Décembre.* On joue demain à l'opéra le *Seigneur bienfaisant*, opéra mis en quatre actes, dont un nouveau des mêmes auteurs pour les paroles & la musique. On sait qu'il y a une forte cabale contre de la part de beaucoup de gens, & sur-tout des auteurs de *l'Embarras des Richesses*, qui craignent une chûte plus précipitée par cette nouveauté.

22 *Décembre.* Les membres les plus zélés des états de Bretagne, sentant la nécessité de répandre

dans le public des copies de leur lettre au roi, pour dissiper les fâcheuses impressions qui pourroient résulter contre eux du refus de la présenter à S. M. & prouver qu'elle n'étoit point indigne d'être mise sous ses yeux, en ont laissé transpirer des copies, & en voici une : cette lettre est datée du 5 décembre.

SIRE,

Justement alarmés des atteintes portées à leurs droits, les états de Bretagne avoient député vers votre majesté, pour déposer dans son sein paternel leurs plaintes & leurs respectueuses représentations. Au moment où, pleins de confiance dans votre justice, ils se flattoient de recevoir une réponse très satisfaisante, le rapport de leurs députés a jeté dans leur ame le trouble & la consternation. Ce n'étoit donc pas assez pour eux d'être privés de l'exercice de leur droit, naturel à tout corps politique ? Accusés de désobéissance à vos volontés, asservis sous la condition impérieuse d'obéir avant de réclamer, ils voient leurs franchises & leurs libertés, conditions essentielles du contrat solemnel qui vous donne la Bretagne, envisagées comme de simples privileges fondés sur une concession particuliere.

Nous ne pouvons, Sire, vous dissimuler les conséquences funestes d'expressions si opposées aux principes constants de notre droit national. Quelles sont alarmantes pour des sujets aussi dévoués à leur souverain, que jaloux des droits de leur constitution; pour des sujets aussi éloignés d'une obéissance servile, qu'accoutumés à une soumission éclairée & dirigée par les loix que V. M. a juré d'observer. Ce sentiment se concilie dans nos cœurs avec l'attachement à la patrie. Oui, Sire, ce nom sacré est connu des Bretons. Ils ont une patrie, & des devoirs à remplir envers elle; ils ont des droits que l'intérêt de votre état ne leur permet pas d'oublier.

Daignez, Sire, vous retracer l'histoire de l'heureuse union de la Bretagne à la monarchie Françoise, vous y verrez vos bons & loyaux sujets vous engager librement leur fidélité, sous la condition solemnelle que leurs droits, franchises & libertés seroient gardés & entretenus. Vous y verrez les rois de France en confirmer par leurs édits la pleine & entiere exécution. Dans un temps plus récent, votre auguste aïeul, *Louis XV*, fit assurer les états qu'il contiendroit dans leur intégrité les constitutions nationales de sa province de Bretagne. Plusieurs fois déjà V. M. a elle-même ratifié l'engagement contracté en son nom d'en conserver les droits, franchises & libertés; & cependant dans ce moment, où V. M. semble les méconnoître, elle exige de nous, ou la plus aveugle soumission, ou le plus profond silence.

Ainsi, nos droits seroient détruits, nos libertés pourroient être anéanties avant qu'il nous fût permis de les défendre. V. M. n'entendroit de réclamations que celles de sujets courbés sous le joug d'une déclaration destructive de leur propriété. Non, Sire, ce sentiment n'entra jamais dans votre ame magnanime & bienfaisante. Vous daignerez considérer qu'il nous étoit impossible de nous soumettre à l'arrêt de votre conseil du 4 novembre 1780, sans en approuver les motifs. Représentés aux yeux des nations comme coupables de nous porter dans nos élections à des excès dont il n'exista jamais d'exemples, obéir à cet arrêt, nous taire sur la perte de notre liberté, admettre les humiliantes précautions qu'il prescrit, eût été de notre part consacrer le reproche & souscrire à notre déshonneur.

Ah! Sire, loin de votre majesté ces idées outrageantes! Elles affligent vos fideles Bretons, aussi jaloux de vous témoigner leur amour, que de mériter votre confiance.

Pere de vos peuples, vous n'exercez sur eux d'autre empire que celui des loix; elles regnent pas vous, & vous régnez par elles. Les conditions qui vous assurent notre obéissance, font partie des loix positives de votre royaume.

Votre Majesté respectera le droit inviolable des conventions; elle ne fermera pas l'oreille à nos respectueuses réclamations; elle nous rendra notre liberté; elle protégera toujours des droits dont l'exercice est aussi nécessaire au bien de son service, qu'au bonheur de ses sujets.

La confiance que nous inspire votre personne sacrée conserve en nous cet espoir; seul il peut calmer dans nos cœurs les sentiments douloureux dont ils sont affectés.

Nous sommes avec le plus profond respect,
de votre majesté, Sire,

Les très-humbles, très-obéissants, très soumis & très-fideles sujets,

Les gens des trois états des pays & duché de Bretagne.

Signés † Urbain R. évêque de Dol, le comte de la Violaie, Bellabre, présidents des trois ordres.

23 *Décembre*. Le vicomte de Turenne surprit Stenay la nuit même de ses noces, le 11 octobre 1591. Voilà le trait historique choisi par M. Ro-

chon de Chabannes, pour en former l'acte nouveau de son opéra, intitulé *le Retour du Seigneur dans ses terres*, qu'on doit jouer aujourd'hui. En conséquence, il a été obligé de le placer le premier, ce qui est fâcheux en ce qu'on a remarqué aux répétitions qu'il étoit plus brillant que les autres, & faisoit une disparate trop sensible avec eux. Mais il faut le regarder comme un prologue, une introduction au reste.

23 *Décembre*. Les rivaux de M. l'abbé Delisle fermentent toujours à l'occasion de son poëme des jardins : voici une épigramme un peu vive que l'un d'eux a enfantée, qui le pique singuliérement, & beaucoup plus que la piece *du Chou & du Navet*. Il faut la réduire à son objet, c'est-à-dire, à un pur jeu d'esprit.

>Quant à Priape on lût par aventure
>Certain livret où Delisle a tracé
>L'art des jardins, en style compassé ;
>Le Dieu voyant la triste enluminure,
>Et l'oripeau du poëte glacé,
>Et qui connoît sa bizarre luxure,
>Dit aussi-tôt en style moins pincé :
>Ce B..... là, n'aime pas la nature.

On prétend pourtant que c'est pour une femme très-aimable que le poëme a été enfanté en grande partie. On nomme même Mad. le Coulteux du Moley. On raconte qu'étant à la campagne, à la Malmaison, nom du château de cette dame, il composoit souvent des madrigaux pour elle, des morceaux relatifs aux circonstances, aux sites, aux travaux qu'il voyoit ; que souvent même il les traçoit avec un crayon sur les patrons de broderie de cette belle, ou sur du papier servant d'enveloppe de sa tapisserie & autres ouvrages ; qu'un jour en repassant tout cela, elle lui donna l'idée de lier ces diverses parties dans un plan général, & d'en former un tout dont est résulté le poëme des *Jardins*. En effet, l'origine s'en décele dans les pieces de rapport dont il est composé ; & les connoisseurs croient en avoir encore par-tout les sutures.

24 *Décembre*. Les écrits publiés par M. d'Epremesnil, lors de son intervention à Rouen, sont :

1°. La *correspondance de messieurs de Lally & de Leyrit dans l'Inde*.

2°. Ses deux *Plaidoyers*.

3°. Le *Précis de ses moyens de droit*.

4°. L'*extrait de son second Plaidoyer pour servir de réclamation à la réponse du sieur Tolendal*.

5°. Son *intervention réduite à sept raisonnements*.

6°. Sa *déclaration au sujet de la distribution clandestine de la requête en cassation du sieur Tolendal, contre les huit arrêts du parlement de Normandie*.

7°. Ses *réflexions sur un écrit du sieur Tolendal, supprimé par arrêt du parlement de Paris le 7 août 1781*.

Aujourd'hui son premier cahier contient, 1°. sa *requête d'intervention* ; 2°. son *premier mémoire à Dijon, ou sa réponse provisoire aux observations du sieur Tolendal, se disant comte de Lally-Tolendal, sur sa correspondance avec M. le marquis de Montmorenci* ; 3°. son *second mémoire à*

Dijon, ou sa *réponse définitive à ces mêmes observations*.

Le second cahier enfin, concerne la correspondance de ce magistrat avec M. le chevalier de Crillon, sur le projet de faire arrêter M. de Lally, imputé au conseil de Pondichery, par le sieur Tolendal, & ses réflexions à l'occasion d'un nouveau libelle de ce dernier.

Il seroit fastidieux d'entrer dans la discussion de tous ces écrits. Il en résulte seulement que les précautions prises par l'arrêt du conseil pour écarter l'intervention de M. d'Epremesnil, n'ont pas réussi, puisqu'il entre enfin en cause. Il n'a tant tardé que parce que son adversaire ne le reconnoissoit point pour partie intervenante, & en conséquence, quoique l'affaire fut évoquée à Dijon depuis deux ans, il ne lui a fait signifier l'arrêt qu'à la derniere extrémité, le 20 juin dernier.

Du reste, on voit deux nouveaux acteurs sur la scene dans cette grande affaire. Le marquis de Montmorenci & le chevalier de Crillon, officiers qui ont servi dans l'Inde avec M. de Lally, dont les témoignages très-favorables au comte de Lally, ont fourni des moyens à son vengeur, & donné des inquiétudes à M. d'Epremesnil, qu'il a désiré éclairer par une correspondance avec ces illustres personnages, dont il n'a pas été content; en sorte qu'il a cru devoir les mettre en cause & les attaquer eux-mêmes, au moins indirectement.

14 *Décembre*. On annonce une brochure nouvelle, intitulée *le Singe de quarante ans*: on l'attribue à M. Linguet, & l'on prétend qu'elle est dirigée contre l'empereur.

24 *Décembre*. On ne peut se dispenser d'avouer que le nouvel acte du *Seigneur Bienfaisant* est, au premier coup-d'œil, un hors d'œuvre, trop disparate avec le reste, qui n'y est point assez lié, & en divisant l'intérêt l'affoiblit. Du reste, à le considérer isolé, il est très-beau ; plus, il est vrai aussi, tant par le spectacle que par le fonds même, qui est peu de chose.

C'est le sieur Gardel qui a contribué le plus à cette partie, où il a jeté beaucoup de variété. Des manœuvres militaires exécutées par les enfants du dépôt du régiment des gardes-françoises, & très-bien commandées par Mlle. Audinot, qui fait le rôle de leur chef, ont sur-tout excité les plus vifs applaudissements. Cependant les gens sévères critiquent cette destination. Ils craignent qu'elle ne fasse perdre à ces jeunes gens la haute opinion qu'ils doivent avoir de la noblesse de leur profession ; qu'ils ne contractent un goût scénique qui lui seroit très-contraire ; enfin, qu'ils ne perdent leurs mœurs par le mélange avec les sujets les plus corrompus de l'un & de l'autre sexe.

L'assemblée étoit très-brillante : la reine, qui n'avoit pas encore vu le *Seigneur Bienfaisant*, a honoré ce spectacle de sa présence, & l'auteur a eu la douce satisfaction d'y voir S. M. répandre des larmes.

Quoique le succès du nouvel acte n'ait pas été équivoque, il faut attendre qu'il ait eu quelques représentations pour en mieux juger. Cependant les persifleurs se sont égayés à l'occasion de canons qu'on traîne sur la scene, dont le roi a fait présent au Seigneur Bienfaisant pour récompense de son expédition ; ils se sont écriés : *qu'il ne falloit pas en avoir peur, que l'auteur n'avoit pas inventé la poudre*. Le calembour a fait fortune, & s'est bientôt répété dans les loges & aux foyers.

25 Décembre. M. Rochon de Chabannes a envoyé la nouvelle édition de son opéra du *Seigneur Bienfaisant* à M. de Saint-Marc, avec le quatrain suivant.

Aux nobles, aux guerriers, aux enfants d'Apollon,
    J'offre en tremblant ce foible hommage;
    Mais si j'obtiens votre suffrage,
Je marche, au milieu d'eux, dans le sacré vallon.

M. de Saint-Marc lui a répondu par cet autre madrigal, non moins galant:

Je reçois le cadeau du *Seigneur Bienfaisant*,
    De votre amitié nouveau gage,
    Et doute encore en le lisant
    Si c'est le titre séduisant,
    Ou de l'auteur ou de l'ouvrage.

16 Décembre. M. le comte de la Merville est à une terre de M. de Semaisons, non loin de Paris; il a eu permission de se rapprocher. Il reprend confiance; ses protecteurs lui ont fait dire qu'il restât tranquille, qu'on avoit fait revenir le roi sur son compte, qu'il goûtoit ses projets, & que la paix faite, on s'en occuperoit sérieusement.

16 Décembre. On apprend que le sieur Monvel, qu'on croyoit mort, est plein de vie & toujours en Suède, où il brille comme acteur & comme auteur.

27 *Décembre*. Un M. Gaudebert, architecte, a un projet fort bien vu pour tourner en institution utile & magnifique ces carrieres dont Paris est miné de toutes parts, & toujours prêtes à engloutir un grand nombre de ses habitants. Il propose d'en faire des catacombes ; ce qui supprimeroit l'embarras de l'emplacement des cimetieres hors de la capitale, dont on s'occupe depuis long-temps.

Cet artiste a exposé ses idées dans une brochure intéressante, & d'un style qui feroit honneur au meilleur écrivain. Il y a joint des notes savantes & instructives ; mais la piece la plus frappante par son originalité est une espece d'épître dédicatoire qu'on trouve en tête, à *Rodope*, beauté célebre qui fit élever la plus haute & la plus riche des piramides d'Egypte. Elle peut être mise à côté de celle à Mlle. Duthé, dont on a parlé.

On dit M. Gaudebert jeune, ce qui ajoute encore à son mérite, & annonce un talent fait pour percer & aller loin : il paroît brûlé de ce noble enthousiasme qui produit les plus belles choses en tout genre.

27 *Décembre*. On a reçu ici une brochure politique, composée en hollandois, dont le titre peut se rendre à-peu-près ainsi : *Lettre sur la vraie cause du malheur du pays, trouvée entre Utrecht & Amersfoort* ; son objet est d'inculper l'administration du prince d'Orange, & l'auteur paroît un étranger fort attaché à la France. Quoi qu'il en soit, comme dans cet écrit on attaque jusqu'à la princesse, femme du Stadhouder & niece du roi de Prusse, on dit que ce monarque a fait présenter aux Etats-généraux un réqui-

sitoire en forme de mémoire en date du 17 de ce mois, pour exiger des recherches de l'auteur, de l'imprimeur & des distributeurs du pamphlet ; ce qui ne manquera pas de lui donner beaucoup de vogue à Paris, & d'en faire naître une traduction si elle n'est déjà faite.

28 *Décembre.* Malgré les efforts des différentes cabales qui s'étoient formées contre le nouvel acte du *Seigneur Bienfaisant*, & contre l'ouvrage ancien même que l'on étoit fâché de voir remis, il a franchi la seconde représentation avec non moins de succès que la premiere fois. Aux menées des auteurs de *l'Embarras des richesses*, se joignoient celles des Gluckistes, des Piccinistes, des Sacchinistes, outrés de voir les ouvrages de leurs chefs respectifs retardés, s'imaginant que ces étrangers doivent exclure les nationaux de leur propre domaine.

On a mieux senti le second jour la liaison du premier acte avec les autres ; c'est le haut de la bordure d'un cadre magnifique, dont le dernier acte fait l'autre extrémité ; l'action villageoise est enchâssée entre deux, & ils la commencent & la terminent avec beaucoup de pompe & de spectacle.

Le *Seigneur Bienfaisant*, ainsi qu'en a prévenu l'auteur, a exécuté ce que Turenne a fait : le jour même où il a marié sa fille, il est allé surprendre une ville rebelle avec son gendre. Ils sont absents depuis trois mois. Les inquiétudes de la jeune femme qui attend son mari ; l'espoir prochain de la femme du seigneur de revoir le sien ; le chagrin du fils de n'avoir pas suivi son pere le trouvant trop jeune, & son projet de se rendre digne de l'imiter bientôt en se formant une petite troupe des enfants du village ; le zèle des vassaux à recevoir leur seigneur déjà adoré d'eux par son caractère de bonté : telle est l'esquisse à-peu-près du fonds de l'acte nouveau. Le poëte en outre, a eu le soin d'y jeter quelques vers où se trouve le germe de l'action qui va se passer au village où la scene doit se transporter.

Du reste, M. Rochon ne s'est porté à composer cet acte que pour avoir égard aux instances de l'administration, observant les trois autres trop courts pour remplir la durée du spectacle, & embarrassé d'ailleurs de choisir quelque fragment propre à joindre à cette pastorale.

On a déjà dit que la reine, qui n'avoit pas encore vu cet opéra, peu prévenu d'ailleurs en faveur de la musique du sieur Floquet, avoit été émue de celle du Seigneur Bienfaisant, & du spectacle touchant & vrai qu'il offre au second acte ; qu'elle en avoit pleuré. On sait qu'elle se propose d'y revenir. M. le comte d'Artois a fait dire aussi aux auteurs, par le sieur *Gosset*, qu'il avoit été très content de leur ouvrage.

29 *Décembre*. Extrait d'une lettre d'Utrecht, du 23 décembre 1782. Vous allez juger de la différence de notre administration d'avec la vôtre, par ce qui vient d'arriver au sujet de M. G. T. Paddenburg, l'éditeur d'une feuille hebdomadaire imprimée ici sous le titre de *Post van den neder-Rhyn*, (la poste du Bas-Rhin) que le comte d'Athlone, nommé grand-bailli de cette ville par le Stadhouder, avoit attaqué pour s'être servi, dans plusieurs de ses *numéros*, d'expressions peu mesurées. Chez vous, qu'il eût eu tort ou raison, on auroit commencé par mettre cet éditeur à la Bastille : celui-ci lui a demandé, en qualité de

citoyon d'une république libre, de plaider sa cause. Le 12 de ce mois, on lui a accordé une audience, où, en présence d'une foule de spectateurs, son procureur l'a défendu si victorieusement, que non-seulement les échevins-régents ont déclaré le demandeur non-recevable dans son inculpation, mais l'ont condamné aux dépens. Ce jugement a été reçu du public avec des démonstrations de joie non équivoque sur son vœu.

30 Décembre. M. Dupuy abdique le secrétariat de l'académie des belles-lettres, & c'est M. Dacier qui lui succede. On ne peut assez s'étonner de voir parvenir si promptement un jeune homme qui n'a été reçu dans la compagnie que par faveur, par égard à la recommandation de M. de Foncemagne, dont il étoit le complaisant & le lecteur; n'ayant encore aucun titre d'érudition pardevers lui, & sur une simple traduction d'Œlien, où l'on avoit lieu de croire qu'il avoit été beaucoup aidé par son maître. Quoi qu'il en soit, c'est d'autant plus remarquable que différents de ses confreres, anciens membres de l'académie françoise, y avoient des droits mieux fondés, sans parler de plusieurs autres qui, sans être de celle-ci, s'en sont montrés dignes : enfin, que M. Dacier auroit peut-être été le dernier qui eût élevé à cette place le vœu public.

30 Décembre. M. Beaudouin de Guemadeuc, maître des requêtes, demeuroit chez son oncle l'abbé Beaudouin, chanoine de Notre-Dame, riche, ayant une excellente table, & y recevant fort bonne compagnie, sur-tout des ministres étrangers, des ambassadeurs, ce qui rendoit cette maison un bureau de nouvelles, rival de celui de Mad. Doublet qui vieillissoit. Le jeune Beaudouin

douin avoit contracté ce goût dans une pareille société. Il tenoit note de ce qu'il entendoit ou voyoit. Sa charge l'appellant souvent à Versailles, il ne laissoit pas que d'y apprendre bien des anecdotes de cour. On sait que depuis il a été enfermé pour des fautes & même des bassesses, comme il l'avoue lui-même. Dans sa détention il s'est rappellé beaucoup de choses contenues dans ses recueils saisis avec ses papiers, & c'est du résultat de toutes ces réminiscences qu'il a composé *l'Espion dévalisé*, qu'on sait positivement être de lui. On ne doute pas que M. de Mirabeau, fils de l'ami des hommes, & le compagnon d'infortune de M. Beaudoin, n'ait contribué pour sa part au manuscrit : étant devenu libre & passé en pays étranger, ce jeune homme l'y a fait imprimer.

Du reste, le cadre de l'ouvrage est fort simple. L'éditeur suppose dans un petit avertissement, en rentrant de nuit chez lui, avoir été observé par un homme qu'à ses manœuvres il a jugé espion, dont il a voulu se débarrasser, & qui en fuyant a laissé tomber son porte-feuille où étoient les différents morceaux qu'il offre au public en 18 chapitres.

On veut que M. Beaudoin, parent ou allié, amis du moins du duc d'Aiguillon, ait eu principalement en vue dans son ouvrage de servir celui-ci, en ôtant pour jamais au duc de Choiseul, son rival, tout espoir de rentrer à la cour. En effet, ce ministre est par-tout, très-maltraité, & l'on y trouve même une accusation des plus graves.

31 *Décembre*. M. l'abbé d'Espagnat, chanoine de l'église de Paris, jeune ecclésiastique visant à

l'épiscopat, bel esprit, philosophe, galant, homme de cour, réunissant tous les contraires en un mot, sous prétexte de faire entendre à Mad. la princesse de Lambale M. Garat, ce phénomene étonnant, même pour les plus habiles musiciens, a obtenu la permission de lui donner une fête à cet effet. En conséquence, logé trop à l'étroit dans sa maison canoniale pour recevoir son altesse sérénissime, il a demandé au baron d'Espagnac son pere, le gouvernement des Invalides, où ont été invités beaucoup de duchesses, de femmes de cour & de seigneurs. Le tout s'est très-bien passé. On a été enchanté du goût & de la magnificence de l'Amphitrion; mais ce qui a révolté, ç'a été de voir faire les honneurs de la fête à Mad. de Gilibert, sa cousine, & femme de M. Gilibert, major des Invalides, très bien éduquée, charmante, mais tachée du péché originel d'être fille du sieur Framboisier, inspecteur de police, sœur du sieur Framboisier de Beaunay, inspecteur de police, niece du sieur de la Janniere, ancien inspecteur de police, &c. Un plaisant, indigné de cette indécence, en a témoigné sur le champ son humeur par la boutade suivante :

  Sous ces portiques de lauriers,
Me trompé-je ! Qui vois-je, au séjour des guerriers,
  Siéger près de Lambale à ses offres propice,
 D'un festin, d'un concert, d'un brillant artifice,
  Faire effrontément les honneurs !
Qui vois je ?... Gilibert : ô honte de nos mœurs !
Toi, fille, niece & sœur d'inspecteur de police !

 31 *Décembre*. On parle encore d'un autre ouvrage nouveau sur les *lettres de cachet*, qu'on attri-

due aussi au fils du marquis de Mirabeau. Il est dédié à M. le Noir ; mais ce n'est point un persiflage ; c'est un hommage rendu à l'humanité de ce magistrat, nullement partisan d'un pareil genre de punition, qui ne s'y prête que forcément, & adoucit autant qu'il est en lui le sort des malheureuses victimes de cette invention détestable d'un ministre, prêtre, vindicatif & despotique.

31 *Décembre.* Quoique d'après les lettres publiques des ministres de la cour de Londres, & le discours du roi d'Angleterre au parlement, on eût lieu de se flatter d'une réconciliation prochaine, les choses sont encore *in statu quo*. On attribue cet engourdissement à l'anxiété du cabinet de Saint-James, qui sent l'impossibilité de continuer la guerre avec succès, & rougit de faire une paix humiliante. C'est ce qui a donné lieu à la boutade que voici.

Sans doute, fiers Anglois, le pas est difficile :
Il faut pourtant sortir de cet état douteux.
Votre gloire rougit d'un traité trop servile :
Mais que de maux vont suivre un refus hasardeux !
    Honte ou ruine, optez des deux !
  Louis, doit-il encor reprendre son tonnerre,
Ou le François chanter, dans sa gaieté légere,
    Cent vaudevilles déjà nés ?
Vous serez bien battus, si vous voulez la guerre ;
Si vous faites la paix, vous serez bien bernés.

ADDITIONS.

Année MDCCLXXI.

2 *Juillet* 1771. Monsieur le comte de Lauraguais a déjà donné en plusieurs occasions des marques du zele patriotique dont il est échauffé. Ce seigneur n'a pu soutenir le spectacle des malheurs de la France, & a pris le parti d'aller à Londres, jusqu'à ce que des jours plus sereins lui permissent de revenir à Paris. Mais pour être loin d'eux, il n'en est pas moins attaché à ses concitoyens. Son génie actif ne l'a pas laissé oisif dans la fermentation générale des têtes ; & quoique, n'étant pas encore duc & pair, il n'ait point été appelé spécialement pour s'expliquer sur la question importante qui divise la nation, il ne s'est pas moins cru obligé de consigner ses sentimens dans un ouvrage propre à éclairer les gens peu instruits. On assure qu'il a pour titre : *Droit des Francs*. Il avoit expédié une voiture qui en devoit apporter 1500 exemplaires ; un homme à cheval l'escortoit pour être à même de rendre compte à son maître du sort de cet envoi. Le secret a été éventé ; on a arrêté la charrette ; le cavalier a disparu, & l'on a saisi cette précieuse denrée littéraire. Le charretier étoit en outre chargé, dit-on, de manuscrits du même auteur, qu'on a surpris aussi ; en sorte qu'on parle beaucoup de la brochure en question, & l'on ne trouve personne qui atteste l'avoir vue & lue.

4 Juillet. Il court deux manuscrits très-précieux par les détails qu'ils contiennent, l'un intitulé *Remontrances de la Basoche*, en date du premier juillet 1771; & l'autre, *Observations sur les officiers du châtelet restés en place depuis l'édit de suppression*, &c. On parlera plus au long de ces deux pieces.

6 Juillet. Le livre de M. le comte de Lauraguais a pour titre: *Extrait du droit public de la France, par Louis Brancas, comte de Lauraguais.* C'est une brochure in-8º. de 137 pages. Son but est de prouver que les François avoient un droit public. L'auteur en rassemble les preuves en sept parties.

Dans la premiere, il établit le contrat social & le pacte social qui forment la constitution de la monarchie françoise.

La seconde, contient les développements du pacte social.

La troisieme, contient les principes généraux du droit.

La quatrieme, traite du cens royal, des tributs & des devoirs.

La cinquieme, des tribunaux.

La sixieme, des juges.

La septieme, de la jurisprudence civile & de la jurisprudence criminelle.

Sans entrer dans la discussion de ces parties, il suffit d'observer que le but de l'écrivain est de démontrer que les événements historiques par lesquels il entre en matiere concernant l'élection des anciens rois & leur déposition, ne tenoient pas simplement à l'indépendance d'une nation bizarre, fiere & sauvage, mais aux loix; à la constitution, au droit public des Francs; qu'il y

M 3

avoit un contrat social entre la nation & le roi ; qu'il en dérivoit un pacte social entre les parties constituantes du souverain & de la souveraineté : 1°. dans la supposition de l'observation des conditions du contrat social ; 2°. dans le cas de l'infraction de ces conditions, d'où il résulteroit un acte réciproque, par lequel un peuple dit à un homme : vous serez roi à telles conditions, alors je serai *fidele* ; si vous les enfreignez, je serai votre juge..... Et cela fondé sur la définition de la puissance qui coopere aux loix qui ne doivent être faites que par le concours du peuple & du roi, & qui donne le nom de roi à l'homme qui exerce cette puissance ; *s'il est juste, il est roi ; s'il veut être oppresseur, c'est un tyran.*

Ces deux phrases extraites mot à mot du livre même, en sont à peu près tout le résultat essentiel.

Du reste, M. de Lauraguais n'annonce son ouvrage que comme un extrait, un *prospectus* d'un autre bien plus grand sur la même matiere ; & il faut convenir qu'il n'y a ni développement, ni liaison, ni transition, ni rien de fondu dans celui-ci. C'est une chaîne de citations extraites des capitulaires de nos rois, des anciens historiens, des chartes, &c. Le lecteur intelligent, dégagé de préjugés, en conclut aisément les inductions à tirer ; mais le livre manque de cet ensemble qui rend un raisonnement plus lumineux & plus à portée des diverses sortes d'esprits. Au reste, si celui de M. de Lauraguais est trop souvent obscur par une surabondance d'idées qui se croisent & se confondent, on ne peut se méprendre sur la nature de son cœur, qui certainement est rempli d'amour pour son roi & pour sa patrie.

7 *Juillet.* La comédie de l'*Homme dangereux*,

du sieur Palissot, en trois actes & en vers, n'est qu'une mauvaise copie du *Méchant*. L'auteur a suivi servi'ement l'intrigue & les caracteres de cet ouvrage; mais malheureusement n'en a pu imiter le style & les détails charmants. L'accessoire auroit mieux valu que le principal, & la vraie comédie qui auroit résulté de l'*incognito* de l'auteur, s'il eût pu le garder, auroit été beaucoup plus amusante que l'autre. Mais si cette tournure de faire ainsi son portrait de la façon la plus injurieuse pour capter le suffrage de ses ennemis est adroite & ingénieuse, elle annonce un défaut de délicatesse & de sensibilité, qui ne peut faire honneur au sieur Palissot auprès des gens qui savent se respecter.

Cette comédie est précédée & suivie de diverses préfaces & autres pieces relatives à l'ouvrage, ainsi que d'une vie de l'auteur par lui-même. On y remarque une affectation de parler de soi & de se louer, qui ne peut qu'exciter encore plus la rage de ses ennemis, & faire plaider le sieur Palissot, s'il est innocent de tout ce dont on l'accuse, de n'avoir pu trouver aucun apologiste; d'être obligé de s'enivrer ainsi de l'encens dont il se parfume lui-même, ou d'emprunter le ressort usé de ces éditeurs postiches qu'on sait n'être que les prêtenoms de l'écrivain.

8 *Juillet*. Un nommé *Moreau*, appellé l'*Avocat des finances*, connu pour auteur de différents écrits politiques dont il a été chargé par le gouvernement, entr'autres, l'*Observateur Hollandois*, &c. est un des serviteurs les plus zélés de M. le chancelier, & on l'a soupçonné d'avoir écrit le préambule du fatal édit contre les parlements, &c. M. le comte de Lauraguais l'attaque directement dans deux endroits de son livre. Dans l'aver-

tissement, page premiere, il dit : « Je n'ai pas
» eu besoin, comme le défenseur de la liberté
» du commerce des Indes, de faire des édits de
» Louis XIV, *de faire des chartres comme*
» *M. Moreau*..... » Et dans le cours de l'ouvrage,
page 48, il ajoute. « Si j'ai entrepris cet ouvrage,
» c'est pour venger la raison humaine des sots propos
» de nos publicistes, & nommément des argu-
» ments victorieux de *l'infidele Moreau*... »

M. Bertin, secretaire d'état & ministre, a
remis au sieur Moreau, aujourd'hui homme de
cour & bibliothécaire de madame la dauphine,
un exemplaire du livre de M. de Lauraguais, en
le chargeant d'y répondre. On croit que cette
réponse ne regarde cependant que les assertions
avancées contre lui (Moeau) ; & que quant au
grand objet de l'ouvrage de M. de Lauraguais,
on a déja détruit d'avance tout ce qu'il pourroit
dire, trouver & citer en déclarant que *le roi
ne tient sa couronne que de Dieu seul*, ainsi que
sa majesté l'a annoncé dans son fameux discours
au parlement, du 3 mars 1766, & dans le préambule de son édit enrégistré au lit de justice le 7 décembre 1770, & comme l'ont reconnu différents
parlements, & notamment la cour des aides dans ses
dernieres remontrances.

12 *Juillet*. Le discours de M. Perrot étoit particuliérement dirigé contre M. le comte de la
Marche, à qui l'orateur reprochoit sa défection
du parti des autres princes ; il témoignoit à son
altesse son étonnement de la voir occuper une
place qu'avoit toujours rempli jusque-là le premier
prince du sang, & jouer un pareil rôle, malgré
la protestation connue des princes & des pairs.
On a cru devoir absolument donner au porteur

d'ordres du roi la satisfaction de punir un magistrat qui avoit osé abuser de son ministere pour l'inculper aussi témérairement ; & c'est sur la sollicitation du même comte de la Marche que M. Perrot a été élargi. Au reste, il paroît très-repentant, & quoiqu'il sût l'arrangement, il convient qu'il a eu grand tort. Il refuse absolument la communication de son discours, qui est comme non-avenu, personne n'en ayant copie.

18 *Juillet.* Le fanatisme continue à s'étendre dans les chaires & à profiter de la liberté qu'il a de se communiquer. Un certain abbé Dubault, curé d'Epiais, le dimanche de l'octave de la fête-Dieu derniere, a fait aux Théatins un discours sur le respect que le chrétien doit à Dieu dans la sainte euchariftie, en l'assimilant à celui d'un sujet envers son roi, de faire une satire sanglante de l'ancien parlement, une apologie du nouveau, un éloge pompeux de M. le chancelier, & d'avancer les maximes les plus contraires à la liberté des François, en les réduisant à la qualité de simples esclaves, & en annonçant clairement que le roi étoit maître des biens, de la personne & de la vie de ses sujets. Heureusement que l'auditoire n'étoit composé que de gens du peuple, de laquais, de femmes-de-chambre, &c. Cependant quelques abbés s'étant trouvés par hasard là, en ont été fort scandalisés : cela a fait bruit insensiblement, & est parvenu aux oreilles de M. de *Sartines,* qui a mandé le supérieur des Théatins; celui-ci n'avoit point été spectateur; mais, sur les informations prises dans sa communauté, n'a pas disconvenu qu'il n'y eût quelque chose de trop zélé dans ce prédicateur de campagne : l'abbé Dubault, instruit de l'orage qui se formoit, a

pris le parti d'écrire à M. le chancelier, de lui envoyer son discours, en lui marquant qu'il voyoit avec douleur qu'on lui fît un crime d'être trop royaliste. M. le chancelier, flatté sans doute de l'éloge non suspect d'un prêtre obscur, a donné les ordres nécessaires pour qu'il ne soit pas inquiété, & il continue à prêcher de la même maniere. Heureusement cet orateur digne du 16e. siecle, est plus propre à faire rire par son style burlesque, son ton baladin, & ses convulsions d'énergumene, qu'à exciter une fermentation dangereuse. C'est vraisemblablement ce qui fait que M. le chancelier ne l'a pas traité plus favorablement, & s'est contenté de conserver un tel apologiste parmi le peuple, tandis que des bouches plus disertes le prônent dans le grand monde.

19 *Juillet*. Les Italiens donnent depuis peu une piece intitulée *Les Jardiniers*, en deux actes & en vers, mêlée d'ariettes. Cette comédie, jouée pour la premiere fois le jour où Mlle. le Maure chantoit au colisée, parut presqu'*incognito* ce jour-là. Par cette raison elle n'éprouva aucune contradiction; & depuis elle a été représentée avec plus d'affluence.

22 *Juillet*. Le sieur Sorhouet de Bougy n'est pas moins désolé que M. le chancelier de se voir démasqué dans la *correspondance secrete*, &c. Quoiqu'on ait saisi il y a peu de temps en route 2000 exemplaires de cet ouvrage, & qu'il soit devenu extrêmement cher, la curiosité du public s'évertue tellement que l'on se le prête avec le plus grand intérêt; la circulation continue de la petite quantité d'exemplaires répandus dans la capitale, supplée à l'abondance, & il est peu de gens qui ne l'aient lue; on en attend la suite avec empressement.

29 *Juillet*. La comédie des *Jardiniers* que donnent

les Italiens, est de la composition, quant aux paroles, du sieur Davesne, peintre : la musique est d'un nommé *Prudent* subalterne de quelque orchestre.

29 Juillet. On ne parle qu'avec la plus grande admiration des soins que M. le duc de Chartres prend de son auguste épouse depuis qu'elle est grosse, & qu'elle avance vers son terme. Il ne la quitte point ; il redouble de tendres caresses, & bien loin de se livrer aux écarts de sa premiere jeunesse & qui paroîtroient plus excusables dans les circonstances où les passions devroient le dominer davantage, il est avec la princesse sur le ton le plus bourgeois & le plus respectable ; ce qui cause une joie extrême à M. le duc d'Orléans, & sur-tout à M. le duc de Penthievre.

30 Juillet. Le sieur Doyen est un de ces peintres d'histoire les plus estimés aujourd'hui ; il travaille actuellement à réparer les peintures du dôme des Invalides très-endommagées. Depuis quelque temps Mad. la comtesse Dubarri a envoyé chercher cet artiste & lui a témoigné son envie d'avoir un tableau de sa composition ; mais elle a déclaré qu'elle ne le vouloit pas dans le genre de dévotion. Le sieur Doyen lui a répondu qu'il étoit à ses ordres, & qu'il ne faisoit pas toujours des corps de saints : elle l'a laissé maître du choix, & il lui a proposé pour sujet le trait qu'il prétend historique de cette Thessalienne, que les ignorants accusoient de magie, & qui ayant paru devant l'empereur pour répondre sur l'imputation de ce crime, n'eut qu'à se montrer pour décider la question : c'étoit la plus belle créature qu'œil humain pût envisager. Madame la comtesse a senti toute la finesse de ce madrigal pittoresque ; elle a adopté avec joie un sujet aussi galant, & le sieur Doyen est très-bien venu de cette dame. Elle l'a accueilli avec une bonté extrême; & sur ce que ce peintre a représenté à S. M. qu'il sentoit combien le bonheur d'approcher de sa personne royale lui élevoit les idées, & lui donnoit du sublime dans l'imagination, qu'il lui seroit infiniment avantageux de jouir souvent de cette inspiration, le roi lui a permis de se présenter à lui quand il voudroit; & il a ses entrées dans les petits appartements, où il est admis dès qu'il se montre.

2 *Août* 1771. Il paroît un nouvel ouvrage, clandestin toujours, & conséquemment rare & très-recherché, intitulé *Principes avoués & défendus par nos peres*. Il mérite une discussion particuliere, & doit être d'un grand poids dans la question présente, par la force, le nombre, & la longue suite d'autorités dont il est appuyé. On en parlera plus au long.

3 *Août. Principes avoués & défendus par nos peres Institutions que nous sommes dans l'heureuse impuissance de changer. Lit de justice de 1770. Edit de février 1771.*

Tel est le titre de la nouvelle brochure, qui, comme on voit, n'est qu'un extrait de deux phrases mises dans la bouche du roi.

Ce recueil commence par les établissements de Saint Louis, *confirmés en plein parlement par les barons du royaume*, & finit par la réclamation des *princes du sang & pairs de France*, faite cinq cents ans après en plein parlement, énoncée dans l'arrêté du 16 janvier 1764, contre la violence exercée sur les loix & sur leurs ministres.

On oppose ce recueil contenant une grande tradition, soutenue des ordonnances des rois *Saint Louis, Philippe III, Philippe le Bel, Charles V, Charles VI, Charles VII, Louis XI, Charles VIII,*

Louis XII, *François I*, *Henri II*, *Charles IX*, *Henri III*, *Henri IV*, *Louis XIII*, *Louis XIV*, *Louis XV*, des principes établis dans ces cahiers de diverses assemblées d'états provinciaux & généraux, des citations & des sentiments des historiens, des écrivains politiques, des discours des hommes les plus illustres dans le ministere public, &c. à cinq ou six exemples allégués par les défenseurs du despotisme, qui ne sont autre chose que des tentatives faites par les ministres de l'autorité ; comme si on les avoit jamais niées, comme si elles n'étoient pas dans l'ordre de ces choses qui doivent nécessairement arriver ; comme si la force pouvoit jamais se créer des titres à elle-même ; comme si les droits de la nation n'étoient pas imprescriptibles ; comme si enfin ces tentatives n'avoient pas été repoussées par des protestations & par la plus vive résistance de la part des ministres des loix.

On y démontre sur-tout que la plupart de leurs citations sont fausses, & que toutes les armes qu'ils empruntent en faveur de l'autorité contre les droits de la nation, sont tirées d'une des *Matinées du roi de Prusse*, grand roi que la France admire, mais dont le gouvernement très-militaire & l'avis personnel ne peuvent ni ne doivent influer sur le nôtre.

4 *Août*. Une seconde brochure qui se répand en même temps que celle dont on vient de parler, c'est *le parlement justifié par l'impératrice de Russie, ou Lettre à M., &c.*

L'objet de l'ouvrage est de répondre aux différents écrits que M. le chancelier fait distribuer dans Paris. De ces écrits qui étoient, lorsque l'auteur écrivoit, au nombre de 50, & qui sont aujourd'hui multipliés à celui de plus de 100, il n'en trouve que quatre digne d'être discutés ; savoir, les *Réflexions d'un citoyen* ; les *considérations sur l'édit* ; les *remontrances d'un citoyen*, &c. les *observations sur la protestation des princes*. Il cherche à en démêler les sophismes, tous provenus faute d'avoir établi les principes & la nature du gouvernement monarchique. Il croit ne pouvoir mieux les fixer que par l'analyse de l'instruction donnée par *Catherine II*, impératrice de toutes les Russies, aux personnages chargés de dresser le projet de son nouveau code de loix. Il prétend que monsieur le chancelier, qui s'est apperçu combien les principes de cette instruction étoient contraires à ceux qu'il a tâché d'établir dans son discours au lit de justice, & dans le préambule de l'édit de décembre 1770, en a fait défendre l'entrée dans le royaume.

Quoi qu'il en soit, ce beau monument de législation est heureusement connu par les extraits qu'en ont donné les papiers publics, & l'écrivain en question le prend pour base de son système. Il en infere des conséquences qui détruisent absolument toutes les objections des divers auteurs qu'il réfute. L'article le plus neuf de l'ouvrage est celui où il explique la proposition aussi absurde que révoltante de laquelle les défenseurs du despotisme se prévalent pour autoriser leurs raisonnemeuts, savoir que *le roi ne tient sa couronne que de Dieu* : il démontre que les parlements qui ont eu la foiblesse de l'admettre, n'ont jamais voulu ni pu lui donner le sens absolu dont l'expliquent ces adulateurs du trône ; il comprend dans cette réfutation les inductions non moins pitoyables qu'on tire de la formule antique des édits, *Louis par la grace de Dieu*, &c. Il prouve enfin qu'il n'est pas moins faux que le *roi ne tienne sa couronne que de son épée*, & il en conclut que ne la tenant que du confentement de la nation, il doit néceffairement être foumis à la loi comme les fujets, & que pour l'y ramener, tout moyen eft permis, excepté celui de la révolte & de la fédition.

5 *Août*. Les entrepreneurs du colifée, pour attirer du monde, ont donné hier à leurs fpectacles, outre la joûte, une très-petite pantomime, exécutée fur des airs connus. Ils ont été obligés de fubftituer ce divertiffement à celui de l'oie mife à mort, qui a révolté le public.

6 *Août*. La *lettre d'un homme à un homme*, &c. dont on a parlé, n'étoit qu'un morceau détaché d'un plus grand ouvrage, & doit être placée comme la neuvieme d'une collection qui précede, au nombre de huit. L'importance des vérités qu'on y traite eft telle qu'on s'intéreffe encore à cet écrit qui les reproduit après tant d'autres, mais d'une façon plus aifée, plus agréable & plus à la portée de toutes fortes de lecteurs. L'auteur a le ftyle lefte d'un homme du monde qui poffede fa matiere, & fait l'embellir de toutes les graces de l'enjouement; c'eft le Fontenelle de la politique; il paroît avoir le mieux démêlé l'origine des parlements qu'il trouve n'être autre chofe que *la cour de France*, qui n'a jamais été créée, mais formée par extrait des anciennes affemblées nationales, auffi anciennes que la monarchie, & qui a fuccédé à ces affemblées, quand elles n'ont plus eu lieu, tenu avec éclat quand le treizieme fiecle eut diffipé les ténebres de la barbarie. Il ôte à cette difcuffion toute fa féchereffe, & y répand une gaieté noble & décente, bien oppofée aux mauvais quolibets, aux plates turlupinades du plus grand nombre des écrits compofés par ordre, & débités fous les aufpices du chancelier.

19 *Août.* Au moyen des changements faits au nouvel opéra, & de l'argent que diftribue le fieur de la Borde pour acheter des fpectateurs, il aura encore quelques repréfentations.

20 *Août.* Jeudi dernier 15 de ce mois & jour de l'affomption, les autres fpectacles vacants devoient être remplacés par un concert fpirituel. On a été fort furpris de ne le point voir affiché; & le concert en effet n'a pas eu lieu. On préfume que dans l'intention de mieux favorifer le Colifée, & de forcer les oififs à s'y porter, on a fupprimé ce fpectacle confacré fur-tout aux grands amateurs de mufique, & aux dévots qui fe font un fcrupule de prendre part aux divertiffements profanes. Ceux-ci en particulier font furieux de cette fuppreffion & réclament contre un tel abus d'autorité.

21 *Août.* Un pauvre diable ex-Jéfuite, nommé *Roger*, attaché à la gazette de France, malgré fon dévouement à fon ordre, déclamoit avec beaucoup de vivacité & de naïveté contre les opérations de M. le chancelier; il en a été rendu compte au chef de la magiftrature; le fieur Roger a été arrêté; & fa franchife ne lui ayant pas permis de rien diffimuler, il a tout avoué, & il eft à la Baftille.

22 *Août. Les obfervations fur l'édit du mois de février,* 1771, *portant création des confeils fupérieurs,* font une nouvelle brochure, dont l'auteur eft fans doute un homme qui a la triture des affaires, qui connoît l'effroyable dédale de la chicane, & tous les abus du palais. On y trouve un détail très-curieux fur les formes de la procédure, fur les épices, & fur la maniere dont meffieurs de Maupeou pere & fils ont groffi ces frais énormément, fur-tout le dernier, qui fe faifoit ainfi plus de 60,000 liv. de rentes. Il donne les moyens d'y remédier, ainfi que

de restreindre la multiplicité des voyages des plaideurs à la capitale ; après avoir réfuté l'édit en gros, il en discute successivement les diverses parties, & le pulvérise dans tous ses points.

A la suite de cet écrit est une *lettre à une dame* sur le même sujet, où l'on démontre, par une nouvelle façon de voir, que l'établissement des conseils supérieurs est nuisible au roi, à l'état & à la nation ; qu'il tend d'une part à déprimer le peuple en général, la noblesse en particulier, à dessécher les liens d'amour, de confiance, de fidélité qui unissent le monarque & les sujets, pour ne laisser lieu qu'à l'autorité, en sappant les loix & l'esprit de la constitution du gouvernement François, qui en font la base ; que l'institution du choix des officiers de ces nouveaux tribunaux, sujette en général à beaucoup plus d'abus que la vénalité des offices, concourt au même but ; que, d'un autre côté, il n'a point de liaison avec ce que *l'édit présente d'avantages réels* ; qu'il fait même obstacle à leur plus grande utilité ; qu'il est inutile pour le rapprochement des juges & des justiciables ; que sans ces conseils l'administration de la justice peut être rendue plus entièrement gratuite, plus abrégée, plus prompte ; & que l'abréviation des procédures qu'il promet, les moyens qu'il établit pour empêcher l'impunité dans les justices seigneuriales, sont absolument indépendantes & étrangers à cet établissement.

1 *Septembre* 1771. Extrait d'une letre de Londres, du 20 août 1771. Le *gazetier cuirassé* n'est très-certainement pas de M. le comte de Lauraguais ; & ceux qui auront lu ce livre, ne lui feront pas l'injure de le lui attribuer. Ce seigneur sait jusqu'où il peut pousser la plaisanterie, & se l'interdiroit sur ce qu'il y a de plus sacré. D'ailleurs, il a plus de noblesse dans le style, & ne se dégraderoit pas au

point de s'arrêter fur toute la lie des filles de Paris, &c. En un mot, il est assez généralement fu ici que cette brochure est du fieur Morande ci-devant escroc à Paris, & qui ne l'est pas moins à Londres, puisqu'il passe pour constant qu'il a eu mille guinées pour la vente de cette rapsodie: les libraires de votre capitale n'eussent pas fait un pareil marché de dupe.

2 *Septembre*. Dans le N°. 67 de la gazette de France, article de Londres, on lit ce qui suit:

On dit que Madame la comtesse de Valdegrave, épouse du *Duc de Glocester*, a obtenu une pension de 5000 liv. sterl. sur l'établissement d'Irlande.

On assure que l'ambassadeur d'Angleterre, s'est plaint de cet énoncé comme d'une indiscrétion désagréable à la cour de Londres, attendu que le mariage du duc de Glocester n'y étoit pas déclaré ni reconnu.

Il passe pour constant que c'est le grief dont est parti M. le duc d'Aiguillon, comme ministre des affaires étrangeres, pour ôter la direction de la gazette de France à l'abbé Arnaud & au sieur Suard son collegue. Quoi qu'il en soit, c'est le sieur Marin, censeur de la police, qui est aujourd'hui chargé de cette rédaction.

9 *Septembre*. L'acteur, éleve de Préville, qu'on avoit annoncé depuis quelques mois, comme devant faire la plus grande sensation à son début, a paru avant-hier samedi pour la premiere fois, dans le rôle de Rhadamiste. Son instituteur a commencé par capter les suffrages par un compliment fort humble & fort adroit, où il a insinué d'avance les défauts qu'on trouveroit à coup-sûr dans le débutant, en donnant en même temps les motifs d'espoir qu'il pouvoit fournir. Il n'a motivé son institution que sur son zele pour le public, en glis-

tant légérement sur la nature de son choix, ou plutôt en ne rendant compte en rien des raisons qui l'avoient déterminé à former un éleve pour le tragique, au lieu du comique qui est son genre, & sur lequel il doit avoir plus de connoissances naturelles & acquises : ce discours a été reçu avec transport par le parterre & applaudi de même.

Le sieur Ponteuil est fils d'un boulanger de Paris. Il n'a guere que 20 à 21 ans. Il est grand, bien bâti, a deux beaux yeux, des sourcils noirs & très-marqués : sa figure n'est point mal, mais est quarrée & sans noblesse ; son nez épaté & une grosse levre, gâtent le bas de son visage. Il est râblé & a l'air d'un payeur d'arrérages ; ce qui plaît beaucoup aux actrices. Le son de sa voix est peu naturel ; elle ne sort que par secousses. Quant à ses qualités acquises, il a montré de l'intelligence, une grande sensibilité & des nuances dans les intonnations & les définances. Il marque les repos. Ses gestes sont dans un désordre effroyable ; mais cela peut se corriger aisément ; en un mot, il promet. Ce début a occasionné une grande rumeur dans les coulisses, & l'on s'est à ce sujet étendu beaucoup sur l'événement.

Parmi les actrices c'est déjà à qui s'emparera de ce nouveau Mazette. Mlle. Dubois depuis long-temps se l'attribuoit, à raison de sa prééminence & de sa dignité ; cependant il a débuté avec Mlle. Sainval, ce qui annonceroit du changement dans le goût de notre héroïne du théâtre.

11 *Septembre*. Dans la gazette d'Utrecht, du mardi 13 août 1771, N°. 65, on lit à l'article de France ce qui suit :

Paris, le 5 août.

« Selon les lettres de Compiegne, Mad. la
» dauphine s'étant laissé fléchir par la requête

„ qu'on (le sieur Moreau, son bibliothécaire,)
„ lui présenta l'année derniere de la part des ânes,
„ a non-seulement pardonné le petit désagrément
„ qu'elle avoit éprouvé de leur part; mais pour
„ leur témoigner qu'elle leur accordoit un entier
„ pardon, elle en a fait assembler, le deux, en-
„ viron quatre-vingts dans la forêt; & ayant
„ été les joindre avec l'auguste famille royale,
„ & une suite nombreuse, ils ont encore été
„ adoptés pour monture. Après la formation
„ d'une telle cavalcade, elle s'est rendue dans la
„ forêt, au château de Compiegne, au son des
„ flûtes, & escortée d'une multitude infinie de
„ curieux. Monseigneur le comte d'Artois a eu
„ le plaisir de se laisser tomber. Plusieurs dames
„ ont été obligées d'en faire autant. Mad. la
„ comtesse de Noailles a fait aussi une culbute,
„ mais qui n'a porté aucune atteinte à sa dignité.
„ Madame la Dauphine se propose de renouveller
„ un pareil spectacle, qui fait l'entretien & l'amu-
„ sement de toute la cour. „

Cette narration a paru d'une plaisanterie peu
respectueuse; elle a occasionné une grande rumeur
à la cour, & le ministere a cru devoir arrêter
le cours de la gazette susdite. En conséquence,
depuis vendredi 6 septembre elle ne paroît plus
en France. On croit pourtant que cette suppression
ne sera pas longue, la cause ne portant sur aucune considération politique, & M. le chancelier
étant d'ailleurs assez content du silence de l'écrivain, ou de la façon favorable dont il parle de
ses opérations.

12 *Septembre*. On a imprimé un détail circonstancié de ce qui s'est passé à Besançon lors
de la destruction du parlement, précédé des pro-

testations de cette cour ; on y a joint des réflexions sur l'énoncé de cet événement dans la gazette de France du vendredi 16, qu'on prétend déroger à sa véracité en cette circonstance, & ne servir plus que d'organe à l'imposture des ministres. Le surplus est une sortie très-amere contre le remboursement prétendu des offices, tandis que l'état est à la veille d'une banqueroute totale, déjà ébauchée en grande partie.

On a aussi imprimé la liste des officiers du châtelet actuels, avec des notes satiriques sur chacun ; c'est ce qu'on a déjà vu manuscrit. On en a supprimé M. le lieutenant-général de police, & l'on prétend que ce ménagement est le plus mauvais tour qu'on pût lui jouer, en le faisant par-là suspecter au chancelier, comme susceptible de fermer les yeux sur cet écrit.

13 *Septembre*. Malgré le succès du discours du sieur Préville à l'installation du nouvel acteur, les gens de sang-froid, qui ne s'enthousiasment pas aisément, & qui pesent les mots, ont trouvé très-mauvais que cet histrion en finissant ait dit, au milieu de tout son barbouillage, plus bas que respectueux, plus fade que décent, qu'il s'estimeroit heureux d'être utile par la formation de pareils sujets aux plaisirs de ses *concitoyens*. Cette expression a été relevée, & a frappé d'autant plus, que, tout récemment encore, le parlement a dénié à un comédien le serment en justice, *comme infame par son métier*.

15 *Septembre*. *Réflexions générales sur le système projeté par le maire du palais pour changer la constitution de l'état.*

Cette brochure a pour texte le paragraphe suivant:

Les actes des rois, qui blessent directement les loix fondamentales de l'état, sont nuls, & ne peuvent subsister par le défaut de pouvoir du législateur. Ces actes n'ont jamais subsisté qu'autant de temps que la violence a prévalu sur la justice. *Mémoire des princes du sang, présenté au roi en* 1771.

On peut juger de l'écrit par cette phrase; il mérite pourtant une discussion particuliere.

16 *Septembre.* C'est le sieur Marin, censeur de la police qui, sans avoir en titre la gazette de France, est chargé du soin de la rédaction. On ne s'apperçoit pas que cet écrit soit mieux soigné entre ses mains; l'on y trouve même des réticences & des tournures de phrases extrêmement louches & qui peuvent faire passer certains articles chez les étrangers, comme des logogryphes qu'on leur propose à deviner.

Au surplus, les amis de l'abbé Arnaud & de M. Suar, se flattent que le duc de *Glocester* & la cour de Londres voudront bien solliciter leur réintégration à la tête de ce journal politique; leur faute n'étant qu'une pure inadvertance, de n'avoir pas fait attention aux croix en marge de l'article qu'on leur reproche, & que tous les ministres avoient proscrites.

28 *Septembre.* Les comédiens Italiens ont donné, il y a quelques jours, la premiere représentation d'une comédie en deux actes & en vers, mêlée d'ariettes, intitulée le *Baiser pris & rendu.* Les paroles du sieur Anseaume ont paru si détestables, que la musique, toute agréable qu'elle fût, n'a pu en faire disparoître le dégoût & la platitude. La piece est tombée.

30 *Septembre.* Madame la comtesse Dubarri

voulant récompenser le zele du sieur le Doux, son architecte, qui, pour lui plaire, a élevé avec une rapidité sans exemple son charmant pavillon de Luciennes, lui a fait avoir la place de commissaire du roi, inspecteur des salines de Franche-Comté; ce qui lui procure au moins 8000 liv. de rentes.

2 *Octobre* 1771. Le sieur le Brun, secretaire de M. le chancelier, à qui l'on attribue la plupart des discours de ce chef de la magistrature, vient d'être nommé à la place d'inspecteur des domaines, vacante par la mort de M. Freton; il avoit une charge de payeur des rentes qu'il cede à son frere.

3 *Octobre.* Des plaisants de la cour ont fait une pasquinade à Mad. la marquise de Langeac, dont elle est furieuse. Le lendemain de la disgrace de Mad. la baronne de la Garde, jour où l'on savoit que Mad. de Langeac n'étoit pas chez elle, ils sont venus successivement faire écrire toute la cour à sa porte, comme il est d'usage quand il arrive un événement à quelqu'un, qui exige un compliment de condoléance ou de félicitation.

3 *Octobre. La Cinquantaine*, opéra du sieur la Borde sifflé dès le premier jour, a cependant eu 21 représentations : les directeurs ont eu la constance de voir déserter le public pendant ce temps : enfin, vendredi prochain ils donnent des fragments composés de l'acte de *l'Air* du ballet des éléments, paroles du sieur Roi, musique de Destouches; de celui de la *Sibille*; du ballet des *Fêtes d'Euterpe*, paroles de Moncrif, musique du sieur Dauvergne, & du *Prix de la valeur*, nouveau ballet héroïque en un acte, paroles du sieur Joliveau, l'un des directeurs de l'académie royale

de musique, & du sieur Dauvergne, autre directeur.

4 Octobre. Le projet de placer la comédie Françoise à l'hôtel de Condé, & de le faire acheter par la ville pour y construire la nouvelle salle, avoit acquis beaucoup de faveur, depuis la nomination de l'abbé Terrai au contrôle-général; mais depuis la disgrace des princes, le ministere a cru à propos de priver celui-ci des avantages d'un pareil marché, qu'on a décidé ne pouvoir plus avoir lieu. On remet aujourd'hui sur le tapis le plan de M. Liégeon, architecte, qui proposoit de faire une place au carrefour de Bussy, dont on a rendu compte dans le temps. M. le duc de Duras, gentilhomme de service, semble disposé à s'y prêter; il offre même 200,000 liv. au nom du roi; la ville en donneroit bien autant; mais d'autres incidents rendent le marché plus difficile, & il y a apparence qu'en attendant une décision trop longue, les comédiens vont faire réparer leur salle.

6 Octobre. Les spectacles nouveaux qui feront exécutés à Fontainebleau, consistent 1°. en une comédie Françoise du sieur Goldoni, intitulée le *Bourru Bienfaisant*; 2°. en une tragédie du sieur du Belloy, dont on parle depuis quelque temps, ayant pour titre: *Pierre le Cruel*; 3°. en trois opéra comiques, savoir: *le Faucon*, paroles de M. Sedaines, musique de M. Monsigny; *l'Ami de la maison*, & *Zemire & Azor* ou *la Belle & la Bête*, tous deux de M. Marmontel quant aux paroles, & du sieur Gretry quant à la musique. L'opéra n'est pour rien sur le répertoire.

7 Octobre. Le drame du *Fils naturel* n'a point eu lieu, comme il étoit annoncé sur l'affiche;

pour

pour une seconde représentation, avec beaucoup de changements. On présume que c'étoit une tournure prise pour épargner à son auteur une chûte absolue.

9 Octobre. On vient d'imprimer un recueil de 141 pages *in-12*, contenant les *réclamations des bailliages, sieges présidiaux, élections & cours des aides de province*, contre les édits de décembre 1770, janvier, février & avril 1771. Comme tout n'est pas encore compris dans cet ouvrage, on annonce une suite.

14 Octobre. Le Colisée s'ouvre encore ; malgré la désertion générale du public, les entrepreneurs de cet édifice affichent du nouveau pour chaque représentation, & peu de gens en sont la dupe. Ils ont annoncé derniérement les aventures de Don Quichotte en feu d'artifice. Rien de si plat que tout cela, & l'on ne peut plus impudemment en imposer aux curieux.

15 Octobre. La suspension de l'introduction de le gazette d'Utrecht n'a été que très-courte, ainsi qu'on l'avoit annoncé ; elle reparoît en cette capitale depuis la fin du mois dernier.

Le courier du Bas-Rhin, ou la gazette de Cleves ne paroît plus en cette capitale depuis le dimanche 13, que l'ordinaire a manqué : on ne sait pas encore au juste les motifs de cette exclusion.

20 Octobre. Le sieur Linguet, dans sa consultation pour le sieur Simon Sommer, charpentier à Landau, discute d'abord si le divorce peut être légitimement permis ; & il regarde l'opinion de l'indissolubilité des mariages, seulement comme un article de discipline, qui peut être changé ou modifié par l'église : il pense qu'elle pourroit faire revivre aujourd'hui les réglemens sur le mariage qui ont été en vigueur dans les premiers siecles, & que la puissance laïque qui promulgueroit des loix d'après ces principes, le feroit en toute sureté de conscience.

Il demande ensuite à qui Simon Sommer doit s'adresser pour obtenir la permission de se marier du vivant de sa femme. C'est au pape, à qui il exposera dans une requête sa situation & ses besoins ; c'est devant sa sainteté que se sont pourvus en pareil cas, ceux qui y étoient, presque tous, à la vérité, des princes ; mais la qualité d'homme, & la singularité de la position du charpentier de Landau, toucheront le St. Pere, à ce qu'espere l'orateur ; & s'il obtient une bulle, il se retirera pardevers le roi pour en solliciter la ratification ; & cette dérogation particuliere pourroit par la suite devenir peut-être une loi générale, quand un examen réfléchi en aura bien fait connoître tous les avantages.

21 *Octobre*. Le sieur *Greuze*, ce peintre distingué par une maniere à lui, par une grande invention, & par un pathétique singulier, a été chargé par Mad. la comtesse Dubarri de faire son portrait en pied. Quoiqu'on doute qu'il réussisse parfaitement dans ce genre de travail & de figure, qui n'est pas trop de son ressort, on est cependant curieux de voir son ouvrage qui, avec ses défauts, aura certainement du mérite.

27 *Octobre*. Madame la comtesse Dubarri commence à manifester de plus en plus la protection éclatante dont elle veut honorer les arts, par son influence sur tout ce qui y a quelque rapport. On annonce que c'est elle aujourd'hui qui veut se mêler de la comédie françoise, & qu'elle daignera entrer dans tous les détails des divers projets,

en forte que les gentilshommes de la chambre ne feront qu'en fous-ordre avec elle.

31 Octobre. On parle beaucoup d'une comédie que répetent aujourd'hui les Italiens, dont la mufique eft de la compofition du petit d'Arcy, jeune homme de onze ans, qui a déjà déployé fes talents au concert fpirituel, où il a exécuté fur le clavecin différentes pieces de fa façon avec l'indulgence du public.

3 Novembre 1771. Les comédiens François ont affiché, pour lundi 4 novembre, la premiere repréfentation du *Bourru Bienfaifant*, comédie nouvelle du fieur Goldoni, qui doit être jouée à la cour le lendemain mardi. L'ufage eft de preffentir le goût de la ville fur ces fortes d'ouvrages, & de faire ainfi devant elle une premiere répétition, fur le fuccès de laquelle on juge fi l'on exécutera la piece devant le roi.

10 Novembre. La tragédie de *Pierre-le-Cruel*, du fieur du Belloy, n'a pu être exécutée hier à Fontainebleau, à caufe de la maladie de madame Veftris, l'actrice principale, attaquée d'une ophtalmie confidérable.

18 Novembre. On développe enfuite dans le *manifefte aux Normands*, les divers genres d'infraction qu'éprouve aujourd'hui cette fameufe charte, dont les dérogations particulieres ne font que la confirmation, & l'on prévient les inductions qu'on en pourroit tirer en les fuppofant comme des titres pour la violer entiérement. *Il feroit abfurde d'oppofer un défaut de confentement général, que l'ufurpation & la violence feules ont empêché.*

« Les rois, continue l'écrivain, ne peuvent
» pas plus prefcrire contre la nation, qu'un

» mandataire contre fon commettant ; ils in-
» voquent l'impuiffance de la prefcription à leur
» égard : à plus forte raifon la nation vis-à-vis
» d'eux a-t-elle les mêmes droits ; car le privi-
» lege des rois n'eft fondé que fur l'autorité de
» la nation qu'ils exercent , & n'a pour objet
» que fon bonheur. »

Il refte deux moyens légaux pour maintenir cette charte, à laquelle il eft effentiel de remarquer que dans l'édit de fuppreffion du parlement, on n'a ofé exprimer une dérogation qui eft de ftyle rigoureux dans toutes les lettres royaux qui concernent les Normands.

Le premier eft de s'adreffer au roi lui-même , &, en éclairant fa religion trompée , de folliciter & obtenir le rétabliffement de l'ordre ancien , & la confirmation des droits de la nation. Tous les corps enfemble ou féparément, peuvent former cette oppofition ; tous font par la charte dans l'obligation de le faire.

Le fecond , fi le roi eft inabordable pour fes peuples, eft la convocation des états de la province , fous l'autorité du roi & par l'entremife des princes. C'eft vraiment l'unique moyen d'allier le refpect à la fermeté, l'attachement aux loix & au fouverain , & de former ce tribut folemnel d'hommages , de zele & d'amour, fans lequel les rois n'ont que l'ombre de la royauté.

Dans une brochure jointe à celle-ci eft contenue cette fameufe *Charte aux Normands*, fous le nom de *Titres de la province de Normandie*. Elle eft dédiée aux maire & échevins de la ville de Rouen. Elle contient un détail hiftorique & curieux concernant l'échiquier, dont le nom fut changé en celui de parlement par *François I*, en 1515.

19 Novembre. Les écrivains patriotes ne se lassent point de répandre des brochures en faveur de la cause qu'ils défendent ; ils ne craignent point de répéter les grands principes consignés dans tant d'ouvrages, sur la liberté naturelle de l'homme, sur l'imprescriptibilité de ses droits, sur l'origine des rois, sur le contrat social, &c. Ils esperent que ce qui ne sera pas assez clairement expliqué dans une brochure, sera mieux développé dans une autre, & que si la premiere ne peut franchir les barrieres de la prohibition, une seconde pénétrera. C'est sans doute par cette raison qu'un anonyme vient de faire *une réponse aux trois articles de l'édit enrégistré au lit de justice du 7 décembre 1770.*

Ces trois articles sont :

Nous ne tenons notre couronne que de Dieu.

Le droit de faire des loix par lesquelles nos sujets doivent être conduits & gouvernés, nous appartient à nous seuls, sans dépendance & sans partage.

L'usage de faire des représentations ne doit pas être entre les mains de nos officiers un droit de résistance ; leurs représentations ont des bornes, & ils ne peuvent en mettre à notre autorité.

La réfutation de ces maximes est d'autant plus aisée à faire, qu'elle se trouve écrite déjà dans le cœur de l'homme, & que tous les monuments historiques de nos annales concourent à la confirmer par le fait. Le pamphlet en question de 21 pages, rempli d'une logique vraie, saine & lumineuse, roule cependant sur des choses trop communes & trop rebattues depuis un an, pour en faire une plus longue analyse.

23 Novembre. On n'a pas manqué de chansonner les avocats sur la ridicule & honteuse démarche qu'ils viennent de faire. Voici le vaudeville qui court sur leur compte.

 L'honneur des avocats,
 Jadis si délicats,
 N'est plus qu'une fumée;
 Leur troupe diffamée
 Subit le joug enfin ;
 Et de Caillard (1) avide
 La prudence décide,
Qu'il vaut bien mieux mourir de honte que de faim.

24 *Novembre*. L'académie royale de musique remet mardi prochain sur son théâtre, *Amadis de Gaule*, ancien opéra qu'on n'avoit joué depuis long-temps. Les paroles sont de Quinault, & la musique de Lully. On a, comme on le présume, renforcé de beaucoup cette derniere, quant à la symphonie, aux accompagnements & aux airs de ballet. Ce spectacle a jadis eu toujours beaucoup de succès : mais les temps sont bien changés, & le goût encore plus.

1 *Décembre* 1771. L'opéra d'Amadis est une de ces grandes machines de féerie, qui prêtent beaucoup au spectacle par un concours singulier d'aventures romanesques. Le prologue est une des belles

---

(1) Ce Caillard est un avocat qui, quoique jeune encore, a déjà beaucoup de réputation pour la consultation, qui aime fort l'argent, & qui, fâché de n'en plus gagner, a mis en train ses confreres pour rentrer. Il étoit de l'assemblée des vingt-huit chez le sieur la Goutte, où il donnoit le ton, & un des quatre envoyés à Fontainebleau en députation vers le chancelier.

choses qu'on puisse voir pour le coup-d'œil, & fut fait dans le cours des plus brillantes prospérités de *Louis XIV*, & exécuté en 1684 au milieu d'une paix profonde. Quinault y prodigue à ce prince tout ce que la flatterie peut suggérer de plus enivrant, & par une allégorie soutenue il fait revivre Amadis en lui. Alguif & Urgande sortent du sommeil enchanté où ils devoient être jusqu'à la renaissance de ce héros. Au moment où la toile se leve, ils sont encore assoupis & toute leur suite. La variété des attitudes de cette foule endormie aux deux côtés du théâtre, & le développement de leur réveil, font un effet qu'on ne peut rendre & qu'il faut voir. Il est fâcheux que le rôle d'Urgande, exécuté par Mlle. Duranci à la voix dure, fausse & discordante, gâte absolument la beauté de ce prologue, également court, harmonieux & superbe.

Le poëme écrit avec cette élégance molle, dont l'auteur n'a point laissé d'imitateurs, peche peut-être par une langueur trop monotone ; ce qui le fait paroître long.

Le premier acte est plein de sentiment ; l'exposition en est simple, nette & naturelle ; on voit dans les ballets divers combats simulés, exécutés avec beaucoup d'ordre & de précision, mais sans activité & sans chaleur.

Dans le deuxieme acte l'exposition se continue, & l'action commence, une scene de fureur l'anime, & les enchantements y jettent de la variété. Si le combat des monstres qui cherchent à étonner & arrêter Amadis ne produit pas la terreur qu'il devroit inspirer, la surprise ravissante qu'occasionne de la part du spectateur l'apparition subite des nymphes les plus aimables, remplaçant les démons

& séduisant enfin le héros, est sans contredit un instant délicieux. La danse minaudiere & pleine d'afféterie de la Dlle. Guimard, déplacée par-tout ailleurs, est merveilleuse ici, & peint d'une façon caractérisée son objet.

La tristesse & le noir du troisieme acte, affaissent de nouveau l'ame du spectateur, à peine revenu de sa premiere langueur. Des captifs, des cachots, un tombeau, une ombre sortant des enfers, tout cet appareil lugubre n'est égayé que par la derniere scene, où les prisonniers en liberté chantent de petits airs médiocres pour les paroles, & plats quant à la musique. La Dlle. Allard & le Sr. Dauberval jettent heureusement dans leurs danses un mouvement qui réveille un peu l'assoupissement général.

Presque tout le quatrieme acte est encore sur le même ton d'amants pleureurs & malheureux, Oriane, dont le rôle s'est peu développé jusque là, occupe la plus grande partie de la scene ; jalouse d'Amadis, elle est toujours dans les larmes, & son ame ne reprend d'énergie qu'à ce couplet admiré & si connu, où regardant fierement l'enchanteur qui se vante d'avoir vaincu Amadis, elle lui dit avec indignation : *Vous vainqueur d'Amadis !...* L'arrivée d'Urgande, fée bienfaisante, dont l'art supérieur dissipe les maléfices de ses rivaux, & délivre Oriane & Amadis, termine cet acte dont les danses n'ont rien de remarquable.

Comme le danger des héros est passé, l'intérêt cesse, & la piece est promptement finie au quatrieme acte : le cinquieme n'est rempli que par la reconnoissance d'Oriane & d'Amadis, suite naturelle de leur désenchantement. Urgande les unit, & les fait entrer dans la chambre défendue du palais magique d'Apolidor, d'où sort une troupe de héros & d'héroïnes qui y attendoient le plus fidèle des amants & la plus parfaite des amantes; cela amene un ballet-général, dans lequel le sieur Vestris brille avec toutes ses graces majestueuses; on y trouve un pas de six très-agréable, & supérieurement exécuté.

Entre les acteurs, Mlle. Arnoux remplit à merveille le rôle larmoyant d'Oriane; elle file ses scenes avec l'onction tendre qu'on lui connoît; elle rend sur-tout avec tous les tons convenables, de force, d'ironie, d'indignation, de noblesse, l'apostrophe sublime dont on a fait mention ci-dessus. Le personnage d'Amadis n'est pas aussi bien exécuté par le sieur le Gros, comme acteur, mais il y déploie comme chanteur les plus beaux sons, & son organe y semble reprendre une vigueur nouvelle. Celui de Mlle. Duplant fait un grand effet dans le rôle d'Arcabonne, & cette actrice importante reproduit mademoiselle Chevalier de façon à ne pas la laisser regretter. L'ombre d'Ardancanille & ses sons lugubres répandent une vraie terreur par la voix sanglotante du sieur Gelin; enfin, Mlle. Rosalie met dans le foible rôle de Corizande, toute l'ame, tout l'agrément dont il est susceptible.

10 *Décembre*. Le sieur du Belloy est fort occupé du discours qu'il doit prononcer à l'académie françoise pour sa réception, & cette cérémonie est retardée en conséquence plus que de coutume. L'obligation où il se trouve de faire l'éloge de M. le comte de Clermont, qu'il a l'honneur de remplacer, l'embarrasse, ce prince étant mort dans des circonstances critiques.

11 *Décembre*. Le chevalier de Choiseul, l'Alcibiade du jour, épouse Mlle. de Fleury, riche héritiere de l'Amérique, & niece de Mad. la marquise de

Vaudreuil. Ce Choiseul est vraisemblablement celui connu à la cour comme un très-beau danseur, qui malgré la disgrace générale de sa famille s'y est conservé en faveur à force de bassesses, & sur lequel on avoit fait le couplet suivant, il y a plusieurs mois.

Sur l'air : *Margoton tout de bon.*

Le plus ingrat, le plus bas,
C'est le Choiseul aux entrechats.
Mais, quoiqu'on ne l'estime pas,
A danser on l'invite.
Pour les sauts, pour les sots
Il a du mérite......

16 *Décembre*. Outre l'épigramme qu'on a vu sur les avocats, on a fait les vers suivants.

Sur un méchant chariot, traîné par l'infamie,
La honte pour cocher, pour postillon, l'envie,
Couvert de déshonneur, pleins d'amour pour l'argent,
Devers le chancelier cheminant lentement,
Quatre preux chevaliers d'une bande perverse
Supplioient monseigneur, que par sa grace expresse
A vingt-huit repentants il donnât le pardon.
Je l'accorde, dit-il; plaidez, je suis trop bon;
Plaidez, mais pour punir votre race parjure,
Avec les procureurs, enfants de l'imposture,
Soyez tous confondus, comme eux portez mes fers,
Renoncez aux lauriers dont vous fûtes couverts.
Je vous pardonne, allez, & que ma complaisance
Soit désormais le sceau de votre obéissance;
Abaissez votre orgueil, craignez de m'indigner....
Il en soit dans mon plan de vous exterminer;

Honteux, légers d'honneurs, chargés d'ignominie ;
Nos quatre mendiants joignent la compagnie ;
" Messieurs, leur dit un d'eux, on nous rend la parole ;
„ Nous pouvons tous plaider, mais un point me désole.
„ Désormais à la gloire il nous faut renoncer. „
Un chacun se regarde, on alloit balancer....
Mais *la Goutte* à propos haranguant la cohorte,
Plus de gain, moins d'honneur, amis que nous importe !
Aux autres avocats laissons ce vain espoir.
Que l'ardeur de l'argent guide notre devoir.
Foulons aux pieds l'honneur ; est bien sot qui l'adore!
Nous vivons bien sans lui, nous vivrons bien encore.

28 *Décembre. Supplément à la gazette de France du 8 novembre* 1771. *Liste des nouveaux liquidés.* Ce préambule peu important, puisqu'il ne contient que la notice de quatre membres du parlement liquidés, est suivie d'une piece plus curieuse. C'est une *conversation familiere de M. le chancelier, avec le sieur le Brun* (son secretaire) *du mercredi* 13 novembre 1771, *sept heures du matin.* C'est une effusion de cœur entre le maître & son valet : celui-ci arrive de Paris ; il a assisté à la fameuse cérémonie de la messe rouge à la rentrée du nouveau tribunal, & au gueuleton du sieur de Sauvigny. L'auteur se sert de ce cadre pour tourner d'abord en ridicule les personnages de la magistrature actuelle ; il entre ensuite en matiere, &, par des aveux successivement développés, par des anecdotes intéressantes, il met au jour de plus en plus le génie oblique & tortueux de M. de Maupeou. Il fait voir que son ouvrage ne s'est avancé qu'à force de violences, de ruses, & d'impostures ; qu'il ne se sert

que de petits moyens, d'un manege puéril, de manœuvres basses; & qu'étonné lui-même de ses succès, il en sent toute l'insuffisance. En un mot, on y met à nu l'ame de ce chef de la justice, & l'on sent quel spectacle ce doit être.

Cette plaisanterie, au fond très-sérieuse, n'approche pas de la correspondance à beaucoup près; l'écrivain n'en a pas tiré tout le parti qu'il pouvoit; mais elle contient des faits très-importants à savoir; elle révele au grand jour quelques parties ténébreuses des projets de M. le chancelier, dont la connoissance doit décréditer de plus en plus son plan, & prouve qu'il n'a ni les grandes vues, ni les ressorts nécessaires à un génie ambitieux qui veut bouleverser un royaume, & que d'un instant à l'autre son édifice monstrueux, fondé sur la foiblesse & le mensonge, doit disparoître au moindre rayon de la vérité, ou au premier effort de l'énergie nationale.

Les princes reçoivent dans ce pamphlet le tribut d'éloges qu'ils méritent, & l'on y célebre de la maniere la plus flatteuse le courage avec lequel ils font des sacrifices immenses, plutôt que d'accéder aux propositions de toutes especes qu'on leur a faites, & qu'ils ont rejetées avec une générosité digne de leur patriotisme.

31 *Décembre.* Un particulier de cette capitale a imaginé un *Almanach des gens de condition* demeurant dans la ville de Paris, où il a rassemblé sans choix une infinité de gens qui ne sont rien moins que de qualité, & qu'il appelle barons, comtes, marquis. Cela a l'air d'un vrai persiflage, & jette un ridicule singulier sur maints bourgeois & financiers, qu'on pourroit soupçonner d'avoir eu la foiblesse de se laisser ainsi tirer mal-à-propos. On

en a porté des plaintes ; l'on ne doute pas que la police ne proscrive cette pitoyable rapsodie, qui cependant, améliorée & plus exacte, pourroit être utile.

2 *Janvier* 1772. On a célébré la grandeur d'ame de madame la comtesse Dubarri en faveur de M. le duc de Choiseul, par les vers suivants.

Vers à madame la comtesse Dubarri, qui a sollicité elle-même une pension pour M. le duc de Choiseul.

Chacun doutoit en vous voyant si belle,
Si vous étiez ou femme ou déité ;
Mais c'est trop sûr, votre rare bonté
N'est pas l'effort d'une simple mortelle;
Quoiqu'ait jadis écrit en certain lieu
Un roi prophete en sa sainte démence,
Quoiqu'un poëte en ait dit, la vengeance
N'est que d'un homme, & le pardon d'un Dieu.

3 *Janvier.* Le sieur Barthe a fait quelques changements à sa comédie, & l'a sur-tout améliorée dans le dénouement, ce qui la fait paroître moins mauvaise, & la rend même passable auprès de ceux qui ne sont pas difficiles ; mais elle peche trop radicalement par l'ensemble, & le caractere principal est si essentiellement manqué, que les connoisseurs ne peuvent revenir sur son compte, & continuent à la proscrire comme incorrigible.

4 *Janvier.* Extrait d'une lettre de Rouen, du 30 décembre 1771. Il s'est trouvé au palais un

papier dans lequel on diffamoit tout le conseil supérieur par l'épigramme suivante :

> Ici quinze ifs de toute espece,
> Siegent pour être nos bourreaux,
> Qui devroient porter sur le dos
> Fleur-de-lys qu'ils ont sous la fesse.

11 *Janvier*. Une indisposition survenue à madame Préville a facilité à M. Barthe une retraite fort heureuse, & sa piece n'est point tombée comme elle en étoit menacée. Il est question de donner incessamment *Pierre le Cruel*, tragédie de M. du Belloy, que la maladie de Mad. Vestris a empêché d'être représentée à Fontainebleau.

L'opéra se dispose à remettre bientôt *Castor & Pollux*.

20 *Janvier*. Il paroît un *troisieme supplément à la Gazette de France*. Celui-ci prend véritablement la tournure d'une feuille de nouvelles, quoique son principal but soit toujours de tirer au clair les diverses liquidations ; ce genre de faits est aujourd'hui le moindre objet qui y soit traité ; on a cherché à rendre ce supplément piquant par un recueil d'anecdotes bien scandaleuses, bien bonnes. L'auteur paroît vouloir succéder à celui de la *Gazette ecclésiastique* ; il tâte le goût du public, & l'on ne doute pas qu'insensiblement il ne le remplace. Le jansénisme ayant perdu son grand mérite, son intérêt véritable par l'extinction des Jésuites en France, s'est transformé dans le parti du patriotisme ; il faut rendre justice à celui-là, il a toujours eu beaucoup d'attraits pour l'indépendance ; il a combattu le despotisme papal avec un courage invincible : le despotisme politique n'est pas une hydre moins terrible à redouter,

& il dirige aujourd'hui vers cet ennemi toutes ses forces, désormais inutiles dans l'autre genre de combat.

25 *Janvier*. Extrait d'une lettre de Rouen, du 20 janvier 1772. Les placards continuent : on a trouvé derniérement, à la porte du conseil supérieur, l'inscription suivante :

Imperatore Ludovico vegetante
Principes in exilio,
Magnates in opprobrio,
Justitia in oblivio,
Publicæ privatæque res in arcto,
Latrocinium in ærario
Lenocinium in Laticlavio (1)
Anno vindictæ domini,
1772.

8 *Février* 1772. Extrait d'une lettre de Rouen, du premier février 1772. Le conseil supérieur de cette ville continue à être l'objet de la dérision publique & particuliere. Après avoir été jouée par des farceurs, comme vous l'avez su, & qui ont été mis au cachot, il est difficile qu'un tel tribunal prenne consistance & obtienne de long-temps de la considération. Les officiers municipaux ne cessent de réclamer leur parlement. Dans leurs différents mémoires, après avoir établi invinciblement qu'on ne pouvoit anéantir cette cour sans la violation la plus manifeste & la plus injuste de leurs privileges, & de leur capitulation en se rendant à la France; ils demandent, si en écartant même un tel droit, Rouen

---

(1) Laticlave, ornement des sénateurs Romains.

est de pire condition que les autres capitales où l'on a conservé le parlement; si la Normandie ne mérite pas la même distinction, par son étendue, par sa population, par son importance, par sa qualité de province maritime, par son attachement à ses souverains, par son zele à concourir aux impôts multipliés dont elle est chargée. Ils discutent enfin les prétendus motifs de suppression établis dans l'édit, en font voir l'illusion & le ridicule. Ils prouvent que l'émulation supposée qui excitoit les négociants à sortir de leur état pour entrer dans la magistrature, bien loin de nuire au commerce, lui donnoit de l'activité, par l'ardeur avec laquelle on devoit travailler à sa fortune, afin de jouir ensuite de la considération que donneroit la robe; que rien n'étoit plus propre à diminuer la population & la richesse de la ville de Rouen, que l'extinction du parlement, qui la privoit par-là de la grande circulation d'hommes & d'argent qu'occasionnoit nécessairement le grand concours des affaires. Cet article, traité supérieurement, a fort déplu à M. le chancelier, & n'a pas peu contribué à faire exiler notre maire. Il a fort à cœur que ces mémoires ne se répandent point, & restent dans l'oubli où il les a mis.

10 *Février*. Il paroît une suite du *parlement justifié par l'impératrice des Russies*, &c. C'est le *parlement justifié par l'impératrice reine de Hongrie, & par le roi de Prusse, ou seconde lettre*, &c. Elle est datée du premier décembre 1771, & ne fait que d'éclore à l'impression. On donnera un compte plus détaillé de cet ouvrage, non moins bon que le premier.

On trouve à la fin un parallele de *l'ancienne taxe des procédures avec la nouvelle*, dont il résulte que la plupart des frais est double & triple de ce qu'ils étoient auparavant.

13 *Février.* Les brochures en faveur des opérations de M. le chancelier, semblent absolument arrêtées aujourd'hui : on en a fait un catalogue ; il se monte à quatre-vingt-sept pieces différentes, dont près de quatre-vingts ne méritent pas la moindre réfutation. Ce sont tous pamphlets, ou plats, ou burlesques, & plus propres à nuire à la cause qu'ils veulent soutenir, qu'à la défendre.

14 *Février.* Le mémoire de M. le duc d'Orléans est toujours secret, c'est-à-dire, qu'on ne le fournit à personne; mais S. A. permet aux gens de son conseil qui en ont, d'en donner communication sans déplacer. On cite un passage de cet ouvrage, bien remarquable & bien important ; c'est celui concernant les apanages qu'il prétend devoir être accordés de droit aux princes de la famille royale, *que la nation a élevée au trône par son choix*; aveu précieux dans la bouche du premier prince du sang, & bien contradictoire à la proposition étrange avancée dans divers discours qu'on a fait tenir au roi, & que les parlements même ont eu la foiblesse de répéter : *que le roi ne tenoit sa couronne que de Dieu.*

15 *Février.* Les *bouts-rimés*, c'est-à-dire, l'art de faire des vers sur des rimes données, la plupart baroques & composées de mots disparates, étoient autrefois fort à la mode; la fureur s'en étoit passée. Ce goût puéril a repris apparemment dans quelques sociétés ; du moins on le juge par ceux qui viennent d'éclore, & qu'on attribue à M. Marmontel, qui a trouvé l'art d'en faire une épigramme très-méchante contre le Sr. Palissot, auquel il doit en effet une revanche depuis long-temps, pour l'avoir

fait un des principaux héros de sa *Dunciade*. Voici cette plaisanterie.

Le poëte franc	Gaulois,
Gentilhomme	Vendomois,
La gloire de sa	bourgade;
Ronsard sur son vieux	hautbois
Entonna la	Franciade.
Sur sa trompette de	bois,
Un moderne auteur	maussade,
Pour lui faire	paroli,
Fredonna la	Dunciade,
Cet homme avoit nom	Pali :
On dit d'abord Palis	Fade,
Puis Pali fou, Palis	plat,
Pali froid & Palis	fat ;
Pour couronner la	tirade,
Enfin de	turlupinade,
On rencontra le vrai	mot,
On le nomma Palis	sot.

Envoi.

M'abaissant jusqu'à toi, je joue avec   le mot,
Réfléchis, si tu peux, mais n'écris pas, lis, sot !

On apprend dans l'instant, à n'en pouvoir douter que la plaisanterie ci-dessus est de M. Piron, qui n'a point voulu se faire connoître, & a peut-être fait malignement attribuer la piece à l'académicien.

17 *Février.* La troisieme partie de la correspondance secrete entre M. de Maupeou, chancelier de France, & M. de Sorhouet, conseiller du nouveau tribunal, paroît enfin. On l'avoit annoncée depuis long-temps & le public l'attendoit avec impatience. Cette avidité la rend déjà très-chere ; & la police,

après avoir mis ses émissaires sur pied pour empêcher l'introduction, travaille aujourd'hui à en arrêter le débit, & la multiplicité des exemplaires.

18 *Février*. Le sieur Monnet, ci-devant directeur de l'opéra comique à Paris, de l'opéra à Lyon, & d'une comédie Françoise à Londres, fait actuellement imprimer les mémoires de sa vie, sous le titre de *supplément au Roman comique*. Il annonce qu'ils sont écrits par lui-même, & qu'on y trouvera les merveilleuses, incroyables & véritables *mystifications* du petit *Poinsinet*. On doit entendre par le mot de *mystification* les pieges dans lesquels on fait tomber un homme simple & crédule, & qui servent à le persifler. Il paroît qu'il a été inventé à l'occasion des tours singuliers qu'on a joués à l'auteur en question, qui, avec de l'esprit, étoit si ignorant, si simple & si aveuglé par son amour-propre, qu'on lui faisoit accroire les choses les moins proposables à un homme tant soit peu instruit, & les plus absurdes, en le prenant par son foible. Il est mort depuis quelques années; & il est assez étonnant que la police permette l'impression d'un ouvrage aussi injurieux à la réputation de ce poëte, & où d'ailleurs plusieurs personnes vivantes se trouvent compromises. L'importance que l'auteur met à son ouvrage, en proposant par souscription un livre bleu de cette espece, est aussi très-ridicule. Quoi qu'il en soit, cet ouvrage en deux volumes grand in-12, ne coûtera que 4 liv. aux souscripteurs, & 6 aux autres. Il doit paroître au premier avril prochain.

21 *Février*. La fureur pour voir l'opéra de *Castor & Pollux* continue, malgré les accessoires misérables de ce spectacle en décorations, & les sujets détestables qui remplacent les principaux acteurs. On assure que les directeurs comptent si fort sur cet engouement

du public, qu'après avoir prolongé les repréſentations dans l'état actuel auſſi long-temps qu'ils pourront, ils veulent donner un air de nouveauté à ce même opéra par de plus belles décorations, des ballets mieux deſſinés & mieux meublés, & par des acteurs plus choiſis.

29 *Fevrier*. La péroraiſon du nouveau mémoire de Me. Linguet, roule ſur-tout ſur la lettre outrageante dont on a parlé : elle eſt ſi éloquente qu'on croit faire plaiſir aux lecteurs de la rapporter. Il eſt d'abord queſtion de la chaleur qu'on lui reproche.

« Il les (les faits) falloit articuler froidement, dit-on ; ceux qui débitent cette maxime auroient peut-être eu ce pouvoir ſur eux-mêmes ; mais ſi le défenſeur de Mad. la ducheſſe d'Olonne n'eſt point ainſi organiſé, s'il n'a pas ce flegme heureux qui fait rendre ſans chaleur des idées vives, ſi les vérités, qui affectent fortement ſon ame, inſpirent malgré lui une ardeur impétueuſe à ſa plume & à ſa langue, peut-on lui en faire un crime ? Il n'a point cette ironie tranquille & ſanglante, dont on ne lui a fourni que trop de modeles dans ſa cauſe, qui égorge en feignant de careſſer, & qui ſourit en enfonçant le poignard. Un ſang-froid cruel eſt l'ame du vice & du menſonge ; il ne leur eſt pas permis d'être imprudents ; il n'y a que la vertu & la vérité qui puiſſent oſer être indiſcretes.

D'ailleurs, le ſieur Orourke ne lui a-t-il pas fait une néceſſité d'être ferme & un devoir de ſe montrer courageux ? Ne l'a-t-il pas menacé & fait menacer de toutes parts de la vengeance la plus terrible ? N'a-t-il pas même compromis des noms connus dans des propos inconſidérés ? N'a-t-il pas eu l'audace de l'inſulter perſonnellement en plein parquet ? Ne s'eſt-il pas préſenté avec ce projet dans le ſanctuaire ultérieur de la justice, où ses ministres seuls sont admis?

Enfin, ne lui a-t-il pas écrit avant les plaidoiries, le 2 janvier, une lettre outrageante? si celui-ci avoit été scrupuleusement circonspect, ne l'auroit-on pas soupçonné d'être timide? le sieur Orourke n'auroit-il pas été excusable de croire qu'un moyen infaillible de se débarrasser des hommes, c'est de les effrayer, comme il semble persuadé que le plus sûr pour réussir à dépouiller les femmes, c'est de faire croire qu'il les a séduites?

Sans doute il seroit triste que le ton sur lequel cette cause a été plaidée, se naturalisât au barreau; mais sans doute aussi les circonstances qui l'ont motivé ne seront pas communes.

Au reste, ce n'est pas d'aujourd'hui que des plaideurs furieux ont voulu rendre les défenseurs de leurs adversaires responsables d'un éclat qu'eux-mêmes avoient nécessité. Sans remonter à des temps bien reculés, on se souvient encore au barreau d'un exemple de cet acharnement indécent, donné contre M. Gueaux de Reverseau : il avoit plaidé avec chaleur contre la comtesse de la Roche-Bousseau : elle fit rendre plainte contre lui à la tournelle : M. l'avocat-général Gilbert de Voisins conclut à la nullité de la procédure, sur le seul fondement qu'elle portoit atteinte à la liberté dont la profession d'avocat a essentiellement besoin pour être utile. L'arrêt fut conforme aux conclusions; & l'officier qui avoit signé la requête en plainte, interdit pour six mois.

Enfin, pour répondre sans réplique aux déclamations du sieur Orourke, empruntons le langage d'un célébre magistrat, M. l'avocat-général Portail, depuis premier président. En portant la parole dans une cause de la nature de celle-ci, voici comme il s'exprimoit :

« Au milieu des regles de bienséance, que les avo-
» cats ne doivent jamais perdre de vue, leur minif-
» tere deviendroit souvent inutile, s'il ne leur étoit
» permis d'employer tous les termes les plus propres
» à combattre l'iniquité ; leur éloquence demeure-
» roit sans force, si elle étoit sans liberté. La nature
» des expressions dont ils sont obligés de se servir,
» dépend de la qualité des causes qu'ils ont à dé-
» fendre. Il est une noble véhémence & une sainte
» hardiesse qui fait partie de leur ministere. Il est
» des crimes qu'ils ne sauroient peindre avec des
» couleurs trop noires pour exciter la juste indigna-
» tion des magistrats & la rigueur des loix ; *même*
» *en matiere civile*, il est des especes où l'on ne peut
» défendre la cause, sans offenser la personne; atta-
» quer l'injustice, sans déshonorer la partie; expli-
» quer les faits, sans se servir de termes *durs*, seuls
» capables de les faire sentir, & de les représenter
» aux yeux des juges. Dans ce cas les faits injurieux,
» dès qu'ils sont exempts de calomnie, font la cause
» même, bien loin d'en être le dehors ; & la partie
» qui s'en plaint, doit plutôt accuser le déréglement
» de sa conduite, que l'indiscrétion des avocats! »

1 *Mars* 1772. La rage des avocats pour faire des mémoires est telle qu'ils en font même après la cause plaidée & jugée, & veulent encore entretenir d'eux le public, lorsqu'il y a eu suppression de leurs écrits. C'est ce qui arrive au sieur Elie de Beaumont, écrivain sous le nom du sieur Chabans. Cet orateur, vivement piqué des personnalités mises contre lui par le sieur Linguet, son confrere, dans le dernier précis, n'a pas voulu être en reste; il a cru devoir faire aussi un *Précis* pour le comte Orourke, & sous le nom de sa partie donner un libre cours à ses sarcasmes & à sa vengeance. Comme son confrere,

pour empêcher de lui répondre, n'avoit répandu son nouveau mémoire que le mercredi 26 après midi, & que la cause devoit être jugée le lendemain matin, quelque diligence qu'ait fait le sieur Elie de Beaumont, il n'a pas été possible que le pamphlet se divulguât avant le jugement du nouveau tribunal.

Au reste, on lit avec plaisir ce nouveau libelle; la malignité humaine trouve encore à s'y repaître. Pour comparer la maniere des deux écrivains, on va rapporter la péroraison de ce dernier. C'est le comte Orourke qui est censé parler.

« Je me suis récrié, parce que vous m'avez diffamé; j'ai demandé la lacération de votre mémoire; j'ai dénoncé vos plaidoiries au vengeur public, & j'ai expliqué les motifs de ma dénonciation. Vous avez manqué à l'autorité du roi, résidant en sa cour de parlement, & à la majesté de l'audience; j'ai réclamé les conclusions de M. le procureur-général pour le maintien de l'*honneur des citoyens*, dont je fais partie......

» Quoi ! vous m'outragez; vous attaquez ma naissance, ma conduite, mon honneur ! Vous m'annoncez comme le plus vil de tous les êtres; vous me comparez à un *Cerbere*, dont il falloit *fermer la gueule avec des monceaux d'or*; vous m'accusez de *vol domestique*; vous avez osé dire que mon honneur *est anéanti, écrasé, mort sous les preuves multipliées de mes infidélités & de mes perfidies*; vous choisissez le temple même de la justice pour le théâtre de la diffamation; vous essayez de m'accabler de ridicule & de honte; vous vous permettez de basses équivoques qui ne seroient pas reçues dans un cercle de femmes suspectes; & vous me contestez le droit de m'en plaindre ! .... »

3 *Mars.* Il paroît un quatrieme supplément à

la gazette de France, de 16 pages d'impreſſion. C'eſt aujourd'hui abſolument une véritable chronique ſcandaleuſe, contenant diverſes anecdotes relatives aux affaires du temps. Celle-ci eſt plus pleine de faits que les précédentes, & plus intéreſſante par conſéquent.

5 Mars. Caſtor & Pollux étoit hier à ſa vingtieme repréſentation, & ſon ſuccès ne ſe dément point : la recette n'a pas encore été au deſſous de 5000 livres, exemple unique de l'engouement général,

Fin du vingt - unieme Volume.

www.ingramcontent.com/pod-product-compliance
Lightning Source LLC
Chambersburg PA
CBHW071516160426
43196CB00010B/1546